LE GUIDE
DES MAIRES.

Je regarderai comme contrefaits tous les exemplaires qui ne seront pas revêtus de ma signature, et je poursuivrai les contrefacteurs.

Poitiers. — Imprimerie de F.-A. SAURIN.

LE GUIDE
DES MAIRES,

ADJOINTS DE MAIRES,

SECRÉTAIRES DES COMMUNES, CONSEILS MUNICIPAUX, COMMISSAIRES DE POLICE, OFFICIERS DE GENDARMERIE, GENDARMES, GARDES CHAMPÊTRES, GARDES-PÊCHE, GARDES FORESTIERS ;

CONTENANT

Les lois, décrets, articles des différents Codes, règlements, ordonnances, décisions et instructions ministérielles, arrêts de la Cour de Cassation relatifs aux attributions, fonctions, devoirs, obligations de chacun de ces fonctionnaires publics en particulier, présentés dans un ordre méthodique, et formant le traité le plus complet qui existe sur les matières *administratives* et de *police*.

AVEC DES FORMULES

De toutes espèces d'Actes du ministère de ces mêmes Fonctionnaires publics.

Par M. Léopold,

ANCIEN DOCTEUR EN DROIT DE LA FACULTÉ DE PARIS, ET AVOCAT.

NOUVELLE ÉDITION,

Revue, corrigée et augmentée, notamment de différents chapitres sur l'*Instruction publique*, la *Garde nationale*, les *Enrôlements* et le *Recrutement*, les *Biens*, les *Dettes*, le *Code forestier*, la *Pêche fluviale*, les *Procès des Communes*, etc., etc.

PAR R. D. V.,

JUGE AU TRIBUNAL DE LA SEINE.

PARIS,
CHEZ AUDIN, LIBRAIRE,

QUAI DES AUGUSTINS, 25.

1836.

AVIS.

—

Tout fonctionnaire public est assujéti par la loi, qui l'a investi d'une autorité ou d'un pouvoir quelconque, à des devoirs qui doivent être l'objet de ses soins et de sa sollicitude.

Mais, pour remplir ces devoirs conformément aux désirs de la loi, il faut que ce fonctionnaire public en ait une connaissance parfaite ; car son ignorance bientôt le conduirait à l'erreur, et l'erreur l'entraînerait dans des abus et des désordres dont il est garant et responsable.

C'est pour faciliter cette connaissance de leurs devoirs *aux maires, aux adjoints de maires, aux commissaires de police, aux secrétaires des communes, aux conseils municipaux, aux officiers de gendarmerie, aux* gendarmes, *aux gardes champêtres et forestiers*, qu'on leur offre cet ouvrage, où chacun d'eux trouvera le tableau de ses attributions, la ligne de démarcation tracée entre l'autorité dont il est revêtu et celle des autres fonctionnaires publics avec lesquels il est en rapport; toutes les lois qui peuvent recevoir leur application dans l'exercice de ses fonctions; toutes les instructions ministérielles qui peuvent lui servir d'éclaircissement sur ses devoirs; enfin les modèles de tous les actes qu'il est continuellement obligé de rédiger.

Quoique peu volumineux, cet ouvrage a été rédigé sur le plan le plus étendu, en sorte qu'il comprend toutes les matières relatives à *l'administration* et à la *police* tant administrative que judiciaire.

Le lecteur n'a besoin, pour s'en

convaincre, que de jeter les yeux sur la table des titres, chapitres et subdivisions de ce volume.

Rien n'a été négligé surtout pour rendre cette nouvelle édition aussi exacte que complète. Elle a été purgée de quelques erreurs qui se trouvaient dans les premières, et augmentée d'une foule de matières intéressantes dont plusieurs sont dues à des lois ou ordonnances récentes. Nous citerons celles relatives à *l'instruction primaire*, aux *enrôlements volontaires*, au *recrutement*, etc.

Le digne magistrat qui a bien voulu se charger de l'amélioration de cette nouvelle édition a depuis longtemps fait ses preuves.

LE GUIDE

DES

MAIRES ET ADJOINTS.

CHARTE

CONSTITUTIONNELLE

Amendée par les deux Chambres le 7 août 1830, acceptée par Louis-Philippe, Roi des Français, le 9 du même mois, et modifiée par la loi du 29 décembre 1831, contenant l'article qui remplace l'article 23 de ladite Charte.

Droit public des Français.

Article 1er. Les Français sont égaux devant la loi, quels que soient d'ailleurs leurs titres et leurs rangs.

2. Ils contribuent indistinctement, dans la proportion de leur fortune, aux charges de l'Etat.

3. Ils sont tous également admissibles aux emplois civils et militaires.

4. Leur liberté individuelle est également garantie, personne ne pouvant être poursuivi ni arrêté que dans les cas prévus par la loi, et dans la forme qu'elle prescrit.

5. Chacun professe sa religion avec une égale liberté, et obtient pour son culte la même protection.

6. Les ministres de la religion catholique,

apostolique et romaine, professée par la majo- rité des Français, et ceux des autres cultes chré- tiens, reçoivent des traitements du trésor public.

7. Les Français ont le droit de publier et de faire imprimer leurs opinions, en se conformant aux lois.

La censure ne pourra jamais être rétablie.

8. Toutes les propriétés sont inviolables, sans aucune exception de celles qu'on appelle natio- nales, la loi ne mettant aucune différence entre elles.

9. L'Etat peut exiger le sacrifice d'une pro- priété pour cause d'intérêt public légalement constaté, mais avec une indemnité préalable.

10. Toutes recherches des opinions et des votes émis jusqu'à la restauration sont inter- dites : le même oubli est commandé aux tri- bunaux et aux citoyens.

11. La conscription est abolie. Le mode de recrutement de l'armée de terre et de mer est déterminé par une loi.

Formes du Gouvernement du Roi.

12. La personne du Roi est inviolable et sa- crée. Ses ministres sont responsables. Au Roi seul appartient la puissance exécutive.

13. Le Roi est le chef suprême de l'Etat; il commande les forces de terre et de mer, déclare la guerre, fait les traités de paix, d'alliance et de commerce, nomme à tous les emplois d'ad- ministration publique, et fait les règlements et ordonnances nécessaires pour l'exécution des lois, sans pouvoir jamais ni suspendre les lois elles-mêmes ni dispenser de leur exécution.

Toutefois aucune troupe étrangère ne pourra être admise au service de l'Etat qu'en vertu d'une loi.

14. La puissance législative s'exerce collectivement par le Roi, la Chambre des Pairs et la Chambre des Députés.

15. La proposition des lois appartient au Roi, à la Chambre des Pairs et à la Chambre des Députés.

Néanmoins toute loi d'impôt doit être d'abord votée par la Chambre des Députés.

16. Toute loi doit être discutée et votée librement par la majorité de chacune des deux Chambres.

17. Si une proposition de loi a été rejetée par l'un des trois pouvoirs, elle ne pourra être représentée dans la même session.

18. Le Roi seul sanctionne et promulgue les lois.

19. La liste civile est fixée pour toute la durée du règne par la première législature assemblée depuis l'avénement du Roi.

De la Chambre des Pairs.

20. La Chambre des Pairs est une portion essentielle de la puissance législative.

21. Elle est convoquée par le Roi en même temps que la Chambre des Députés. La session de l'une commence et finit en même temps que celle de l'autre.

22. Toute assemblée de la Chambre des Pairs qui serait tenue hors du temps de la session de la Chambre des Députés, est illicite et nulle de plein droit, sauf le seul cas où elle est réunie comme cour de justice, et alors elle ne peut exercer que des fonctions judiciaires.

23. La nomination des membres de la Chambre des Pairs appartient au Roi, qui ne peut les choisir que parmi les notabilités suivantes :

Le président de la Chambre des Députés et autres assemblées législatives;

Les Députés qui auront fait partie de trois législatures, ou qui auront six ans d'exercice;

Les maréchaux et amiraux de France;

Les lieutenants généraux et vice-amiraux des armées de terre et de mer, après deux ans de grade;

Les ministres à département;

Les ambassadeurs, après trois ans, et les ministres plénipotentiaires, après six ans de fonctions;

Les conseillers d'Etat, après dix ans de service ordinaire;

Les préfets de département et les préfets maritimes, après dix ans de fonctions;

Les gouverneurs coloniaux, après cinq ans de fonctions;

Les membres des conseils généraux électifs, après trois élections à la présidence;

Les maires des villes de trente mille âmes et au-dessus, après deux élections au moins comme membres du corps municipal, et après cinq ans de fonctions de mairie;

Les présidents de la Cour de cassation et de la Cour des comptes;

Les procureurs généraux près ces deux cours, après cinq ans de fonctions en cette qualité;

Les conseillers de la Cour de cassation et les conseillers-maîtres de la Cour des comptes, après cinq ans, les avocats généraux près la Cour de cassation, après dix ans d'exercice;

Les premiers présidents des cours royales, après cinq ans de magistrature dans ces cours;

Les procureurs généraux près les mêmes cours, après dix ans de fonctions;

Les présidents des tribunaux de commerce dans les villes de trente mille âmes et au-dessus, après quatre nominations à ces fonctions;

Les membres titulaires des quatre académies de l'Institut;

Les citoyens à qui, par une loi et à raison d'éminents services, aura été nominativement décernée une récompense nationale;

Les propriétaires, les chefs de manufacture et de maison de commerce et de banque, payant 3,000 fr. de contributions directes, soit à raison de leurs propriétés foncières depuis trois ans, soit à raison de leurs patentes depuis cinq ans, lorsqu'ils auront été pendant six ans membres d'un conseil général ou d'une chambre de commerce.

Les propriétaires, les manufacturiers, commerçants ou banquiers, payant 3,000 fr. d'impositions, qui auront été nommés Députés ou juges des tribunaux de commerce, pourront aussi être admis à la Pairie sans autre condition.

Le titulaire qui aura successivement exercé plusieurs des fonctions ci-dessus, pourra cumuler ses services dans toutes pour compléter le temps exigé dans celle où le service devrait être le plus long.

Seront dispensés du temps d'exercice exigé par les paragraphes 5, 7, 8, 9, 10, 14, 15, 16 et 17 ci-dessus, les citoyens qui ont été nommés, dans l'année qui a suivi le 30 juillet 1830, aux fonctions énoncées dans ces paragraphes.

Seront également dispensées, jusqu'au 1er janvier 1837, du temps d'exercice exigé par les paragraphes 3, 11, 12, 18 et 21 ci-dessus, les personnes nommées ou maintenues, depuis le 30 juillet 1830, aux fonctions énoncées dans ces cinq paragraphes.

Ces conditions d'admissibilité à la Pairie pourront être modifiées par une loi.

Les ordonnances de nomination de Pairs seront individuelles. Ces ordonnances mentionneront les

1*

services et indiqueront les titres sur lesquels la nomination sera fondée.

Le nombre des Pairs est illimité.

Leur dignité est conférée à vie et n'est pas transmissible par droit d'hérédité.

Ils prennent rang entre eux par ordre de nomination.

A l'avenir, aucun traitement, aucune pension, aucune dotation, ne pourront être attachés à la dignité de Pair.

24. Les Pairs ont entrée dans la Chambre à vingt-cinq ans, et voix délibérative à trente ans seulement.

25. La Chambre des Pairs est présidée par le chancelier de France, et, en son absence, par un Pair nommé par le Roi.

26. Les Princes du sang sont Pairs par droit de naissance : ils siégent immédiatement après le président.

27. Les séances de la Chambre des Pairs sont publiques, comme celles de la Chambre des Députés.

28. La Chambre des Pairs connaît des crimes de haute trahison et des attentats à la sûreté de l'Etat, qui seront définis par la loi.

29. Aucun Pair ne peut être arrêté que de l'autorité de la Chambre, et jugé que par elle en matière criminelle.

De la Chambre des Députés.

30. La Chambre des Députés sera composée des Députés élus par les colléges électoraux dont l'organisation sera déterminée par des lois.

31. Les Députés sont élus pour cinq ans.

32. Aucun Député ne peut être admis dans la Chambre, s'il n'est âgé de trente ans, et s'il ne

réunit les autres conditions déterminées par la loi.

33. Si néanmoins il ne se trouvait pas dans le département cinquante personnes de l'âge indiqué payant le cens d'éligibilité déterminé par la loi, leur nombre sera complété par les plus imposés au-dessous du taux de ce cens, et ceux-ci pourront être élus concurremment avec les premiers.

34. Nul n'est électeur, s'il a moins de vingt-cinq ans, et s'il ne réunit les autres conditions déterminées par la loi.

35. Les présidents des colléges électoraux sont nommés par les électeurs.

36. La moitié au moins des Députés sera choisie parmi les éligibles qui ont leur domicile politique dans le département.

37. Le président de la Chambre des Députés est élu par elle à l'ouverture de chaque session.

38. Les séances de la Chambre sont publiques; mais la demande de cinq membres suffit pour qu'elle se forme en comité secret.

39. La Chambre se partage en bureaux pour discuter les projets qui lui ont été présentés de la part du Roi.

40. Aucun impôt ne peut être établi ni perçu, s'il n'a été consenti par les deux Chambres et sanctionné par le Roi.

41. L'impôt foncier n'est consenti que pour un an. Les impositions indirectes peuvent l'être pour plusieurs années.

42. Le Roi convoque chaque année les deux Chambres : il les proroge, et peut dissoudre celle des Députés; mais, dans ce cas, il doit en convoquer une nouvelle dans le délai de trois mois.

43. Aucune contrainte par corps ne peut être exercée contre un membre de la Chambre durant la session et dans les six semaines qui l'auront précédée ou suivie.

44. Aucun membre de la Chambre ne peut, pendant la durée de la session, être poursuivi ni arrêté en matière criminelle, sauf le cas de flagrant délit, qu'après que la Chambre a permis sa poursuite.

45. Toute pétition à l'une ou à l'autre des Chambres ne peut être faite et présentée que par écrit : la loi interdit d'en apporter en personne et à la barre.

Des Ministres.

46. Les Ministres peuvent être membres de la Chambre des Pairs ou de la Chambre des Députés.

Ils ont en outre leur entrée dans l'une ou l'autre Chambre, et doivent être entendus quand ils le demandent.

47. La Chambre des Députés a le droit d'accuser les Ministres et de les traduire devant la Chambre des Pairs, qui seule a celui de les juger.

De l'Ordre judiciaire.

48. Toute justice émane du Roi ; elle s'administre en son nom par des juges qu'il nomme et qu'il institue.

49. Les juges nommés par le Roi sont inamovibles.

50. Les cours et tribunaux ordinaires actuellement existants sont maintenus ; il n'y sera rien changé qu'en vertu d'une loi.

51. L'institution actuelle des juges de commerce est conservée.

52. La justice de paix est également conservée. Les juges de paix, quoique nommés par le Roi, ne sont point inamovibles.

53. Nul ne pourra être distrait de ses juges naturels.

54. Il ne pourra, en conséquence, être créé de

commissions et de tribunaux extraordinaires, à quelque titre et sous quelque dénomination que ce puisse être.

55. Les débats seront publics en matière criminelle, à moins que cette publicité ne soit dangereuse pour l'ordre et les mœurs ; et, dans ce cas, le tribunal le déclare par un jugement.

56. L'institution des jurés est conservée. Les changements qu'une plus longue expérience ferait juger nécessaires ne peuvent être effectués que par une loi.

57. La peine de la confiscation des biens est abolie et ne pourra être rétablie.

58. Le Roi a le droit de faire grâce et celui de commuer les peines.

59. Le Code civil et les lois actuellement existantes qui ne sont pas contraires à la présente Charte, restent en vigueur jusqu'à ce qu'il y soit légalement dérogé.

Droits particuliers garantis par l'État.

60. Les militaires en activité de service, les officiers et soldats en retraite, les veuves, les officiers et soldats pensionnés, conserveront leurs grades, honneurs et pensions.

61. La dette publique est garantie. Toute espèce d'engagement pris par l'État avec ses créanciers est inviolable.

62. La noblesse ancienne reprend ses titres, la nouvelle conserve les siens. Le Roi fait des nobles à volonté ; mais il ne leur accorde que des rangs et des honneurs, sans aucune exemption des charges et des devoirs de la société.

63. La Légion-d'Honneur est maintenue. Le Roi déterminera les règlements intérieurs et la décoration.

64. Les colonies sont régies par des lois particulières.

65. Le Roi et ses successeurs jureront, à leur avénement, en présence des Chambres réunies, d'observer fidèlement la Charte constitutionnelle.

66. La présente Charte et tous les droits qu'elle consacre demeurent confiés au patriotisme et au courage des gardes nationales et de tous les citoyens français.

67. La France reprend ses couleurs. A l'avenir il ne sera plus porté d'autre cocarde que la cocarde tricolore.

DISPOSITIONS PARTICULIÈRES.

68. Toutes les nominations et créations nouvelles de Pairs, faites sous le règne du roi Charles X, sont déclarées nulles et non avenues.

L'article 23 de la Charte sera soumis à un nouvel examen dans la session de 1831.

69. Il sera pourvu successivement par des lois séparées, et dans le plus court délai possible, aux objets qui suivent :

1° L'application du jury aux délits de la presse et aux délits politiques (1);

2° La responsabilité des Ministres et des autres agents du pouvoir;

3° La réélection des Députés promus à des fonctions publiques et salariées;

4° Le vote annuel du contingent de l'armée;

5° L'organisation de la garde nationale, avec intervention des gardes nationaux dans le choix de leurs officiers;

6° Des dispositions qui assurent d'une manière

---

(1) Voyez à la page suivante la notice des lois organiques rendues en exécution de cet art. 69.

légale l'état des officiers de tout grade de terre et de mer;

7º Des institutions départementales et municipales fondées sur un système électif;

8º L'instruction publique et la liberté de l'enseignement;

9º L'abolition du double vote et la fixation des conditions électorales et d'éligibilité.

70. Toutes les lois et ordonnances, en ce qu'elles ont de contraire aux dispositions adoptées pour la réforme de la Charte, sont, dès à présent, et demeurent annulées et abrogées.

NOTICE des **Lois** organiques dont l'article **69** de la **Charte** constitutionnelle ordonne la rédaction et la publication.

Loi sur le vote annuel du contingent de l'armée, 11 octobre 1830. (*Bull. des Lois*, 1ʳᵉ partie, **L.**, no 10.)

Loi sur la réélection des Députés promus à des fonctions publiques salariées, 12 septembre 1830. (*Bull. L.*, nº 8.)

Loi sur l'application du jury aux délits de la presse et aux délits politiques, 8 octobre 1830. (*Bull. L.*, nº 9.)

Loi sur l'organisation municipale, du 21 mars 1831. (*Bull. L.*, no 25.)

Loi sur la garde nationale, du 22 mars 1831. (*Bull. L.*, nº 26.)

Loi sur les élections à la Chambre des Députés, du 19 avril 1831. (*Bull. L.*, nº 37.)

LOI

SUR

L'ORGANISATION MUNICIPALE,

DU 21 MARS 1831.

TITRE PREMIER.
DU CORPS MUNICIPAL.

CHAPITRE PREMIER.

DE LA COMPOSITION DU CORPS MUNICIPAL.

Art. 1er. Le corps municipal de chaque commune se compose du maire, de ses adjoints et des conseillers municipaux.

Les fonctions des maires, des adjoints et des autres membres du corps municipal, sont essentiellement gratuites, et ne peuvent donner lieu à aucune indemnité ni frais de représentation.

2. Il y aura un seul adjoint dans les communes de deux mille cinq cents habitants et au-dessous; deux, dans celles de deux mille cinq cents à dix mille habitants; et dans les communes d'une population supérieure, un adjoint de plus par chaque excédant de vingt mille habitants. (Loi du 28 pluviôse an 8, art. 12.)

Lorsque la mer ou quelque autre obstacle rend difficiles, dangereuses ou momentanément impossibles, les communications entre le chef-lieu et une portion de la commune, un adjoint spécial, pris parmi les habitants de cette fraction, est nommé en sus du nombre ordinaire, et remplit les fonctions d'officier de l'état civil dans cette partie détachée de la commune.

3. Les maires et les adjoints sont nommés par le Roi, ou en son nom par les préfets.

Dans les communes qui ont trois mille habitants et au-dessus, ils sont nommés par le Roi, ainsi que dans les chefs-lieux d'arrondissement, quelle que soit la population.

Les maires et les adjoints seront choisis parmi les membres du conseil municipal, et ne cesseront pas pour cela d'en faire partie.

Ils peuvent être suspendus par un arrêté du préfet ; mais ils ne sont révocables que par une ordonnance du Roi.

4. Les maires et les adjoints sont nommés pour trois ans ; ils doivent être âgés de vingt-cinq ans accomplis.

Ils doivent avoir leur domicile réel dans la commune.

5. En cas d'absence ou d'empêchement, le maire est remplacé par l'adjoint disponible, le premier dans l'ordre des nominations.

En cas d'absence ou d'empêchement du maire et des adjoints, le maire est remplacé par le conseiller municipal, le premier dans l'ordre du tableau, lequel sera dressé suivant le nombre des suffrages obtenus.

6. Ne peuvent être ni maires ni adjoints,

1° Les membres des cours et tribunaux de première instance et des justices de paix ;

2° Les ministres des cultes ;

3° Les militaires et employés des armées de

terre et de mer en activité de service ou en disponibilité ;

4o Les ingénieurs des ponts et chaussées et des mines, en activité de service ;

5o Les agents et employés des administrations financières et des forêts ;

6o Les fonctionnaires et employés des colléges communaux et les instituteurs primaires ;

7° Les commissaires et agents de police.

7. Néanmoins, les juges suppléants aux tribunaux de première instance, et les suppléants des juges de paix, ne peuvent être maires ou adjoints.

Les agents salariés du maire ne peuvent être ses adjoints.

8. Il y a incompatibilité entre les fonctions de maire et d'adjoint, et le service de la garde nationale.

CHAPITRE II.

DES CONSEILS MUNICIPAUX.

SECTION PREMIÈRE.

De la Composition des Conseils municipaux.

9. Chaque commune a un conseil municipal composé, y compris les maires et adjoints,

De dix membres, dans les communes de cinq cents habitants et au-dessous ;

De douze, dans celles de cinq cents à quinze cents ;

De seize, dans celles de quinze cents à deux mille cinq cents ;

De vingt et un, dans celles de deux mille cinq cents à trois mille cinq cents ;

De vingt-trois, dans celles de trois mille cinq cents à dix mille ;

De vingt-sept, dans celles de dix mille à trente mille ;

Et de trente-six, dans celles d'une population de trente mille âmes et au-dessus.

Dans les communes où il y aura plus de trois adjoints, le conseil municipal sera augmenté d'un nombre de membres égal à celui des adjoints au-dessus de trois.

Dans celles où il aura été nommé un ou plusieurs adjoints spéciaux et supplémentaires, en vertu du second paragraphe de l'art. 2 de la présente loi, le conseil municipal sera également augmenté d'un nombre égal à celui de ces adjoints.

10. Les conseillers municipaux sont élus par l'assemblée des électeurs communaux.

11. Sont appelés à cette assemblée, 1º les citoyens les plus imposés aux rôles des contributions directes de la commune, âgés de vingt-un ans accomplis, dans les proportions suivantes :

Pour les communes de mille âmes et au-dessous, un nombre égal au dixième de la population de la commune :

Ce nombre s'accroîtra de cinq par cent habitants en sus de mille jusqu'à cinq mille ;

De quatre par cent habitants en sus de cinq mille jusqu'à quinze mille ;

De trois par cent habitants au-dessus de quinze mille ;

2º Les membres des cours et tribunaux, les juges de paix et leurs suppléants ;

Les membres des chambres de commerce, des conseils de manufactures, des conseils de prud'-hommes ;

Les membres des commissions administratives des colléges, des hospices et des bureaux de bienfaisance ;

Les officiers de la garde nationale ;

Les membres et correspondants de l'Institut, les membres des sociétés savantes instituées ou autorisées par une loi ;

Les docteurs de l'une ou de plusieurs des facultés de droit, de médecine, des sciences, des lettres, après trois ans de domicile réel dans la commune ;

Les avocats inscrits au tableau, les avoués près les cours et tribunaux, les notaires, les licenciés de l'une des facultés de droit, des sciences, des lettres, chargés de l'enseignement de quelqu'une des matières appartenant à la faculté où ils auront pris leur licence, les uns et les autres après cinq ans d'exercice et de domicile réel dans la commune ;

Les anciens fonctionnaires de l'ordre administratif et judiciaire jouissant d'une pension de retraite ;

Les employés des administrations civiles et militaires jouissant d'une pension de retraite de six cents francs et au-dessus ;

Les élèves de l'Ecole Polytechnique qui ont été, à leur sortie, déclarés admis ou admissibles dans les services publics, après deux ans de domicile réel dans la commune : toutefois les officiers appelés à jouir du droit électoral en qualité d'anciens élèves de l'Ecole Polytechnique ne pourront l'exercer dans les communes où ils se trouveront en garnison, qu'autant qu'ils y auraient acquis leur domicile civil ou politique avant de faire partie de la garnison ;

Les officiers de terre et de mer jouissant d'une pension de retraite ;

Les citoyens appelés à voter aux élections des membres de la Chambre des Députés ou des conseils généraux des départements, quel que soit le taux de leurs contributions dans la commune.

12. Le nombre des électeurs domiciliés dans la commune ne pourra être moindre de trente, sauf le cas où il ne se trouverait pas un nombre suffisant de citoyens payant une contribution personnelle.

13. Les citoyens qualifiés pour voter dans l'assemblée des électeurs communaux, conformément au paragraphe 2 de l'art. 11, et qui seraient en même temps inscrits sur la liste des plus imposés, voteront en cette dernière qualité.

14. Le tiers de la contribution du domaine exploité par un fermier à prix d'argent ou à portion de fruits, lui est compté pour être inscrit sur la liste des plus imposés de la commune, sans diminution des droits du propriétaire du domaine.

15. Les membres du conseil municipal seront tous choisis sur la liste des électeurs communaux, et les trois quarts, au moins, parmi les électeurs domiciliés dans la commune.

16. Les deux tiers des conseillers municipaux sont nécessairement choisis parmi les électeurs désignés au paragraphe 1 de l'art. 11; l'autre tiers peut être choisi parmi tous les citoyens ayant droit de voter dans l'assemblée en vertu de l'article 11.

17. Les conseillers municipaux doivent être âgés de vingt-cinq ans accomplis. Ils sont élus pour six ans et toujours rééligibles.

Les conseils seront renouvelés par moitié tous les trois ans.

18. Les préfets, sous-préfets, secrétaires généraux et conseillers de préfecture, les ministres des divers cultes en exercice dans la commune, les comptables des revenus communaux, et tout agent salarié par la commune, ne peuvent être membres des conseils municipaux. Nul ne peut être membre de deux conseils municipaux.

19. Tout membre d'un conseil municipal dont

les droïts civiques auraient été suspendus, ou qui en aurait perdu la jouissance, cessera d'en faire partie, et ne pourra être réélu que lorsqu'il aura recouvré les droits dont il aurait été privé.

20. Dans les communes de cinq cents âmes et au-dessus, les parents au degré de père, de fils, de frère, et les alliés au même degré, ne peuvent être en même temps membres du même conseil municipal.

21. Toutes les dispositions des lois précédentes concernant les incompatibilités et empêchements des fonctions municipales, sont abrogées.

22. En cas de vacance dans l'intervalle des élections triennales, il devra être procédé au remplacement dès que le conseil municipal se trouvera réduit aux trois quarts de ses membres.

SECTION II.

Des Assemblées des Conseils municipaux.

23. Les conseils municipaux se réunissent quatre fois l'année, au commencement des mois de février, mai, août et novembre. Chaque session peut durer dix jours.

24. Le préfet ou sous-préfet prescrit la convocation extraordinaire du conseil municipal, ou l'autorise sur la demande du maire, toutes les fois que les intérêts de la commune l'exigent.

Dans les sessions ordinaires, le conseil municipal peut s'occuper de toutes les matières qui rentrent dans ses attributions.

En cas de réunion extraordinaire, il ne peut s'occuper que des objets pour lesquels il a été spécialement convoqué.

La convocation pourra également être autorisée pour un objet spécial et déterminé, sur la demande

du tiers des membres du conseil municipal adres-
sée directement au préfet, qui ne pourra la refu-
ser que par un arrêté motivé, qui sera notifié
aux réclamants, et dont ils pourront appeler au
Roi.

Le maire préside le conseil municipal ; les fonc-
tions de secrétaire sont remplies par un de ses
membres, nommé au scrutin et à la majorité à
l'ouverture de chaque session.

25. Le conseil municipal ne peut délibérer que
lorsque la majorité des membres en exercice as-
siste au conseil.

Il ne pourra être refusé à aucun des citoyens
contribuables de la commune, communication,
sans déplacement, des délibérations des conseils
municipaux.

26. Le préfet déclarera démissionnaire tout
membre d'un conseil municipal qui aura manqué
à trois convocations consécutives, sans motifs re-
connus légitimes par le conseil.

27. La dissolution des conseils municipaux peut
être prononcée par le Roi.

L'ordonnance de dissolution fixera l'époque de
la réélection.

Il ne pourra y avoir un délai de plus de trois
mois entre la dissolution et la réélection. Toute-
fois, dans les cas où les maires et adjoints cesse-
raient leurs fonctions par des causes quelconques
avant la réélection du corps municipal, le Roi, ou
le préfet en son nom, pourront désigner sur la
liste des électeurs de la commune les citoyens qui
exerceront provisoirement les fonctions de maire
et d'adjoints.

28. Toute délibération d'un conseil municipal,
portant sur des objets étrangers à ses attributions,
est nulle de plein droit. Le préfet, en conseil de
préfecture, déclarera la nullité ; le conseil pourra
appeler au Roi de cette décision.

29. Sont pareillement nulles de plein droit toutes délibérations d'un conseil municipal prises hors de sa réunion légale. Le préfet, en conseil de préfecture, déclarera l'illégalité de l'assemblée et la nullité de ses actes.

Si la dissolution du conseil est prononcée, et si dans le nombre de ses actes il s'en trouve qui soient punissables d'après les lois pénales en vigueur, ceux des membres du conseil qui y auraient participé sciemment pourront être poursuivis.

30. Si un conseil se mettait en correspondance avec un ou plusieurs autres conseils, ou publiait des proclamations ou adresses aux citoyens, il serait suspendu par le préfet, en attendant qu'il eût été statué par le Roi.

Si la dissolution du conseil était prononcée, ceux qui auraient participé à ces actes pourront être poursuivis conformément aux lois pénales en vigueur.

31. Lorsqu'en vertu de la dissolution prononcée par le Roi, un conseil aura été renouvelé en entier, le sort désignera, à la fin de la troisième année, les membres qui seront à remplacer.

CHAPITRE III.

DES LISTES ET DES ASSEMBLÉES DES ÉLECTEURS COMMUNAUX.

SECTION PREMIÈRE.

De la Formation des Listes.

32. Le maire, assisté du percepteur et des commissaires répartiteurs, dressera la liste de tous les contribuables de la commune, jouissant

des droits civiques, et qualifiés, à raison de la quotité de leurs contributions, pour faire partie de l'assemblée communale, conformément à l'article 11 ci-dessus.

Les plus imposés seront inscrits sur cette liste dans l'ordre décroissant de la quotité de leurs contributions.

33. Cette liste présentera la quotité des impôts de chacun de ceux qui y seront portés ; elle énoncera le chiffre de la population de la commune, et sera affichée dans la commune, et communiquée, au secrétariat de la mairie, à tout requérant.

34. Tout individu omis pourra, pendant un mois, à dater de l'affiche, présenter sa réclamation à la mairie.

Dans le même délai, tout électeur inscrit sur la liste pourra réclamer contre l'inscription de tout individu qu'il croirait indûment porté.

35. Le maire prononcera dans le délai de huit jours, après avoir pris l'avis d'une commission de trois membres du conseil délégués à cet effet par le conseil municipal. Il notifiera dans le même délai sa décision aux parties intéressées.

36. Toute partie qui se croirait fondée à contester une décision rendue par le maire dans la forme ci-dessus, peut en appeler dans le délai de quinze jours devant le préfet, qui, dans le délai d'un mois, prononcera en conseil de préfecture et notifiera sa décision.

37. Le maire, sur la notification de la décision intervenue, fera sur la liste la rectification prescrite.

38. Le maire dressera la liste des électeurs appelés à voter dans l'assemblée de la commune en vertu du paragraphe 2 de l'art. 11 ci-dessus, avec l'indication de la date des diplômes, inscriptions, domicile, et autres conditions exigées par ce paragraphe.

2

39. Les dispositions des articles 33, 34, 35, 36 et 37, sont applicables aux listes des électeurs dressées en exécution de l'article précédent.

40. L'opération de la confection des listes commencera, chaque année, le 1er janvier; elles seront publiées et affichées le 8 du même mois, et closes définitivement le 31 mars. Il ne sera plus fait de changement aux listes pendant tout le cours de l'année : en cas d'élections, tous les citoyens qui y seront portés auront droit de voter, excepté ceux qui auraient été privés de leurs droits civiques par un jugement.

41. Les dispositions relatives à l'attribution des contributions, contenues dans les lois concernant l'élection des Députés, sont applicables aux élections réglées par la présente loi.

42. Les difficultés relatives, soit à cette attribution, soit à la jouissance des droits civiques ou civils et au domicile réel ou politique, seront portées devant le tribunal civil de l'arrondissement, qui statuera en dernier ressort, suivant les formes établies par l'art. 18 de la loi du 2 juillet 1828.

SECTION II.

Des Assemblées des Électeurs communaux.

43. L'assemblée des électeurs est convoquée par le préfet.

44. Dans les communes qui ont deux mille cinq cents âmes et plus, les électeurs sont divisés en sections.

Le nombre des sections sera tel, que chacune d'elles ait au plus huit conseillers à nommer dans les communes de deux mille cinq cents à dix mille habitants; six, dans celles de dix mille à trente mille; et quatre, dans celles dont la population excède ce dernier nombre.

La division en sections se fera par quartiers voisins, et de manière à répartir également le nombre des votants, autant que faire se pourra, entre les sections.

Le nombre et la limite des sections seront fixés par une ordonnance du Roi, le conseil municipal entendu.

Chaque section nommera un nombre égal de conseillers, à moins toutefois que le nombre des conseillers ne soit pas exactement divisible par celui des sections, auquel cas les premières sections suivant l'ordre des numéros nommeront un conseiller de plus. Leur réunion aura lieu à cet effet sucessivement, à deux jours de distance.

L'ordre des numéros sera déterminé pour la première fois par la voie du sort, en assemblée publique du conseil municipal. A chaque élection nouvelle, la section qui avait le premier numéro dans l'élection précédente prendra le dernier, celle qui avait le second prendra le premier, et ainsi de suite.

Les sections seront présidées, savoir : la première à voter, par le maire, et les autres successivement, par les adjoints dans l'ordre de leur nomination, et par les conseillers municipaux dans l'ordre du tableau. Les quatre scrutateurs sont les deux plus âgés et les deux plus jeunes des électeurs présents, sachant lire et écrire ; le bureau ainsi constitué désigne le secrétaire.

45. Dans les communes qui ont moins de deux mille cinq cents âmes, les électeurs se réuniront en une seule assemblée. Toutefois, sur la proposition du conseil général du département, et le conseil municipal entendu, les électeurs pourront être divisés en sections par un arrêté du préfet. Le même arrêté fixera le nombre et la limite des

sections, et le nombre des conseillers qui devront être nommés par chacune d'elles.

Les dispositions du précédent article, relatives à la constitution du bureau, sont applicables aux assemblées électorales des communes qui ont moins de deux mille cinq cents âmes.

46. Lorsqu'en exécution de l'article 22, il y aura lieu à remplacer des conseillers municipaux dans les communes dont le corps électoral se divise en sections, ces remplacements seront faits par les sections qui avaient élu ces conseillers.

47. Aucun électeur ne pourra déposer son vote qu'après avoir prêté, entre les mains du président, serment de fidélité au Roi des Français, d'obéissance à la Charte constitutionnelle et aux lois du royaume.

48. Le président a seul la police des assemblées. Elles ne peuvent s'occuper d'autres objets que des élections qui leur sont attribuées. Toute discussion, toute délibération, leur sont interdites.

49. Les assemblées des électeurs communaux procèdent aux élections qui leur sont attribuées au scrutin de liste. La majorité absolue des votes exprimés est nécessaire au premier tour de scrutin ; la majorité relative suffit au second.

Les deux tours de scrutin peuvent avoir lieu le même jour. Chaque scrutin doit rester ouvert pendant trois heures au moins. Trois membres du bureau au moins seront toujours présents.

50. Le bureau juge provisoirement les difficultés qui s'élèvent sur les opérations de l'assemblée.

51. Les procès-verbaux des assemblées des électeurs communaux seront adressés par l'intermédiaire du sous-préfet au préfet, avant l'installation des conseillers élus.

Si le préfet estime que les formes et conditions également prescrites n'ont pas été remplies, il devra déférer le jugement de la nullité au conseil de préfecture dans le délai de quinze jours, à dater de la réception du procès-verbal. Le conseil de préfecture prononcera dans le délai d'un mois.

52. Tout membre de l'assemblée aura également le droit d'arguer les opérations de nullité. Dans ce cas, si la réclamation n'a pas été consignée au procès-verbal, elle devra être déposée dans le délai de cinq jours, à compter du jour de l'élection, au secrétariat de la mairie; il en sera donné récépissé, et elle sera jugée dans le délai d'un mois par le conseil de préfecture.

Si la réclamation est fondée sur l'incapacité légale d'un ou de plusieurs des membres élus, la question sera portée devant le tribunal d'arrondissement, qui statuera comme il est dit à l'article 42.

S'il n'y a pas eu de réclamations portées devant le conseil de préfecture, ou si ce conseil a négligé de prononcer dans les délais ci-dessus fixés, l'installation des conseillers élus aura lieu de plein droit. Dans tous les cas où l'annulation aura été prononcée, l'assemblée des électeurs devra être convoquée dans le délai de quinze jours, à partir de cette annulation.

L'ancien conseil restera en fonctions jusqu'à l'installation du nouveau.

CHAPITRE IV.

DISPOSITIONS TRANSITOIRES.

53. Toutes les opérations relatives à la confection des listes pour la première convocation des assemblées des électeurs, devront être terminées dans le délai de six mois, à dater de la pro-

mulgation de la présente loi. La première nomination qui sera faite aura lieu intégralement pour chaque conseil municipal.

Lors de la deuxième élection, qui aura lieu trois ans après, le sort désignera ceux qui seront compris dans la moitié sortante.

Si la totalité du corps municipal est en nombre impair, la fraction la plus forte sortira la première.

54. L'exécution de la présente loi pourra être suspendue par le Gouvernement dans les communes où il le jugera nécessaire.

Cette suspension ne pourra durer plus d'un an, à partir de la promulgation de la présente loi.

CHAPITRE V.

DISPOSITION GÉNÉRALE.

55. Il sera statué par une loi spéciale sur l'organisation municipale de la ville de Paris.

TITRE PREMIER.

ADMINISTRATION MUNICIPALE.

Nous avons vu, dans la loi organique du 21 mars 1831, les règles établies par le législateur pour la nomination des maires, leurs fonctions, etc.

Il ne sera pas inutile de connaître la législation antérieure à cette loi qui régissait la matière.

Toutes les communes ont un corps d'officiers pour les gouverner, c'est-à-dire qui sont chargés de l'administration municipale.

Ces officiers, qui composent ce qu'on appelle la *Municipalité*, sont : les maires, leurs adjoints, les secrétaires des mairies, et les membres du conseil municipal. Ils sont répartis ainsi qu'il suit :

Dans chaque ville, bourg et autre commune dont la population n'excède pas deux mille cinq cents habitants, il y a un maire et un adjoint.

Dans chaque ville, bourg et autre commune d'une population de deux mille cinq cents à cinq mille habitants, il y a un maire et deux adjoints.

Dans chaque ville, bourg et autre commune d'une population de cinq mille à dix mille habitants, il y a un maire et deux adjoints.

Dans les villes dont la population excède dix mille habitants, outre le maire, deux adjoints et un commissaire de police, il y a un adjoint par vingt mille habitants d'excédant.

Dans chaque ville, bourg et autre commune,

outre le maire, les adjoints, il y a un conseil mu-
nicipal. (*Loi du* 28 *pluviôse an* 8.)

Chaque municipalité a son secrétaire.

Il peut y avoir aussi dans chaque municipalité
un ou plusieurs gardes champêtres et gardes fo-
restiers.

Chaque municipalité peut encore avoir des in-
specteurs, agents et employés de police, selon ses
besoins. (*Voyez* ci-après le Titre II.)

CHAPITRE PREMIER.

DU MAIRE.

Nature des fonctions et des devoirs des Maires.

L'administration municipale est confiée, dans
chaque commune, au maire ; tous les actes admi-
nistratifs doivent être faits par lui ou en son nom.

Les fonctions des maires sont gratuites.

Les maires sont entièrement subordonnés aux
préfets et sous-préfets, pour tout ce qui concerne
leur administration. (*Loi du* 14 *décembre* 1789.)

Ils ne peuvent correspondre qu'avec les sous-
préfets, sous la surveillance desquels ils sont spé-
cialement placés : c'est à eux seuls qu'ils doivent
soumettre leurs opérations administratives pour
les transmettre aux préfets avec leur avis. (*Arrêté
du* 16 *pluviôse an* 5.)

L'autorité judiciaire n'est nullement compétente
pour décider ce que les maires doivent faire comme
administrateurs de leur commune, et aucun tribu-
nal ne peut les citer devant lui pour raison de leurs
fonctions. (*loi du* 22 *décembre* 1789 ; *loi du* 24
août 1790 ; *loi du* 16 *fructidor an* 3); (*arrêt de la
Cour de cassation, du* 23 *octobre* 1809.)

Ils correspondent cependant avec les procureurs du Roi ou leurs substituts pour les affaires de police judiciaire. (*Code d'Instruction criminelle.*)

Ils peuvent encore correspondre avec des autorités supérieures dans les cas particuliers où des renseignements leur sont directement demandés.

Ils doivent mettre les lettres et papiers adressés aux autorités sous bandes croisées , et non sous enveloppes cachetées , et apposer leurs signature et qualité d'une manière apparente , sans quoi ils ne parviendraient pas en franchise. (*Arrêté du* 27 *prairial an* 8.)

Ils ne doivent recevoir des particuliers aucunes lettres ou pièces par la poste , qu'elles ne soient affranchies. (*Arrêté du* 27 *vendémiaire an* 6.)

Ils sont membres nés du conseil de fabrique de l'église de leur commune , s'ils sont catholiques ; sinon , ils se font remplacer par l'adjoint ou un membre du conseil municipal. (*Décret du* 30 *décembre* 1809.)

S'il y a plusieurs paroisses , ils sont membres du conseil de chaque fabrique. (*Idem.*)

Ils président les chambres de commerce dans les villes qui ne sont pas chefs-lieux de préfecture. (*Arrêté du* 3 *nivôse an* 11.)

Ils sont présidents nés de toutes les administrations charitables établies dans leur commune , telles que les bureaux de bienfaisance.

Les maires ne peuvent exercer aucune fonction municipale hors de l'étendue de leur commune. (*Loi du* 14 *décembre* 1792.)

Les maires sont chargés de régir et administrer les biens et les revenus de leur commune ;

De veiller à la conservation des propriétés nationales ;

D'activer la répartition , le recouvrement et le versement des contributions ;

De régler et acquitter celles des dépenses locales

2*

qui doivent être payées des deniers communs ;

De diriger et faire exécuter les travaux publics qui intéressent la commune ;

De veiller à l'organisation ; au service et à la tenue de la garde nationale sédentaire ;

De faire exécuter les lois et les ordonnances du Roi, les décisions, avis et ordres des autorités supérieures. (*Loi du 14 décembre 1789.*)

Les maires ont sous leur surveillance les percepteurs des contributions, les administrateurs des hospices civils, les ministres des cultes religieux, les instituteurs, les commissaires, inspecteurs et agents de police, les gardes champêtres et forestiers.

Ils sont du nombre des répartiteurs des contributions de la commune. (*Loi du 3 frimaire an 7.*)

Ils sont exempts du service actif et du service sédentaire de la garde nationale. (*Décision du ministre de l'intérieur, du 11 février 1817.*)

On trouvera de plus grands développements sur les fonctions de maire, sous les Titres III et suivants ci-après.

Nomination des Maires ; durée de leurs fonctions, leur incompatibilité avec d'autres.

Le Roi nomme les maires des villes d'une population de plus de trois mille habitants. Ceux des villes d'une moindre population sont nommés par les préfets. (*Loi du 8 pluviôse an 8, art. 18 et 20.*)

Les maires nommés sont en place pour cinq ans, et peuvent être, à l'expiration de ce temps, renouvelés. (*Sénatus-consulte du 16 thermidor an 10.*) (*Arrêté du 3 germinal an 11.*)

Nul ne peut être juge de paix ou suppléant de juge de paix, et en même temps maire. (*Loi des 6 et 27 mars 1791, art. 1 ; loi du 24 vendémiaire an 3, art. 1.*)

Un huissier ne peut être maire. (*Loi du 24 ven-démiaire an 3 ; avis des ministres de l'intérieur et de la justice, du 5 fructidor an 6.*)

Un receveur des contributions, du droit d'enregistrement, un membre des administrations forestières, un employé dans les douanes, les postes et messageries, et toute personne qui remplit des fonctions publiques sujettes à la surveillance de l'autorité municipale, ne peuvent être maires. (*Loi du 24 vendémiaire an 3, art. 3.*)

Un juge, un membre du conseil de préfecture ne peuvent être maires.

Un curé, un vicaire, un desservant ne peuvent pareillement être maires.

Du serment et de l'installation des Maires.

Les maires nommés par le Roi prêtent serment entre les mains du préfet du département, ou de tout autre désigné pour le recevoir par l'ordonnance de nomination.

Les maires nommés par leur préfet prêtent serment entre les mains de leur prédécesseur, et si ce prédécesseur est destitué ou mort, entre les mains du maire d'une commune voisine, commis par le préfet pour le recevoir. (*Loi du 19 floréal an 8.*)

Les maires nommés par le Roi sont installés par le préfet ou personne commise à cet effet, qui a reçu leur serment.

Les maires nommés par le préfet sont installés par le sous-préfet, ou personne commise à cet effet, qui a reçu leur serment. Ils sont renouvelés tous les trois ans.

Du costume des Maires et des honneurs publics qui leur sont rendus.

Le costume des maires à la nomination du Roi

consiste en habit bleu complet, boutons d'argent, triple liséré uni, brodé en argent au collet, aux poches et aux parements ; chapeau à la française avec une ganse et un bouton d'argent ; ceinture tricolore à franges d'argent, et une arme. (*Arrêté du 8 messidor an* 8.)

Le costume des maires à la nomination des préfets consiste en habit bleu, ceinture tricolore à franges. (*Arrêté du* 17 *floréal an* 8.)

Dans les cérémonies publiques, le rang des maires est immédiatement après celui des présidents des tribunaux de première instance et de commerce. (*Décret du* 24 *messidor an* 12.)

Les honneurs militaires à rendre aux maires sont les mêmes que pour les capitaines, c'est-à-dire que la sentinelle de la troupe de ligne ou de la garde nationale doit leur porter les armes. (*Loi des* 8 *et* 10 *juillet* 1791.)

Des honneurs publics à rendre par les Maires aux autorités supérieures.

Quand le Roi doit venir dans une place, ville, bourg ou autre commune, le maire, les adjoints et le conseil municipal, accompagnés d'une garde d'honneur de trente hommes au moins que fournit la garde nationale sédentaire, doivent se rendre à cinq cents pas au moins pour lui présenter les clefs de la place. (*Décret du* 24 *messidor an* 12.)

Quand le Roi ne fait que passer par une ville, bourg ou autre commune, et que son voyage est annoncé, le maire, les adjoints et le conseil municipal, accompagnés d'un détachement de la garde nationale, doivent l'attendre sur la limite de leur municipalité. (*Idem.*).

A l'entrée du Roi dans chaque commune, le maire doit, aussitôt qu'il en a reçu avis, en prévenir le curé, afin de faire sonner toutes les cloches, et, si l'église se trouve sur son passage, qu'il se rende à la porte en habits sacerdotaux avec son clergé. (*Idem.*)

Lorsque le Roi sort de la commune, si son départ a lieu de jour, le maire, les adjoints, le conseil municipal et un détachement de la garde nationale doivent se trouver sur son passage. (*Décret du 24 messidor an 12.*)

Les mêmes honneurs, à l'exception de la présentation des clefs, sont rendus à tous les princes et princesses de la famille royale. (*Idem.*)

Lorsque les princes et grands dignitaires du royaume passent par une commune, et que leur voyage a été annoncé, le maire, les adjoints et un détachement de la garde nationale doivent aller les recevoir à deux cent cinquante pas en avant de l'entrée de leur commune et les conduire à leur logement, et lors de leur départ se trouver sur leur passage. (*Idem.*)

Les ministres sont reçus à la porte de la ville par le maire et les adjoints ; un détachement de la garde nationale va au-devant d'eux à cent cinquante pas. Lors de leur départ, le maire et les adjoints vont prendre congé d'eux à leur logis. (*Idem.*)

Les maires et adjoints doivent se rendre au logis des grands officiers du royaume avant leur arrivée, et faire tenir sous les armes, à la porte de la commune, un détachement de la garde nationale ; ils doivent prendre congé d'eux dans leur logis au moment de leur départ. (*Idem.*)

Lorsqu'un préfet arrive pour la première fois dans le chef-lieu de son département, le maire, les adjoints, et un détachement de la garde nationale, doivent le recevoir à la porte de la ville et le conduire à son hôtel. (*Décret du 24 messidor an 12.*)

Lorsqu'un sous-préfet arrive pour la première

fois dans le chef-lieu de sa sous-préfecture, le maire et les adjoints doivent l'attendre à sa demeure. (*Idem.*)

Les maires doivent aux cardinaux les mêmes honneurs qu'aux grands officiers du royaume. (*Idem.*)

Les honneurs à rendre aux évêques sont ceux qu'on rendait autrefois aux sénateurs allant pour la première fois au chef-lieu de leur sénatorerie; on ne les doit aussi qu'au chef du diocèse, et lorsqu'il s'y rend pour la première fois.

Les maires et adjoints doivent assister, avec la garde nationale, aux cérémonies religieuses commandées par le Roi, aux pompes funèbres et services des princes et princesses de la famille royale.

Résidence des Maires.

Les maires sont tenus de résider dans leurs communes respectives, à moins qu'ils n'en soient dispensés pour cause approuvée. (*Loi du 12 septembre 1791.*)

Des injures, outrages et violences envers les Maires.

Tout individu qui outrage un maire dans l'exercice de ses fonctions ou à l'occasion de cet exercice, par paroles tendantes à inculper son honneur ou sa délicatesse, est puni d'un emprisonnement d'un mois à deux ans; et si l'outrage a lieu dans une assemblée publique du corps municipal ou dans un tribunal, l'emprisonnement est de deux à cinq ans.

Si l'outrage ne se fait que par gestes ou menaces, dans le premier cas, l'emprisonnement est d'un à six mois, et dans le second cas, d'un mois à deux ans.

Outre l'emprisonnement, l'offenseur peut être condamné à faire réparation, soit à la première assemblée ou audience, soit par écrit ; et le temps de l'emprisonnement prononcé contre lui ne compte qu'à dater du jour où la réparation a lieu. (*Code pénal*, *art*. 222, 225, 226.)

Tout individu qui, même sans armes et sans qu'il en résulte de blessures, frappe un maire dans l'exercice de ses fonctions, ou à l'occasion de cet exercice, est puni d'un emprisonnement de deux à cinq ans ; si cette voie de fait a lieu dans une assemblée publique du corps municipal ou dans un tribunal, le coupable est puni du carcan. De plus, il peut être condamné à s'éloigner, pendant cinq à dix ans, de la municipalité, à un rayon de deux myriamètres.

Si ces violences exercées contre un maire ont été la cause d'effusion de sang, blessure ou maladie, la peine sera la réclusion ; si la mort s'en est suivie pendant les quarante jours, le coupable sera puni de mort.

Dans le cas même où ces violences n'auraient pas causé d'effusion de sang, blessure ou maladie, les coups seront punis de la réclusion, s'ils ont été portés avec préméditation ou guet-apens.

Si les blessures sont du nombre de celles qui portent le caractère de meurtre, le coupable sera puni de mort. (*Code pénal*, *art*. 228, 229, 231, 232, 233.)

Tout maire insulté, outragé dans l'exercice de ses fonctions, peut faire saisir le coupable, dresser procès-verbal du délit, et envoyer le prévenu et le procès-verbal devant le juge compétent. (*Code d'instruction crim.*, *art*. 509.)

Des crimes et délits dont peuvent se rendre coupables les Maires dans l'exercice de leurs fonctions.

Tout maire qui ordonne ou fait quelque acte

arbitraire, attentatoire soit à la liberté individuelle, soit aux droits civiques d'un ou de plusieurs citoyens, soit aux lois du royaume, est condamné à la peine de la dégradation civique, sans préjudice des dommages et intérêts qui sont demandés, soit sur la poursuite criminelle, soit par la voie civile, lesquels sont réglés eu égard aux personnes, aux circonstances et au préjudice souffert, sans qu'en aucun cas, et quel que soit l'individu lésé, lesdits dommages et intérêts puissent être au-dessous de vingt-cinq francs pour chaque jour de détention illégale et arbitraire, et pour chaque individu. (*Code pénal, art.* 114, 117.)

Les maires qui refusent et négligent de déférer à une réclamation légale tendante à constater les détentions illégales et arbitraires, soit dans les maisons destinées à la garde des détenus, soit partout ailleurs, et qui ne justifient pas les avoir dénoncées à l'autorité supérieure, sont punis de la dégradation civique et de dommages et intérêts. (*Idem, art.* 119.)

Tout maire qui concerte des mesures contre l'exécution des lois ou contre les ordres du Gouvernement est puni du bannissement. (*Code pénal, art.* 124.)

Sont coupables de forfaiture, et punis de la dégradation civique, les maires qui par délibération arrêtent de donner leur démission, à l'effet d'empêcher ou de suspendre l'exécution des lois ou un service quelconque. (*Idem, art.* 126.)

Sont pareillement coupables de forfaiture, et punis de la dégradation civique, les maires qui s'immiscent dans l'exercice du pouvoir législatif, soit par des règlements contenant des dispositions législatives, soit en arrêtant ou suspendant l'exécution des lois, soit en délibérant sur le point de savoir si les lois seront publiées ou exécutées. (*Idem* , *art.* 127.)

Les maires qui entreprennent sur les fonctions judiciaires , en s'ingérant de connaître de droits et intérêts privés du ressort des tribunaux , et, après la réclamation des parties, décident l'affaire avant que l'autorité supérieure ait prononcé, sont punis d'une amende de 16 à 150 francs. (*Idem* , *art.* 131.)

Tout maire qui délivre un passe-port à une personne qu'il ne connaît pas personnellement , sans avoir fait attester ses nom et qualités par deux citoyens à lui connus , est puni d'un emprisonnement d'un mois à six mois. (*Idem* , *art.* 155.)

Tout maire qui délivre un passe-port à une personne qu'il connaît pour avoir supposé un nom autre que le sien, est puni du bannissement. (*Id.* , *art.* 155.)

Tous maires qui , par de faux rapports ou par toute autre voie , favorisent des militaires pour les faire dispenser de joindre leurs drapeaux dans le délai fixé par la loi , sont punis d'une amende de 50 francs à 500 francs , et d'une détention de trois mois à deux ans. (*Loi du* 27 *messidor an* 7.)

Tout maire qui détruit , supprime , soustrait ou détourne des actes et titres dont il est dépositaire en cette qualité , ou qui lui sont remis ou communiqués à raison de ses fonctions, est puni des travaux forcés à temps. (*Code pénal* , *art.* 173.)

Tout maire qui agrée des offres ou promesses , ou reçoit des dons ou présents, pour faire un acte de sa fonction , est puni du carcan , et condamné à une amende double de la valeur des promesses agréées ou des choses reçues , sans que ladite amende puisse être inférieure à 200 francs. (*Idem*, *art.* 177.)

Tout maire qui se décide en faveur pour une partie, ou par inimitié pour elle, est coupable de forfaiture et puni de la dégradation civique. (*Idem*, *art.* 183.)

Tout maire qui s'introduit dans le domicile d'un citoyen, hors le cas prévu par la loi et sans les formalités qu'elle a prescrites, est puni d'une amende de 16 francs à 200 francs. (*Idem*, *art.* 184.)

Tout maire qui, sans motif légitime, use ou fait user de violence envers les personnes dans l'exercice de ses fonctions, est puni selon la nature et la gravité de ces violences. (*Idem*, *art.* 186.)

Tout maire qui requiert ou ordonne l'action ou l'emploi de la force publique contre l'exécution d'une loi, ou contre la perception d'une contribution légale, ou contre l'exécution, soit d'une ordonnance ou mandat de justice, soit de tout autre ordre émané de l'autorité légitime, est puni de la reclusion. (*Idem*, *art.* 188.)

Des poursuites à exercer contre les Maires.

Tout maire coupable de forfaiture, d'abus d'autorité, de concussion et autres crimes ou délits relatifs à ses fonctions, est poursuivi par le procureur général, soit sur la dénonciation du préfet, soit sur celle des citoyens lésés. (*Loi du 14 décembre* 1789, *art.* 60 *et* 61.)

Les maires ne peuvent être poursuivis devant les tribunaux pour faits relatifs à leurs fonctions, soit par le ministère public, soit par une partie civile, qu'en vertu d'une décision du Conseil d'état. (*Loi du 24 décembre* 1789; *art.* 79 *de l'acte constitutionnel de l'an* 8; *arrêt de la Cour de cassation des 22 juillet 1808 et 13 novembre 1809.*)

Du décès des Maires, de la cessation de leurs fonctions par démission ou destitution.

Lorsqu'un maire cesse ses fonctions, soit par l'expiration de son temps, soit par démission, soit par destitution, il est tenu, sous peine de poursuites, de rendre ses comptes au maire qui lui succède, et de lui remettre tous les registres, papiers, pièces, relatifs à l'administration et aux actes de l'état civil, ainsi que les effets mobiliers de la municipalité qui avaient été confiés à sa garde; il est du tout dressé procès-verbal, dont copie remise au prédécesseur lui sert de décharge. (*Loi du 8 germinal an 3 ; loi du 11 frimaire an 7 ; loi du 19 floréal an 8.*)

- Tout maire destitué, interdit et remplacé légalement, qui, après en avoir reçu la connaissance officielle, continue l'exercice de ses fonctions, est puni d'un emprisonnement de six mois à deux ans. (*Code pénal, art.* 197.)

Les héritiers des maires décédés sont tenus, envers le maire qui succède, aux mêmes obligations que les maires qui cessent leurs fonctions.

CHAPITRE II.

DES ADJOINTS DE MAIRE.

Nature de leurs fonctions et attributions.

Les maires étant seuls chargés de l'administration municipale, les adjoints ne sont nommés que pour les aider dans leurs fonctions : aussi les adjoints, n'étant point administrateurs-magistrats de la commune, ne reçoivent-ils pas les honneurs accordés aux maires.

Ils ne peuvent concourir avec le maire à tous les actes d'administration municipale que lorsqu'ils en sont requis par lui. (*Loi du 21 fructidor an 3; arrété du 2 pluviôse an 9; arrété du 4 juin 1806.*) En cas de maladie, d'absence ou de tout autre empêchement du maire, le premier adjoint le remplace provisoirement. (*Idem.*)

Un maire peut assembler ses adjoints, les consulter lorsqu'il le juge à propos, et leur déléguer une partie de ses fonctions. (*Idem.*)

Aussi, toutes les fois qu'un adjoint exerce l'autorité qui lui est déléguée par un maire, doit-il avoir l'attention de mettre avant sa signature ces mots : *pour l'absence, ou la maladie, ou l'empêchement du maire.*

Une fonction spéciale attribuée aux adjoints, c'est celle, comme on le verra au titre DES TRIBUNAUX DE POLICE MUNICIPALE, du ministère public près le tribunal de police. (*Code d'instruction criminelle, art.* 167.)

Les adjoints sont exempts du service actif et du service sédentaire de la garde nationale. (*Décision du ministre de l'intérieur, du* 11 *février* 1807.)

Nomination des Adjoints; durée de leurs fonctions; leur incompatibilité avec d'autres places; serment; installation.

Le Roi nomme les adjoints des maires dans les villes de cinq mille habitants (*loi du 28 pluviôse an 8, art.* 18); trois mille habitants depuis 1831.

Les préfets les nomment dans les communes d'une population au-dessous de cinq mille habitants (*idem*, *art.* 20) ; trois mille habitants depuis 1831.

Les adjoints, comme les maires, sont en place pour cinq ans (*décret du* 15 *avril* 1806) ; trois ans depuis 1831.

Les adjoints nommés par le Roi prêtent serment entre les mains du préfet ou de tout autre désigné pour le recevoir.

La même incompatibilité qui a lieu pour les fonctions des maires avec d'autres fonctions a pareillement lieu pour les fonctions des adjoints, c'est-à-dire qu'un adjoint ne peut être juge de paix, suppléant d'un juge de paix, membre du conseil de préfecture, huissier, curé, vicaire ou desservant, receveur des contributions ou droits d'enregistrement, employé dans les douanes, les postes et les messageries, et autres places sujettes à la comptabilité.

Les adjoints nommés par le préfet prêtent serment entre les mains du maire. (*Loi du* 16 *floréal an* 8.)

Les adjoints sont installés par le maire.

Du costume des Adjoints.

Les adjoints nommés par le Roi portent le même costume que le maire, excepté qu'ils n'ont que deux bandes de liséré brodé.

Ceux nommés par le préfet portent le même costume que le maire, à l'exception de la ceinture, dont la frange, pour les adjoints, est en soie. (*Arrêté des* 17 *floréal et* 8 *messidor an* 8.)

Des injures, outrages et violences envers les Adjoints de Maire.

Lorsqu'un adjoint remplit les fonctions de maire, les injures, outrages et violences qu'il recoit dans l'exercice ou à l'occasion de l'exercice de ses fonctions, sont punis des mêmes peines que celles prononcées contre les offenseurs des maires.

Des crimes et délits dont peuvent se rendre coupables les Adjoints dans l'exercice de leurs fonctions.

Les adjoints auxquels les maires ont délégué des fonctions administratives se rendent coupables des mêmes crimes et délits que les maires, lorsqu'ils abusent de l'autorité qui leur a été déléguée, et sont passibles des mêmes peines que les maires.

CHAPITRE III.

DES SECRÉTAIRES DES MUNICIPALITÉS.

Qualités des Secrétaires.

Les secrétaires des maires ne sont point institués par le Gouvernement ; ils ne sont considérés à ses yeux que comme de simples employés, qui n'ont aucun caractère public, et ne peuvent signer aucun acte d'administration, ni rendre authentique aucune expédition, aucun extrait délivré par eux. (*Avis du Conseil d'état du 2 juillet 1807.*)

Aucune expédition ou copie d'acte délivrée par un secrétaire de municipalité ne peut être légalisée, si elle n'est revêtue de la signature du maire ou d'un adjoint auquel le maire aura délégué le pouvoir de la signer. (*Circulaire du ministre de l'intérieur, du 30 juillet 1807, et du ministre de la justice, du 27 août suivant.*)

De la nomination des Secrétaires.

Dans les communes d'une population au-dessus de cinq mille habitants, les maires nomment et révoquent à volonté les secrétaires. Cette nomination et cette révocation doivent toujours avoir lieu sous l'autorisation du ministre de l'intérieur, et d'après l'avis du préfet.

Dans les communes d'une population au-dessous de cinq mille habitants, les secrétaires sont nommés par le maire, et cette nomination doit être approuvée par le préfet. (*Loi du 5 floréal an 5.*)

Les secrétaires sont salariés par la municipalité, des fonds de la commune.

A l'égard des petites communes pour lesquelles le traitement particulier d'un secrétaire serait un fardeau trop onéreux, et où ce secrétaire n'a pas une occupation suffisante, le ministre de l'intérieur a, par une circulaire du 6 nivôse an 9, proposé aux préfets de réunir les fonctions de secrétaire à celle de maître d'école, et d'allier ainsi deux intérêts bien précieux à chaque commune, et en même temps de diminuer les charges communales.

Tout secrétaire de municipalité doit être âgé de vingt-quatre ans accomplis. (*Idem.*)

Costume des Secrétaires.

Dans les villes d'une population au-dessus de cinq mille habitants, les secrétaires portent le même costume que les maires et adjoints, à l'exception du liséré qui est simple. (*Arrêté du 8 messidor an 8.*)

Dans les villes, bourgs et communes d'une population au-dessous de cinq mille habitants, les secrétaires n'ont point de costume.

Rétributions accordées aux Secrétaires.

Toutes les premières expéditions de décisions, avis et ordonnances de l'administration municipale, doivent être délivrées gratuitement aux parties qu'elles concernent ; mais les secondes et ultérieures, ainsi que les expéditions des titres, pièces et renseignements, sont payées à raison de 75 centimes le rôle. (*Loi du 7 messidor an 2 ; avis du Conseil d'état, du 18 août 1807.*)

Outre la rétribution accordée aux secrétaires pour les expéditions qu'ils délivrent, on doit encore leur rembourser le coût du papier timbré et de l'enregistrement, si la pièce est sujette à ce dernier droit.

Des crimes et délits des Secrétaires.

Tout secrétaire qui détruit, supprime, soustrait ou détourne les actes et titres dont il est dépositaire en cette qualité, ou qui lui sont remis ou communiqués à raison de ses fonctions, est puni des travaux forcés à temps. (*Code pénal, art.* 73.)

Tout secrétaire qui se rend coupable de concussion, en percevant ce qui n'est pas dû ou ce qui excède ce qui lui est dû pour rétribution, est condamné à un emprisonnement de deux ans à cinq ans, et à une amende dont le *maximum* est le quart des restitutions et des dommages et intérêts, et le *minimum* le douzième. (*Code pénal, art.* 174.)

Tout secrétaire qui délivre des copies ou expéditions d'actes soumis à l'enregistrement, sans que ces actes aient été enregistés, quand même le délai pour l'enregistrement ne serait pas encore expiré, est condamné à l'amende de 50 francs outre le paiement du droit. (*Loi du 22 frimaire an* 7, *art.* 41.)

CHAPITRE IV.

DES CONSEILS MUNICIPAUX.

De la composition des Conseils municipaux.

Voir les art. 8 et suivants de la loi sur l'organisation municipale. Nous croyons devoir placer ici les dispositions antérieures à cette loi.

Où il y a un maire, un ou plusieurs adjoints, il y a un conseil municipal. (*Loi du* 28 *pluviôse an* 8, *art.* 15.)

. Le nombre des membres du conseil municipal est de dix dans les lieux où la population n'excède pas deux mille cinq cents habitants ; de vingt, dans ceux où elle n'excède pas cinq mille habitants ; de trente, dans ceux où la population est plus nombreuse. (*Loi du* 14 *nivôse an* 11 , *art.* 15.)

Dans les communes dont la population ne s'élève pas à cinq mille habitants, le préfet nomme les membres des conseils municipaux, et les suspend de leurs fonctions. (*Loi du* 28 *pluviôse an* 8, *art.* 20.)

Dans les autres communes c'est le Roi qui nomme et qui révoque. (*Sénatus-consulte du* 15 *thermidor an* 10.)

Les maires ne font point partie du nombre des membres désignés des conseils municipaux ; mais ils les président de droit. (*Décret du* 4 *juin* 1806 , *art.* 1er.)

Les adjoints n'ont point entrée au conseil municipal, à moins qu'ils ne remplacent les maires pour cause de maladie, d'absence ou autre empêchement. (*Arrêté du* 2 *pluviôse an* 9 ; *décret du* 4 *juin* 1806 , *art.* 11.)

3

(54)

Lorsque le maire a un compte à rendre, il quitte la présidence, et il est remplacé par un membre du conseil, choisi au scrutin et à la majorité absolue des suffrages. (*Décret du 4 juin* 1806 , *art.* 3.)

Le secrétaire de chaque conseil municipal est choisi parmi les membres de ce conseil, au scrutin et à la majorité absolue des suffrages. (*Id.*, *art.* 4.)

Les membres du conseil municipal prêtent serment, lors de la première assemblée, entre les mains du maire, qui envoie le procès-verbal au sous-préfet pour être transmis au préfet. (*Arrêté du* 19 *floréal an* 8.)

Les membres des conseils municipaux n'ont point de costume désigné ni de rang fixé dans les cérémonies publiques. (*Loi du* 20 *avril* 1790.)

Les membres des conseils municipaux se renouvellent tous les dix ans par moitié. (*Arrêté des* 19 *fructidor an* 10 *et* 15 *nivôse an* 11.)

Les conseils municipaux ne peuvent envoyer de députation aux autorités constituées et au gouvernement. (*Circulaire du ministre de l'intérieur* , *du* 30 *mars* 1806.)

De la convocation des Conseils municipaux.

Le conseil municipal s'assemble chaque année au 1er mai, et peut rester assemblé jusqu'au 15. (*Décret du* 5 *février* 805.)

Il peut être convoqué extraordinairement par le préfet, toutes les fois que les circonstances l'exigent. (*Idem.*)

Tout maire démissionnaire ou destitué étant obligé de rendre ses comptes au corps municipal, chaque démission ou destitution de maire doit être suivie immédiatement de la convocation du conseil municipal pour recevoir et débattre, s'il y a lieu, les comptes que doit ce fonctionnaire à l'époque de sa sortie de fonctions. (*Circulaire du ministre de l'intérieur, du 11 vendémiaire an 9.*)

Des opérations du Conseil municipal.

Pour que le conseil municipal délibère, il n'est pas nécessaire que tous les membres soient présents, il suffit qu'il y en ait les deux tiers. (*Acte constit. de l'an 8, art. 90 ; arrêté du 25 vendémiaire an 9.*)

Le conseil municipal entend et débat les comptes de recettes et de dépenses municipales qui sont rendus par le maire.

Il entend et débat pareillement les comptes de recettes et dépenses municipales qui lui sont rendus par le receveur de la commune ;

Examine les pièces justificatives que le maire et le receveur sont tenus de présenter à l'appui de leur compte.

Après avoir procédé à l'examen de ces comptes de recettes et de dépenses, il les arrête et les remet au maire avec son avis, pour être envoyés au sous-préfet et transmis au préfet. (*Loi du 11 frimaire an 7 ; — du 28 pluviôse an 8 ; — arrêté du 4 thermidor an 10 ; décret du 14 février 1806.*)

Ces *recettes* consistent en centimes additionnels de la contribution foncière et mobilière ;

Portion de la contribution sur les portes et fenêtres ;

Dixième du produit des patentes perçues dans la commune, déduction faite de deux décimes par franc pour la confection des rôles ;

Moitié des amendes de police ;

Location des maisons, usines, bâtiments appartenant à la commune ;

Fermages des biens ruraux et communaux ;

Produit de la vente des bois communaux qui ne font pas partie de l'affouage distribué en nature, de l'ébauchage, des arbres morts, des fruits, herbes appartenant à la commune ;

Pensions et rentes foncières non éteintes ;

Locations des places dans les halles, marchés, sur les rivières, les ports, les quais, les promenades publiques.

Ces *dépenses* consistent en construction, entretien, réparation de maison commune, audience de juge de paix, église, presbytère, hospice, école, lycée, bourse, bureau d'octroi, corps-de-garde, halles, et autres bâtiments appartenant à la commune ;

Construction, entretien et réparation de chemins vicinaux dans l'étendue de la commune ; de ponts, aquéducs, fossés à l'usage particulier de la commune ; de clôtures de prés, bois et propriétés de la commune ; de marchés, ports, quais, abreuvoirs, puits, fontaines, pompes, lavoirs, mares à l'usage de la commune ;

Pavage dans les lieux de la commune qui ne sont pas grande route ;

Construction, entretien et réparation des cimetières, jardins, promenades, places et lieux publics ;

Acquisition, entretien et réparation d'horloge, réverbères, lanternes, pompes, seaux à incendie, et autres objets d'utilité, de sûreté, de propreté et de salubrité publique ;

Contributions foncières des bois appartenant à la commune ;

Appointements du secrétaire, des employés, commissionnaires, des gardes champêtres et forestiers, des instituteurs, institutrices, et autres à la charge de la commune ;

Frais de chauffage et éclairage, de registres, papiers, plumes, encre, et autres menus objets de bureau ;

Frais de fêtes, réjouissances et cérémonies publiques ;

Frais quelconques imprévus, d'une nécessité indispensable.

Vote sur les centimes additionnels nécessaires pour compléter le montant des dépenses communales ;

Règle le partage des affouages, pâtures, récoltes et fruits communs ;

Détermine les travaux nécessaires à l'entretien et aux réparations des propriétés à la charge des habitants ;

Délibère sur les besoins particuliers et locaux ;

Etablit la demande des contributions qui peuvent être nécessaires pour subvenir aux dépenses de la commune ;

Délibère sur les biens à prendre à bail pour l'utilité de la commune ;

Sur les acquisitions à faire par la commune, ainsi que sur les moyens d'en payer le prix ;

Sur les ventes, échanges, baux à longues années proposés par le maire ;

Sur l'aliénation de bois ou de coupes de bois communaux ;

Sur les sommes à imposer sur les habitants pour les frais du culte, les réparations des églises, des presbytères, lorsque les fabriques ne possèdent pas des revenus suffisants pour y subvenir ;

Sur le choix des gardes champêtres et forestiers de la commune, et la somme à leur payer ;

Sur l'indemnité à payer aux instituteurs et institutrices pour leur logement, et sur la somme qu'ils peuvent exiger des parents ;

Sur les appointements ou gages des personnes employées au service de l'administration municipale ;

Accorde ou refuse son autorisation sur les procès à intenter ou à soutenir pour l'exercice et la conservation des droits communs. (*Loi du* 28 *pluviôse an* 8.)

Il propose les projets de règlement ou de changements relatifs aux octrois de la commune à présenter au gouvernement. (*Décret du 17 mai 1809.*)

Il indique les moyens d'accroître les revenus de la commune, soit par la location des places aux halles, foires et marchés, sur les ports, quais et autres lieux, soit par des établissements quelconques. (*Arrêté du 4 thermidor an 10.*)

S'il s'élève quelques difficultés sur les délibérations du conseil municipal, c'est au préfet à statuer.

Les délibérations du conseil municipal doivent être rédigées et signées assemblée tenante, et contenir le nom de tous les délibérants. (*Loi des 11 et 26 février 1790.*)

Les délibérations du conseil municipal ne peuvent être exécutées qu'après avoir été approuvées par le préfet, qui peut les infirmer. (*Loi du 14 décembre 1789.*)

L'exécution des délibérations est confiée au maire, après l'approbation du préfet, qui n'est définitive que lorsque ces délibérations ne renferment aucune disposition subordonnée à l'autorisation du gouvernement.

TITRE II.

DES OFFICIERS DE POLICE

QUI CONCOURENT AVEC LES MAIRES ET ADJOINTS AU MAINTIEN DE L'ORDRE.

—

Les officiers de police à la disposition et sous la surveillance des autorités municipales sont : 1° les commissaires de police ; 2° les officiers de gendarmerie et gendarmes ; 3° les gardes champêtres ; 4° les gardes forestiers.

Nous parlerons, dans un dernier chapitre, des inspecteurs et agents de police.

CHAPITRE PREMIER.

DES COMMISSAIRES DE POLICE.

Organisation des Commissaires de police.

Dans toutes les communes dont la population ne s'élève pas à cinq mille habitants, il n'y a point de commissaire de police ; le maire ou son adjoint en remplit les fonctions.

Dans celles dont la population est de cinq mille à dix mille habitants, il y a un commissaire de police ; dans celles dont la population excède dix mille habitants, il y a un commissaire de police par dix mille habitants d'excédant. (*Code des dé—*

lits du 3 brumaire an 4, art. 25 ; *loi du 28 pluviôse an 8, art.* 2.)

Les commissaires de police sont nommés par le Roi, sur la présentation du ministre de la police générale. (*Arrêté du* 19 *nivôse an 8.*)

Un officier municipal, un notaire, un avoué, ne peuvent être commissaires de police. (*Loi du 18 juin 1792, art.* 2 ; *loi du 28 ventôse an* 11, *art.* 7.)

Les fonctions de commissaire de police ne sont pas incompatibles avec celles de suppléant d'un tribunal. (*Arrêt de la Cour de cassation, du 2 juin* 1807.)

Le costume des commissaires de police consiste dans l'habit noir complet ; ceinture bleue à franges, et chapeau français uni. (*Arrêté du* 17 *floréal an* 8.)

Dans les cérémonies publiques, les commissaires de police ont le pas après les juges de paix. (*Décret du* 24 *messidor an* 12.)

Ils sont exempts du service actif et du service sédentaire de la garde nationale. (*Décision du ministre de l'intérieur, du* 11 *février* 1807.)

Les commissaires de police, agents nécessaires des municipalités pour tout ce qui est objet de police, leur sont toujours immédiatement subordonnés dans l'exercice habituel et journalier de leurs fonctions. Ils ne sont indépendants de l'autorité administrative que dans l'exercice des fonctions judiciaires qui leur sont déléguées par les lois. (*Circulaire du ministre de la police générale, du* 7 *ventôse an* 9.)

Les commissaires de police reçoivent pour traitement, savoir :

Ceux de Paris , 4,000 fr. ;

Ceux de Bordeaux, Lyon , Marseille, 2,400 fr. ;

Ceux des villes de quarante mille habitants et au-dessus, 1,800 fr. ;

Ceux des villes de vingt-cinq mille à quarante mille habitants, 1,500 fr.;

Ceux des villes de quinze mille à vingt-cinq mille habitants, 1,200 fr.;

Ceux des villes de cinq mille à quinze mille habitants, 1,000 fr. (*Arrêté du 23 fructidor an 9.*)

Attributions et fonctions des Commissaires de police.

Les commissaires de police sont tenus de résider dans la commune pour laquelle ils sont nommés, sous peine de destitution, à moins qu'ils n'en soient dispensés pour cause approuvée. (*Arrêté du 11 frimaire an 6.*)

Ils exercent leurs fonctions dans toute l'étendue de leurs communes respectives. (*Loi du 3 brumaire an 4, liv. 1, tit. 1, art. 30.*)

Néanmoins, dans les communes où il existe plusieurs commissaires de police, l'administration municipale assigne à chacun d'eux un arrondissement particulier. (*Idem, art. 31.*)

Ces arrondissements ne limitent ni ne circonscrivent leurs pouvoirs respectifs, mais indiquent seulement les termes dans lesquels chacun est plus spécialement astreint à un exercice constant et régulier dans ses fonctions. (*Loi du 3 brumaire an 4, art. 32; Code d'instruction criminelle, art. 12.*)

Lorsqu'un commissaire de police d'une même commune se trouve légitimement empêché, celui de l'arrondissement le plus voisin est personnellement tenu de le suppléer. (*Loi du 3 brumaire an 4, art. 33; Code d'instruction criminelle, art. 18.*)

Si le commissaire de police d'une commune où il n'en existe qu'un se trouve légitimement empêché, l'adjoint le remplace tant que dure l'em-

3*

pêchement. (*Loi du 3 brum. an 4, art. 34; Code d'instruction crim., art. 14.*)

Les commissaires de police, comme les maires et adjoints, surveillent l'exécution des lois, règlements et ordonnances de police, constatent par des procès-verbaux toutes les contraventions de police, et citent les contrevenants au tribunal de police, où ils remplissent en outre les fonctions du ministère public, ainsi qu'on le verra plus bas, au titre de la POLICE ADMINISTRATIVE.

Comme officiers de police judiciaire, ils reçoivent les rapports, dénonciations et plaintes, constatent les crimes et délits par des procès-verbaux, se saisissent des personnes suspectées de crime ou trouvées en flagrant délit, les conduisent devant les tribunaux, ou les mettent en dépôt dans les maisons d'arrêt ou prisons, font des visites domiciliaires et perquisitions, ainsi qu'on l'explique plus bas, au titre de la POLICE JUDICIAIRE.

Les commissaires de police ont le droit, comme toutes les autorités constituées, de requérir la force publique pour l'exercice de leurs fonctions.

Tout commissaire chargé de faire des visites, perquisitions ou actes d'autorité publique dans les maisons qui ne sont pas lieux publics, doit être muni d'une expédition de l'acte qui constitue son pouvoir, et est tenu de l'exhiber à celui chez lequel il remplit sa mission. (*Loi du 16 septembre 1792.*)

CHAPITRE II.

DES OFFICIERS DE GENDARMERIE ET GEN-DARMES.

Fonctions et devoirs de la Gendarmerie relativement à la police administrative et judiciaire.

Les fonctions et devoirs de la gendarmerie sont exposés dans le titre 9 de la loi du 28 germinal an 6, ainsi conçu :

« 125. Les fonctions essentielles et ordinaires de la gendarmerie sont :

» 1° De faire des marches, tournées, courses et patrouilles sur les grandes routes, traverses, chemins vicinaux, et dans tous les arrondissements des lieux respectifs ; de les faire constater jour par jour, sur les feuilles de service, par les officiers municipaux, agents des communes ou autres officiers publics, à peine de suspension de traitement ;

» 2° De recueillir et prendre tous les renseignements possibles sur les crimes et délits publics, et d'en donner connaissance aux autorités compétentes ;

» 3° De rechercher et poursuivre les malfaiteurs ;

» 4° De saisir toutes personnes surprises en flagrant délit, ou poursuivies par la clameur publique ;

» 5° De saisir tous gens trouvés porteurs d'armes ensanglantées, faisant présumer le crime ;

» 6° De saisir les brigands, voleurs de grands chemins, chauffeurs et assassins attroupés ;

» 7° De saisir les dévastateurs des bois, des récoltes, les chasseurs masqués, les contrebandiers

armés, lorsque les délinquants de ces trois der-
niers genres seront pris sur le fait ;

» 8° De saisir et arrêter les déportés qui seront
trouvés sur le territoire français ;

» 9° De dissiper par la force tout attroupement
armé ;

» 10° De dissiper de même tout attroupement
non armé, d'abord par la voie du commandement
verbal, et, s'il est nécéssaire, par le dévelop-
pement de la force armée ; enfin, de dissiper tous
attroupements qualifiés séditieux par les lois, à la
charge d'en prévenir, sans délai, les adminis-
trations municipales ou le procureur du Roi ;

» 11° De saisir tous ceux qui seront trouvés exer-
çant des voies de fait ou violences contre la sûreté
des personnes, des propriétés nationales et parti-
culières ;

» 12° De protéger les porteurs de contraintes
pour deniers publics, et d'exécuter les man-
dements de justice ;

» 13° D'assurer la libre circulation des subsis-
stances, et de saisir tous ceux qui s'y opposeraient
par la force ;

» 14° De saisir et conduire, à l'instant, devant
l'autorité civile, tous ceux qui troubleraient les
citoyens dans l'exercice de leur culte ; de pro-
téger le commerce intérieur en donnant toute
sûreté aux négociants, marchands, artisans, et à
tous les citoyens que leur commerce, leur indus-
trie et leurs affaires obligent de voyager ;

» 15° De surveiller les mendiants, vagabonds et
gens sans aveu, de prendre à leur égard les pré-
cautions de sûreté prescrites par les lois ; à l'effet
de quoi les administrations municipales seront
tenues de donner connaissance à la gendarmerie
des listes sur lesquelles seront portés les indivi-
dus que la gendarmerie est chargée de surveiller ;

» 16° De dresser des procès-verbaux de tous les

cadavres trouvés sur les chemins, dans les cam‑
pagnes, ou retirés de l'eau, et d'avertir l'officier
de gendarmerie le plus voisin, qui sera tenu de se
transporter en personne sur les lieux, dès qu'il
lui en aura été donné avis ;

» 17º De dresser pareillement des procès-verbaux
des incendies, effractions, assassinats et de tous
les crimes qui laissent des traces après eux ;

» 18º De dresser de même procès-verbal des dé‑
clarations qui lui seront faites par les habitants
voisins, parents, amis et autres personnes qui
seront en état de lui fournir des indices, preuves
et renseignements sur les auteurs des crimes et
délits et sur leurs complices ;

» 19º De se tenir à portée des grands rassemble‑
ments d'hommes, tels que les foires, marchés,
fêtes et cérémonies publiques ;

» 20º De conduire les prisonniers ou condamnés,
en prenant toutes les précautions pour empêcher
leur évasion ;

» 21º De saisir et arrêter les déserteurs et militai‑
res qui ne seraient pas porteurs de passe-ports ou
congés en bonne forme ;

» 22º De faire rejoindre les militaires absents de
leurs corps à l'expiration de leurs congés ou per‑
missions limitées ; à l'effet de quoi les militaires
porteurs de ces congés ou permissions seront tenus
de les faire viser par le capitaine ou lieutenant de
la gendarmerie, qui en tiendront note pour con‑
traindre lés militaires en retard de rejoindre ;

» 23º Lorsqu'il passera des troupes dans l'ar‑
rondissement d'une brigade de gendarmerie, elle
sera tenue de se porter en arrière et sur les flancs
desdites troupes, arrêtera les traîneurs, ceux qui
s'écarteront de la route, et les remettra au com‑
mandant du corps, de même que ceux qui com‑
mettraient des désordres, soit dans les marchés,
soit dans les lieux où ils séjourneront ;

» 24° De s'assurer de la personne de tous étrangers circulant dans l'intérieur du royaume sans passe-ports ou avec des passe-ports qui ne seraient pas conformes aux lois, à la charge de les conduire sur-le-champ devant le procureur du Roi de l'arrondissement ;

» 25° De saisir et arrêter les mendiants valides dans les cas et circonstances qui rendent ces mendiants punissables, à la charge de les conduire sur-le-champ devant le juge de paix, pour être statué à leur égard conformément aux lois sur la répression de la mendicité ;

» 26° De saisir et arrêter tout individu commettant des dégâts dans les bois, dégradant les clôtures des murs, haies et fossés, encore bien que ces délits ne soient pas suivis de vols ; tous ceux qui seront surpris en commettant des larcins de fruits, et de productions d'un terrain cultivé ;

» 27° De saisir et arrêter tous ceux qui, par imprudence, par négligence, par la rapidité de leurs chevaux, ou de toute autre manière, auront blessé un citoyen sur les routes, dans les rues ou voies publiques ;

» 28° De saisir et arrêter ceux qui tiendront des jeux de hasard et autres jeux défendus par les lois, sur les places publiques, ou foires et marchés ;

» 29° De saisir et arrêter ceux qui seront trouvés coupant ou détériorant en manière quelconque les arbres plantés sur les grandes routes ;

» 30° De faire la police sur les grandes routes, d'y maintenir les communications et les passages libres en tous temps, de contraindre les voituriers, charretiers et tous conducteurs de voitures, de se tenir à côté de leurs chevaux ; en cas de résistance, de saisir ceux qui obstrueront les passages, de les conduire devant le maire, qui prononcera, en ce cas, s'il y a lieu, une amende qui ne pourra excéder dix francs, sans préjudice de plus fortes peines, suivant la gravité du délit.

» 126. Les fonctions ci-dessus mentionnées seront habituellement exercées par la gendarmerie, sans qu'il soit besoin d'aucune réquisition des autorités civiles. Il sera fait mention de ce service habituel sur les journaux tenus par les commandants de brigades, et qui seront envoyés, à la fin de chaque mois, au procureur du Roi.

» 127. Nul voyageur ne pourra refuser aux membres de la gendarmerie l'exhibition de ses passe-ports, lorsque ceux-ci les lui demanderont et se présenteront revêtus de leur uniforme en déclinant leur qualité d'agents de la force publique.

» 128. Le signalement des brigands, voleurs, assassins, déportés, perturbateurs du repos public, évadés des prisons, et celui des personnes contre lesquelles il sera intervenu un mandat d'arrestation, sera délivré à la gendarmerie, qui, en cas d'arrestation de l'un des individus signalés, le conduira de brigade en brigade jusqu'à la destination indiquée par lesdits signalements.

» 129. Les membres de la gendarmerie sont autorisés à visiter les auberges, cabarets, et autres maisons ouvertes au public, même pendant la nuit, jusqu'à l'heure où lesdites maisons doivent être fermées, d'après les règlements de police, pour y faire la recherche des personnes qui leur auront été signalées ou dont l'arrestation aura été ordonnée par l'autorité compétente.

» 130. Les hôteliers et aubergistes sont tenus de communiquer leurs registres toutes les fois qu'ils en seront requis par les officiers et commandants de brigade de leur arrondissement.

» 131. La maison de chaque citoyen étant un asile inviolable pendant la nuit, la gendarmerie ne peut y entrer que dans les cas d'incendie,

d'inondation, de réclamations venant de l'inté-
rieur de la maison.

» Elle peut pendant le jour, dans les cas et for-
mes prévus par les lois, exécuter les ordres des
autorités constituées.

» Elle ne peut faire aucune visite dans la maison
d'un citoyen où elle soupçonnerait qu'un coupable
s'est réfugié, sans un mandat spécial de perquisi-
tion, décerné soit par le procureur du Roi ou son
substitut, soit par le juge de paix, soit par le com-
missaire de police; mais elle peut investir la maison
ou la garder à vue en attendant l'expédition du
mandat.

» 152. Tous procès-verbaux de corps de délits,
de capture, d'arrestation, seront envoyés, dans
les vingt-quatre heures, au juge de paix, ou tout
autre officier de police judiciaire, dans l'arrondis-
sement duquel les crimes ou délits auront été
commis, ou les prévenus arrêtés; et il en sera
envoyé extrait, avec tous les renseignements né-
cessaires, au capitaine de la gendarmerie, qui en
ordonnera l'enregistrement au greffe par le secré-
taire-greffier, et en rendra compte sur-le-champ
au chef d'escadron. »

Le temps de nuit, où l'art. 131 de la loi du 28
germinal an 6 défend à la gendarmerie d'entrer
dans la maison des citoyens, est réglé par la dispo-
sition de l'art. 1037 du *Code de procédure civile*.
En conséquence, la gendarmerie ne peut, sauf les
exceptions établies par ladite loi du 28 germinal,
entrer dans les maisons, savoir: depuis le premier
octobre jusqu'au 31 mars, avant 6 heures du matin
et après 6 heures du soir; et depuis le premier
avril jusqu'au 30 septembre, avant quatre heures
du matin et après neuf heures du soir. (*Décret du
4 août 1806, art. 1.*)

Quand il s'agira de recherches à faire dans les
maisons de particuliers prévenus de recéler des

personnes prévenues de crimes ou délits , le man‑
dat spécial de perquisition prescrit par le même
art. 131 de la loi du 28 germinal an 6 , pourra être
suppléé par l'assistance du maire ou de son ad‑
joint, ou du commissaire de police. (*Id.*, *art.* 2.)

Les officiers et sous-officiers de gendarmerie doi‑
vent s'assurer, lors de leurs tournées, si les gardes
champêtres remplissent leurs fonctions, et en ren‑
dre compte au sous-préfet. (*Décret du 11 juin*
1806, *art.* 2.)

Les sous-officiers peuvent mettre en réquisition
les gardes champêtres d'un canton, et les officiers
ceux d'un arrondissement, pour l'exécution des
ordres qu'ils auront reçus pour le maintien de la
police et de la tranquillité publique, à la charge
d'en donner avis aux maires et aux sous-préfets.
(*Id.*, *art.* 3.)

Les officiers et sous-officiers doivent adresser aux
maires, pour être transmis aux gardes champê‑
tres, le signalement des malfaiteurs, déserteurs,
et autres individus qu'ils sont chargés d'arrêter.
(*Décret du 11 juin* 1806, *art.* 4.)

EXTRAIT de l'Ordonnance du **Roi** du **29** octobre
1828.

Art. 1er. La gendarmerie royale est une force
instituée pour veiller à la sûreté publique, et pour
assurer , dans toute l'étendue du royaume , le
maintien de l'ordre et l'exécution des lois.

5. Toutes les fois qu'elle est insuffisante pour
dissiper les émeutes ou attroupements, elle re‑
quiert l'assistance des gardes nationales et des
troupes de ligne, qui sont tenues de déférer à ses
réquisitions, et de lui prêter main-forte.

52. L'action des autorités civiles sur la gendar‑
merie, en ce qui concerne l'emploi de cette force
publique, ne peut s'exercer que par des réquisi‑

tions : ces réquisitions ne peuvent contenir aucuns termes impératifs, tels que *ordonnons*, *voulons*, *enjoignons*, *mandons*, etc.

53. Les réquisitions sont toujours adressées au commandant de la gendarmerie du lieu où elles doivent recevoir leur exécution, et, en cas de refus, à l'officier sous les ordres duquel est immédiatement placé celui qui n'a pas obtempéré à ces réquisitions.

Elles ne peuvent être données ni exécutées que dans l'arrondissement de celui qui les donne et de celui qui les exécute.

56. Les réquisitions doivent énoncer la loi qui les autorise, le motif, l'ordre, le jugement ou l'acte administratif en vertu duquel la gendarmerie est requise.

57. Les autorités civiles peuvent indiquer les mesures d'exécution; mais elles ne doivent s'immiscer en aucune façon dans les opérations militaires dont la direction appartient au commandant de la gendarmerie.

58. Les réquisitions sont faites par écrit, signées, datées, et dans la forme ci-après :

De par le Roi.

Conformément à l'ordonnance sur le service de la gendarmerie, et en vertu d..... (*loi*, *arrêté*, *règlement*), nous requérons le... (*grade et lieu de résidence*), de commander....., faire....., se transporter....., arrêter, etc....., et qu'il nous fasse part (*si c'est un officier*) et qu'il nous rende compte (*si c'est un sous-officier*) de l'exécution de ce qui est par nous requis au nom de sa majesté. Fait à.....

60. La gendarmerie ne doit pas être distraite de son service, ni détournée de ses fonctions, pour porter les dépêches des autorités civiles....., à

moins d'événements d'un intérêt majeur qui exigent la transmission d'un avis urgent

61. La gendarmerie doit communiquer sur-le-champ aux autorités civiles les renseignements qui intéressent l'ordre public. Les autorités civiles lui font les communications et réquisitions qu'elles jugent utiles au bien du service.

62. Les communications entre les administrateurs et la gendarmerie s'établissent par écrit. Elles sont signées et datées.

64. Les communications par écrit ou verbales, de la part des autorités civiles, pour un objet de service, sont toujours faites au commandant du lieu..... Elles ne peuvent s'adresser à l'officier supérieur qu'en cas de retard et de négligence.

92. A défaut ou en cas d'insuffisance de la troupe de ligne, les commandants requièrent main-forte de la garde nationale : à cet effet ils s'adressent aux autorités locales.

107. Toutes les fois qu'un officier de gendarmerie prend possession de son emploi, il fait, dans les vingt-quatre heures de sa réception, sa visite, en grande tenue, aux fonctionnaires civils de sa résidence.

112. Les inspecteurs généraux prennent des informations près les différentes autorités civiles sur la conduite et le service des officiers, sous-officiers et gendarmes.

140. Les officiers de gendarmerie, en leur qualité d'officiers de police auxiliaires, reçoivent les plaintes, dénonciations, et constatent les délits et les crimes.

149. En cas de simple contravention, ils doivent renvoyer les plaignants ou les dénonciateurs par-devant le commissaire de police, le maire ou l'adjoint, qui sont les officiers de police chargés de recevoir les plaintes et dénonciations de cette nature.

179. Les maires ou adjoints sont tenus de don-
ner à la gendarmerie les listes des mendiants, va-
gabonds, et gens sans aveu, qu'elle doit plus par-
ticulièrement surveiller.

187. Tous les procès-verbaux faits par la gen-
darmerie, sont faits en double expédition, dont
une est remise à l'autorité compétente.

197. Dans leurs tournées, les sous-officiers et
gendarmes s'informent, auprès des maires et des
adjoints, s'il a été commis quelque crime ou délit
dans la commune.

199. En cas de plainte contre les militaires en
congé, la gendarmerie les arrête sur la déclara-
tion par écrit des maires ou adjoints, dont ils
font mention dans leur procès-verbal.

203. Les prévenus ou condamnés transférés de
brigade en brigade, sont mis dans la chambre de
sûreté de la caserne de la gendarmerie, lorsqu'il
n'y a point de prison dans le lieu. S'il y a des fem-
mes parmi les prisonniers, elles sont remises à la
garde de l'autorité locale, qui pourvoit à leur
logement.

211. Si un prisonnier conduit par la gendar-
merie tombe malade en route, les secours néces-
saires lui sont administrés par les soins du maire
ou de l'adjoint.

222. La gendarmerie prévient les maires ou ad-
joints des abus qu'ils remarquent dans la fourni-
ture des subsistances des prisonniers, afin que ces
magistrats les répriment.

226. Lorsqu'un convoi de poudres ou de muni-
tions de guerre marche sous l'escorte de la gendar-
merie, le commandant se concerte avec les auto-
rités locales pour faire parquer le convoi dans un
lieu à l'abri de tout danger, et pour qu'à défaut
de troupes de ligne, un poste suffisant de gardes
nationales veille à sa sûreté jusqu'au départ.

227. Les gendarmes préviennent les autorités

locales, lorsqu'ils ont trouvé des animaux morts sur les chemins ou dans les champs, et les requièrent de les faire enfouir.

299 et 300. Tout individu arrêté en flagrant délit par la gendarmerie, ne peut être transféré dans une maison d'arrêt qu'en vertu du mandat de l'officier de police; en cas d'absence de cet officier, le prévenu est déposé et gardé dans une des salles de la mairie.

304. Dans le cas d'émeute populaire, la gendarmerie ne peut déployer la force des armes qu'après que l'autorité administrative l'aura ordonné.

CHAPITRE III.

DES GARDES CHAMPÊTRES.

De la formation des Gardes champêtres.

Il y a un garde champêtre dans chaque commune. (*Loi du 20 messidor an 3.*)

La loi du 25 fructidor an 9 règle la nomination des gardes champêtres de la manière suivante :

Art. 1. Les gardes champêtres des communes seront à l'avenir choisis parmi les vétérans et autres anciens militaires.

2. Le ministre de la guerre enverra à chaque préfet l'état nominatif des vétérans et anciens militaires résidants dans le département et en état de remplir les fonctions de garde champêtre ; les préfets feront passer aux sous-préfets la liste des vétérans et anciens militaires de leur arrondissement.

3. Lorsqu'il y aura lieu à nommer un garde champêtre, le maire le choisira parmi les individus de la commune ou des communes les plus voisines compris dans l'état des vétérans et anciens

militaires de l'arrondissement dont le sous-préfet lui aura donné connaissance sur sa demande : il soumettra son choix à l'approbation du conseil municipal.

4. Lorsque le conseil municipal d'une commune aura approuvé le choix d'un vétéran ou ancien militaire pour garde champêtre, le maire de la commune en donnera avis au sous-préfet de l'arrondissement.

5. Le sous-préfet donnera une commission de garde champêtre au vétéran ou ancien militaire, lequel se rendra dans la commune qui l'aura nommé; il se présentera au maire, qui visera sa commission, et le fera reconnaître en qualité de garde champêtre.

Tout garde champêtre à qui le maire a remis sa commission, doit se présenter de suite devant le juge de paix de son canton pour y prêter serment, et justifier de son acte de prestation de serment au maire, au plus tard dans les dix jours, sous peine de révocation de sa nomination.

Les frais de timbre de l'institution du garde champêtre et ceux de la prestation de serment sont à sa charge.

Le maire auquel l'acte de prestation de serment est représenté y met son *visa*, en tient note sur les registres des délibérations, et instruit le sous-préfet du jour de cette prestation de serment et de celui où il a apposé son *visa*.

Les gardes champêtres sont payés par quartier, du traitement qui leur est accordé par le conseil municipal, sur les mandats du maire.

Il est interdit aux gardes champêtres de porter un fusil à peine de destitution ; ils doivent être armés d'une lance de la longueur de deux mètres. Cependant l'art. 4 de la loi du 23 fructidor an 13 laisse aux préfets le droit de déterminer les armes qu'ils pourront porter.

Chaque garde champêtre doit se fournir à ses frais et porter sur le bras, dans l'exercice de ses fonctions, une plaque de métal ou d'étoffe sur laquelle sont inscrits les mots *la loi*, le nom de la commune et celui du garde. (*Loi du* 23 *fructidor an* 13.)

Indépendamment du garde champêtre de la commune, tout particulier propriétaire a le droit d'avoir, pour la conservation de ses propriétés, un garde champêtre à sa solde, pourvu qu'il soit agréé par le sous-préfet. (*Loi du* 3 *brumaire an* 4, *art.* 40; *loi du* 28 *pluviôse an* 8.)

Des fonctions et devoirs des Gardes champêtres.

Les gardes champêtres sont chargés de veiller à la conservation des récoltes, des fruits de la terre et des propriétés rurales de toutes espèces. (*Loi du* 3 *brumaire an* 4, *art.* 38.)

Ils doivent veiller à ce que personne, n'ayant pas le port d'armes, ne chasse, même sur ses propres propriétés ;

A ce que personne ne chasse sur le terrain d'autrui sans son consentement ;

A ce que personne ne chasse même sur son terrain non clos, dans le temps où la chasse est prohibée. (*Loi du* 30 *avril* 1790.)

La loi du 30 avril 1790 les autorise à arrêter les délinquants pour fait de chasse, qu'ils trouveront masqués ou déguisés, ou qui n'ont aucun domicile connu, et à les conduire devant le juge de paix.

La même loi du 30 avril 1790 leur défend de désarmer les chasseurs.

Ils doivent pareillement veiller à ce que les conducteurs de bestiaux ne les mènent ou laissent paître ou pâturer sur le terrain d'autrui. (*Loi du* 24 *septembre* 1791.)

Ils peuvent saisir et mettre en fourrière tous les

animaux trouvés sur le terrain d'autrui. (*Idem.*)

Ils peuvent saisir et mettre en fourrière les troupeaux atteints de maladies contagieuses, trouvés en pâturage dans d'autres endroits que ceux qui leur ont été indiqués par le maire. (*Loi des 28 septembre et 6 octobre* 1791.)

Ils doivent dresser des procès-verbaux des envahissements, empiétements, dégradations sur les chemins vicinaux et rues, et les envoyer au maire. (*Loi du 9 ventôse an* 13.)

Les gardes champêtres sont établis gardiens des saisies-brandons. (*Code de procédure civile, art.* 598.)

Les gardes champêtres sont obligés de prêter main-forte à l'autorité municipale et à la gendarmerie même, lorsqu'ils en sont requis. (*Décret du* 11 *juin* 1806, *art.* 3.)

Ils sont tenus d'informer les maires de tout ce qu'ils découvriront de contraire au maintien de l'ordre et de la tranquillité publique, et de leur donner avis de tous les délits qui auraient été commis dans leurs territoires respectifs ; et de les prévenir lorsqu'il s'établira dans leurs communes des individus étrangers à la localité. (*Idem, art.* 5.)

Tout garde champêtre qui arrête soit un déserteur, soit un homme évadé des galères, et le remet à la brigade de la gendarmerie la plus voisine, reçoit une gratification de 12 francs. (*Décret du* 10 *vendémiaire an* 4 ; *décret du* 11 *juin* 1806, *art.* 6.)

L'article 16, livre 1er, chapitre 3 de *l'instruction criminelle*, considérant les gardes champêtres comme officiers de police judiciaire, les charge de rechercher, chacun dans le territoire pour lequel ils ont été assermentés, les délits et les contraventions de police qui portent atteinte aux propriétés rurales et forestières ;

De dresser des procès-verbaux à l'effet de constater la nature, les circonstances, le temps, le lieu des délits et des contraventions, ainsi que les preuves et les indices qu'ils auront pu en recueillir ;

De suivre les choses enlevées dans les lieux où elles seraient transportées et les mettre en séquestre, sans pouvoir néanmoins s'introduire dans les maisons, ateliers, bâtiments, cours adjacentes et enclos, si ce n'est en présence soit du juge de paix, soit de son suppléant, soit du commissaire de police, soit du maire du lieu, soit de son adjoint, lequel signera le procès-verbal qui en sera dressé en sa présence ;

D'arrêter et conduire devant le juge de paix ou devant le maire tout individu surpris en flagrant délit, ou dénoncé par la clameur publique, lorsque ce délit emportera la peine d'emprisonnement ou une peine plus grave.

A l'effet de l'exécution de ce que dessus, le même article 16 du *Code d'instruction criminelle* autorise les gardes champêtres à se faire donner main-forte par le maire ou par l'adjoint du lieu, qui ne peut s'y refuser.

Les gardes champêtres placés sous la surveillance des maires sont aussi, comme officiers de police judiciaire, sous la surveillance du procureur du Roi. (*Code d'instruction criminelle, art. 17.*)

Les procès-verbaux des gardes champêtres, ainsi que les copies de ces mêmes procès-verbaux, doivent être sur papier timbré. (*Loi du 13 brumaire an 7, art. 12.*)

Les rapports des gardes champêtres peuvent aussi être faits de vive voix au greffe de la municipalité, devant le maire ou son adjoint, qui les rédigent par écrit. (*Loi du 30 avril 1790.*)

Les gardes champêtres doivent affirmer leurs procès-verbaux dans les vingt-quatre heures, devant le juge de paix ou l'un de ses suppléants. (*Loi du 24 thermidor an 4; loi du 28 floréal an 10.*)

Les maires ou adjoints, en cas d'absence du juge de paix ou de ses suppléants, peuvent recevoir l'affirmation des procès-verbaux des gardes champêtres. (*Loi du 28 floréal an 10.*)

Les procès-verbaux des gardes champêtres doivent être enregistrés *en débet*, dans les quatre jours après celui de leur date. (*Lói du 22 frimaire an 7.*)

Les procès-verbaux des gardes champêtres font foi jusqu'à la preuve contraire, qui peut être admise sans inscription de faux. (*Loi du 30 avril 1790.*)

Les procès-verbaux des gardes champêtres doivent être remis, dans les trois jours après leur affirmation, entre les mains de l'adjoint du maire ou du commissaire de police, s'il y en a un; si les procès-verbaux ont pour objet une contravention aux lois de police, l'adjoint ou le commissaire de police les fait notifier par huissier ou les notifie lui-même au délinquant, et cite ce délinquant au tribunal de police : si les procès-verbaux ont pour objet des délits de nature à mériter peine de police correctionnelle, ou autre plus grave, l'adjoint ou le commissaire de police envoie les procès-verbaux au procureur du Roi. (*Loi du 3 brumaire an 4; Code d'instruction criminelle, art.* 20, 21.)

Les gardes champêtres sont personnellement et solidairement responsables des dommages résultant pour les propriétaires ou fermiers des délits ruraux qui n'ont pas été constatés, ou à l'égard desquels il n'y a pas eu de poursuites, faute par eux d'avoir affirmé leurs procès-verbaux et de les avoir remis dans les délais fixés par la loi. (*Lois des 28 septembre et 6 octobre 1791.*)

Ils sont exempts du service de la garde nationale. (*Décision du ministre de l'intérieur du 11 février 1807.*)

Le choix des gardes champêtres sera fait par

les maires, et sera approuvé par les conseils municipaux. Le sous-préfet de l'arrondissement leur délivrera une commission. (*Ordonnance du Roi du 29 novembre* 1820, art. 1er.)

Le changement ou la destitution des gardes champêtres ne pourra être prononcé que par le sous-préfet, sur l'avis du maire et du conseil municipal du lieu ; le sous-préfet soumettra son arrêté à l'approbation du préfet. (*Idem*, art. 2.)

CHAPITRE IV.

DES GARDES FORESTIERS.

De la formation des Gardes forestiers.

Les gardes forestiers des forêts du Roi sont nommés par l'administration forestière.

Les gardes forestiers des communes et autres établissements publics sont nommés par les administrateurs légaux desdites communes et établissements, et cette nomination est soumise à l'approbation du conservateur de l'arrondissement forestier, lequel ne l'accorde qu'à un sujet qui a servi cinq ans sur terre ou sur mer. (*Loi du 9 floréal an* 11, *art*. 10.)

Le conservateur délivre, lorsqu'il a approuvé la nomination, une commission qui est envoyée à l'administration forestière pour être visée et enregistrée par elle. (*Idem*.)

Si une commune néglige de pourvoir à la conservation de ses bois, et d'entretenir à cet effet le nombre des gardes forestiers nécessaires, ou de faire la nomination d'un garde forestier dans la quinzaine de la vacance de la place, le conserva-

(80)

leur y pourvoit et nomme un garde forestier.
(*Loi des* 15 *et* 29 *septembre* 1791 , *art.* 2 *et* 4.)

Lorsque l'administration forestière juge conve-
nable de confier au même individu la garde d'un
canton de bois appartenant à des communes ou à
des établissements publics, et d'un canton de bois
nationaux , la nomination est faite par elle seule.
(*Loi du* 9 *floréal an* 11 , *art.* 11.)

Les gardes forestiers des bois des communes,
comme ceux des bois du Roi , sont soumis à l'au-
torité des gardes généraux et de l'administration
forestière, et ils peuvent être destitués par elle.
(*Art.* 12 *et* 13.)

Tous les gardes forestiers prêtent serment devant
le tribunal de première instance. (*Idem.*) -

Les procès-verbaux des gardes forestiers font foi
en justice, même pour constater les délits commis
dans d'autres bois nationaux et communaux que
ceux dont la garde leur est confiée , ainsi que dans
les bois particuliers, lorsqu'ils en sont requis par
les propriétaires. (*Idem.*)

Ils sont payés par l'administration forestière,
qui est remboursée de ses avances, soit sur les
revenus annuels de la commune , soit sur le pro-
duit de la coupe annuelle. (*Art.* 13.)

Les gardes des bois communaux peuvent être en
même temps gardes champêtres. (*Loi du* 5 *octobre*
1791 , *art.* 2.)

Les gardes forestiers doivent avoir sur le bras
une plaque de métal ou d'étoffe , sur laquelle sont
écrits les mots *la loi* , le nom de la commune et le
leur. (*Loi du* 6 *octobre* 1791 , *art.* 4.)

Tous les gardes forestiers sont armés d'un fusil.

Tout propriétaire peut avoir , pour la conserva-
tion de ses propriétés , un garde forestier. (*Loi du*
3 *brumaire an* 4 , *art.* 40.)

Ce garde ne peut exercer ses fonctions qu'après
avoir été agréé par le conservateur forestier, et

avoir prêté serment devant le tribunal de première instance. (*Loi du* 9 *floréal an* 11 , *art.* 19.)

En cas de refus par le conservateur d'agréer ledit garde , celui qui l'a présenté peut se pourvoir par-devant le préfet du département, qui statue. (*Idem*, *art.* 16.)

Des fonctions et devoirs des Gardes forestiers.

Les gardes forestiers doivent résider dans le voisinage des forêts et bois confiés à leur garde ; le lieu de leur résidence est indiqué par le conservateur de l'arrondissement. (*Loi du* 29 *septembre* 1791.)

Ils sont tenus de faire des visites journalières pour prévenir et constater les délits, et reconnaître les délinquants. (*Idem.*)

Les délits les plus ordinaires qu'ont à prévenir et constater les gardes forestiers, sont la coupe , l'arrachis des arbres jeunes ou vieux, des branches d'arbres ; le vol des bois coupés, empilés et mesurés dans les forêts et bois communaux, ou flottant sur les rivières et ruisseaux flottables et navigables ; le dépouillement et l'enlèvement des écorces d'arbres ; le pâturage des bêtes à laine, telles que chèvres , brebis, moutons et autres de la même espèce, prohibé dans les forêts et bois ; les pâturages de bestiaux dans les bois non déclarés défensables ; les dégâts commis par les bestiaux égarés et écartés du pâturage assigné , par la négligence du gardien, et la chasse.

Les gardes forestiers doivent dresser des procès-verbaux de tous les délits et contraventions de police qui portent atteinte aux propriétés rurales et forestières ; constater la nature , les circonstances , le temps , le lieu des délits et contraventions , ainsi que les preuves qu'ils peuvent en recueillir.

Ils doivent suivre les choses enlevées dans les lieux où elles auront été transportées, et les mettre en séquestre.

Ils ne peuvent néanmoins s'introduire dans les maisons, ateliers, bâtiments, cours adjacentes et enclos, si ce n'est en présence, soit du juge de paix soit de son suppléant, soit du maire soit de son adjoint, soit du commissaire de police; le procès-verbal qui est dressé doit être signé par celui en présence duquel il est fait.

Ils doivent arrêter et conduire devant le juge de paix, ou devant le maire, tout individu surpris en flagrant délit, ou dénoncé par la clameur publi-que, lorsque ce délit emporte peine d'emprisonne-ment ou une peine plus grave.

Ils peuvent se faire donner main-forte par le maire ou par l'adjoint du maire, qui ne peuvent s'y refuser. (*Code d'instr. crim.*, *art.* 16.)

En cas de refus de la part des juges de paix, de leurs suppléants, de la part des maires ou de leurs adjoints, de la part des commissaires de police, d'accompagner les gardes forestiers lorsqu'ils en sont requis, à l'effet de faire des visites et perquisitions domiciliaires, lesdits gardes doivent dresser procès-verbal du refus, et l'envoyer au sous-préfet. (*Arrêté du 4 nivôse an 5.*)

Les juges de paix, leurs suppléants, les maires, leurs adjoints, les commissaires de police, sont responsables des refus illégitimes d'assister les gardes forestiers dans leurs perquisitions. (*Arrêté du 26 nivôse an 5.*)

Les maires et adjoints sont responsables du dommage souffert, à défaut par eux d'avoir refusé main-forte nécessaire, lorsqu'ils en ont été requis. (*Idem.*)

Les gardes forestiers sont responsables de toutes négligences et malversations dans l'exercice de leurs fonctions, et tenus des indemnités et amendes encourues par les délinquants, faute d'avoir constaté les délits. (*Loi du 28 septembre* 1791.)

Lorsque les gardes forestiers séquestrent des bestiaux trouvés en délit, ainsi que des instruments, voitures, attelages de délinquants, ils doivent en faire mention sur leur procès-verbal. Ce séquestre doit toujours avoir lieu dans l'endroit de la résidence du juge de paix. (*Loi du 29 septembre* 1791.)

Les procès-verbaux des gardes forestiers doivent être faits sur papier timbré. (*Loi du 13 brumaire an 7, art.* 12.)

Ces procès-verbaux doivent être affirmés, dans les vingt-quatre heures, par-devant le juge de paix ou son suppléant, et, en cas d'absence, par-devant le maire ou son adjoint. (*Loi du 29 septembre* 1791.)

Ces procès-verbaux affirmés doivent, dans les trois jours, être remis par les gardes forestiers au conservateur, inspecteur ou sous-inspecteur. (*Code d'instruct. criminelle, art.* 15 *et* 18.)

Les gardes forestiers tiennent un registre d'ordre qui leur est délivré par l'administration forestière, coté et paraphé par le sous-préfet, et sur lequel ils doivent transcrire journellement leurs procès-verbaux, et signer à la suite de leur transcription, et sur lequel ils constatent aussi régulièrement les chablis ou arbres abattus par le vent dans l'étendue de leur garde. (*Loi du 29 septembre* 1791.)

Les gardes forestiers doivent assister, à toute réquisition, les préposés de l'administration forestière dans leurs fonctions. (*Idem.*)

Placés sous la surveillance des maires, ils doivent aussi déférer à toute réquisition qui leur est faite de prêter main-forte pour assurer et maintenir l'ordre et la tranquillité publique.

Les gardes forestiers, considérés aussi comme officiers de police judiciaire, sont placés sous la surveillance du procureur du Roi.

Ils doivent remettre aux adjoints de maire ou aux commissaires de police tous les procès-verbaux de contravention de police qui ne sont passibles que d'une peine de simple police.

Ils doivent remettre, ainsi qu'on l'a dit, à l'inspecteur de leur arrondissement, tous les procès-verbaux de délits qui portent atteinte aux propriétés forestières.

Enfin ils doivent remettre au procureur du Roi du tribunal de leur arrondissement les procès-verbaux des crimes et délits susceptibles de peines de police correctionnelle, ou autres plus graves.

Les gardes forestiers sont exempts du service de la garde nationale. (*Décision du ministre de l'intérieur, du 11 février 1807.*)

CHAPITRE V.

DES INJURES, OUTRAGES, VIOLENCES ENVERS LES OFFICIERS DE POLICE DANS L'EXERCICE DE LEURS FONCTIONS.

Tout outrage fait par paroles, gestes ou menaces à un officier ministériel ou agent de la force publique dans l'exercice ou à l'occasion de l'exercice de ses fonctions, est puni d'une amende de 16 francs à 200 francs, et, outre cette amende, l'offenseur peut être condamné à faire réparation à l'offensé. (*Code pénal, art. 224, 227.*)

Tout individu qui, même sans armes et sans qu'il en résulte de blessures, frappe un officier ministériel ou agent de la force publique dans l'exercice ou à l'occasion de l'exercice de ses fonctions, est puni d'un emprisonnement d'un mois à six mois. Si les violences exercées ont été la cause d'effusion de sang, blessures ou maladie, la peine sera la reclusion ; si la mort s'en est suivie dans les quarante jours, le coupable sera puni de mort. (*Idem, art.* 230, 231.)

Dans le cas même où ces violences n'auraient pas causé d'effusion de sang, blessures ou maladie, les coups seront punis de la reclusion s'ils ont été portés avec préméditation ou guet-apens. Si les blessures sont du nombre de celles qui portent le caractère de meurtre, le coupable sera puni de mort. (*Idem, art.* 232, 233.)

Les officiers ministériels ou agents de la force publique, injuriés, outragés, insultés dans l'exercice ou à l'occasion de l'exercice de leurs fonctions, peuvent saisir les offenseurs, dresser procès-verbal de l'injure, de l'outrage, de la violence, et envoyer ce procès-verbal, avec le coupable, devant le procureur du Roi. (*Code d'instruction criminelle, art.* 509.)

CHAPITRE VI.

DES ARRESTATIONS DE LA PART DES OFFICIERS DE POLICE.

Comme les maires et adjoints, les officiers de police ont droit d'arrêter sans mandat d'arrêt :

Ceux qui, par la rapidité de leurs chevaux ou par imprudence, ont fait quelques blessures, dans la rue ou sur la voie publique ;

Ceux en état de rixe et de dispute avec ameutement du peuple ;

Ceux qui usent de violence ou de voie de fait dans des assemblées et lieux publics ;

4*

Ceux qui troublent la tranquillité publique par des bruits nocturnes ;

Ceux qui vendent des médicaments, aliments, boissons, fruits gâtés ;

Ceux qui vendent à faux poids ou à fausse mesure ;

Ceux qui attentent publiquement aux mœurs, par outrage à la pudeur des femmes ;

Ceux qui favorisent la débauche et corrompent la jeunesse ;

Ceux qui vendent des livres ou des gravures obscènes ;

Ceux qui outragent les objets d'un culte ;

Ceux qui injurient les fonctionnaires publics en exercice, et la force publique sous les armes ;

Ceux qui troublent les ventes publiques ;

Les ouvriers attroupés pour coalition ;

Les mendiants ;

Les filous, les voleurs pris en flagrant délit ;

Les vagabonds, gens sans aveu, sans domicile ;

Les voyageurs sans passe-ports ;

Toutes personnes surprises commettant un crime ou un délit, ou poursuivies par la clameur publique. (*Loi des* 19 *et* 22 *juillet* 1791 *, du* 19 *vendémiaire an* 4.; *Code d'instruction criminelle,* art. 106.)

Hors les cas ci-dessus, les officiers ministériels ne peuvent faire d'arrestations qu'en exécution d'un ordre émané d'une autorité ayant droit de le donner.

Le jour, toute arrestation peut être faite dans l'intérieur d'une maison quelconque ; mais la nuit elle ne peut avoir lieu.

L'article 1037 du Code de procédure, et le décret du 4 octobre 1806, fixent les heures auxquelles les officiers ministériels peuvent entrer dans les maisons des particuliers pour un objet spécial déterminé par la loi, ou en vertu d'un ordre d'une autorité publique ; savoir : depuis le 1er octobre jusqu'au 31 mars , à six heures du matin jusqu'à 6 heures du soir ; depuis le 1er avril jusqu'au 30 septembre, à 4 heures du matin jusqu'à 9 heures du soir.

Une lettre du ministre de la justice, du 23 germinal an 4, indique aux officiers de police ce qu'ils doivent faire lorsqu'ils sont instruits que des malfaiteurs ou gens suspects se sont réfugiés pendant la nuit dans une maison où ils n'ont pas droit alors d'entrer. Voici comment elle s'exprime : « Ils doi-» vent de suite faire cerner cette maison par la » force armée, et, dès le point du jour (c'est-à-» dire à l'heure où il est permis de s'introduire), y » entrer pour y faire les perquisitions convenables » et les arrestations nécessaires, en se conformant » aux lois. »

Cette défense d'entrer la nuit dans les maisons des particuliers pour y faire des arrestations ne s'applique pas aux maisons publiques , où la loi des 19 et 22 juillet 1791 permet aux maires, adjoints de maires, commissaires de police, gendarmes, l'entrée à toute heure du jour et de la nuit, pour y exercer la surveillance qui leur est confiée sur ces maisons.

Dans les arrestations , toute violence , toute rigueur inutile , tous mauvais traitements , tous outrages envers les personnes arrêtées, sont défendus et punis comme crimes. (*Loi du* 28 *germinal an* 6.)

Toute personne arrêtée dans le cas où la loi ordonne l'arrestation sans qu'il soit besoin de mandat d'arrêt, doit être conduite ou devant le maire ou son adjoint, ou le commissaire de police, ou le juge de paix, ou le procureur du Roi, qui décerneront contre elle le mandat d'arrêt. (*Idem.*)

Toute personne arrêtée ne peut être retenue dans un lieu particulier ; elle doit être conduite , de suite, ou dans un lieu de dépôt, ou dans une maison d'arrêt, ou dans une prison, suivant les circonstances. (*Idem.*)

Si, dans une commune, il n'y a point d'endroit de détention, et qu'il soit impossible de faire conduire la personne arrêtée ou dans une maison d'arrêt, ou une prison, ou un lieu de dépôt, le maire peut la déposer dans l'une des salles de la maison commune, sous une garde sûre; mais elle ne peut rester en cet endroit plus de 24 heures. (*Idem.*)

Toute personne employée avec des bestiaux ou au labourage, ou à quelque travail que ce soit, ou occupée à la garde des troupeaux, ne peut être arrêtée, sinon pour crime, qu'il n'ait été auparavant pourvu à la sûreté desdits animaux. (*Loi du 6 octobre* 1791.)

CHAPITRE VII.

DES CRIMES ET DÉLITS DONT PEUVENT SE RENDRE COUPABLES LES OFFICIERS DE POLICE DANS L'EXERCICE DE LEURS FONCTIONS.

Tout officier ministériel ou agent de la force publique qui ordonne ou fait quelque acte arbitraire et attentatoire soit à la liberté individuelle, soit aux droits civiques d'un ou plusieurs citoyens, soit à la Charte du royaume, est condamné à la peine de la dégradation civique, indépendamment des dommages et intérêts demandés, soit sur la poursuite criminelle, soit par la voie civile, lesquels seront réglés eu égard aux personnes, aux circonstances et au préjudice souffert, sans qu'en aucun cas, et quel que soit l'individu lésé, lesdits dommages et intérêts puissent être au-dessous de 25 francs pour chaque jour de détention illégale et arbitraire, et pour chaque individu. (*Code pénal, art.* 114 *et* 117.)

Tout officier ministériel ou agent de la force publique qui détruit, supprime, soustrait ou détourne les actes et titres dont il est dépositaire en cette qualité, ou qui lui sont remis ou communiqués à raison de ses fonctions , est puni des travaux forcés à temps. (*Code pénal , art.* 173.)

Tout officier ministériel ou agent de la force publique qui agrée des offres ou promesses, ou reçoit des dons ou présents pour faire un acte de sa fonction ou de son emploi , même juste, mais non sujet à salaire, est puni du carcan et condamné à une amende double de la valeur des promesses agréées ou des choses reçues, sans que ladite amende puisse être inférieure à 200 francs. (*Code pénal, art.* 117.)

Tout officier ministériel ou agent de la force publique qui entre dans une maison, depuis le 1er octobre jusqu'au 31 mars avant six heures du matin et après six heures du soir, et depuis le 1er avril jusqu'au 30 septembre avant quatre heures du matin et après neuf heures du soir , heures fixées par l'article 1037 du *Code de procédure* et le décret du 4 août 1806 , se rend coupable de la violation de l'article 4 de la *Charte du royaume*, et encourt l'amende prononcée par le *Code pénal.*

Tout officier ministériel ou agent de la force publique qui, sans motif légitime, use de violences envers les personnes dans l'exercice ou à l'occasion de l'exercice de ses fonctions , est puni selon la nature et la gravité de ces violences.

Tout officier ministériel ou agent de la force publique qui, après avoir été légalement requis par l'autorité civile , refuse le service, est puni d'un emprisonnement d'un mois à trois mois, sans préjudice des réparations civiles qui peuvent être dues. (*Code pénal*, *art.* 234.)

Tout officier ministériel ou agent de la force publique qui laisse évader par négligence une personne confiée à sa garde, est puni, si l'évadé est prévenu de délits de police ou de police correctionnelle, d'un emprisonnement de six jours à deux mois ; et, si l'évasion a lieu par connivence, il est puni d'un emprisonnement de six mois à deux ans : si l'évadé est accusé ou prévenu d'un crime de nature à entraîner une peine afflictive, la punition, en cas de négligence, est d'un emprisonnement de deux mois à six mois, et, en cas de connivence, de la reclusion ; si l'évadé est accusé ou prévenu d'un crime de nature à entraîner la peine de mort, ou de travaux forcés, ou de reclusion à perpétuité, la punition, en cas de négligence, est d'un an à deux ans, et, en cas de connivence, de travaux forcés à temps. (*Code pénal*, *art.* 238, 239, 240.)

Tout officier ministériel ou agent de la force publique, coupable de soustraction, enlèvement ou destruction de pièces de procédure criminelle, ou d'autres papiers dont il était dépositaire en sa qualité de fonctionnaire public, est puni de la reclusion ou des travaux forcés à temps, suivant les circonstances. (*Idem*, *art.* 255.)

Tout officier ministériel ou agent de la force publique qui, dans ses procès-verbaux ou rapports, commet un faux en dénaturant les faits ou en constatant comme vrais des faits faux, ou comme avoués des faits qui ne le sont pas, est puni des travaux forcés à perpétuité. (*Idem*, *art.* 146.)

Tout officier ministériel ou agent de la force publique qui, sans ordres des autorités constituées, et hors les cas où la loi ordonne de saisir les pré-

venus, arrête, détient ou séquestre une personne
quelconque, est puni des travaux forcés à temps.
(*Idem, art.* 341.)

CHAPITRE VIII.

DES INSPECTEURS ET AGENTS DE POLICE.

Les inspecteurs et les agents de police ne sont
point des fonctionnaires publics institués par la
loi; ils ne sont que des surveillants, établis dans
diverses administrations municipales, selon leur
besoin, sans qualité, n'ayant ni le droit de faire
des arrestations, des visites et perquisitions do-
miciliaires, de notifier et délivrer copie des actes
ou ordres en vertu desquels elles se font, ni le
droit de constater, par des procès-verbaux crus
jusqu'à l'inscription de faux, les crimes, les délits,
les contraventions, ni le droit de requérir la force
armée en leur nom; mais seulement pour veiller
à l'exécution des lois et règlements de police,
chacun dans les différentes parties qui leur sont
assignées; faire des rapports sur les crimes,
délits et contraventions qu'ils ont découverts; ou
prêter aux fonctionnaires publics, dans l'exercice
de leurs fonctions, assistance et main-forte.

Ainsi, tout inspecteur et agent de police qui
s'immisce dans les fonctions que la loi ne lui a
pas accordées, qui, sans être accompagné d'un
fonctionnaire public, s'introduit dans les maisons
pour y faire des perquisitions et visites domici-
liaires, qui donne l'ordre d'arrêter ou arrête lui-
même en son nom, hors le cas de flagrant délit ou
de clameur publique, se rend coupable d'un acte
illégal et arbitraire, et encourt une peine propor-

tionnée à la gravité de son délit, qui lui est ap-
pliquée sur la plainte de la personne opprimée.
(*Loi du 17 avril 1791 ; Code des délits et des peines
du 3 brumaire an 4, art. 23 ; loi du 28 germinal an
6 ; Code pénal, art. 186.*)

TITRE III.

DES FONCTIONS QUE LES MAIRES ET ADJOINTS PEUVENT REMPLIR.

PRINCIPES GÉNÉRAUX.

Voici ce que l'on dit dans les articles 49 et suivants de la loi du 14 décembre 1789, qui a organisé les municipalités :

Les corps municipaux auront *deux espèces de fonctions* à remplir : les unes propres au *pouvoir municipal* ; les autres propres à *l'administration générale* de l'état et déléguées par elle aux municipalités. (*Art.* 49.)

Les fonctions propres au *pouvoir municipal* sous la surveillance et l'inspection des assemblées administratives, sont :

De régir les biens et revenus des villes, bourgs, paroisses et communautés ;

De régler et d'acquitter celles des dépenses locales qui doivent être payées des deniers communs ;

De diriger et faire exécuter les travaux publics qui sont à la charge de la communauté ;

D'administrer les établissements qui appartiennent à la commune, qui sont entretenus de ses deniers, ou qui sont particulièrement destinés à l'usage des citoyens dont elle est composée ;

De faire jouir les habitants des avantages d'une bonne police, notamment de la propreté, de la salubrité, de la sûreté et de la tranquillité dans les rues, lieux et édifices publics. (*Art.* 5o.)

Les fonctions propres à *l'administration générale*, qui peuvent être déléguées aux corps municipaux pour les exercer sous l'autorité des assemblées administratives, sont :

La répartition des contributions directes entre les citoyens dont la communauté est composée, etc. ;

La surveillance nécessaire à la conservation des propriétés publiques ;

L'inspection des travaux de réparation ou de reconstruction des églises, presbytères et autres objets relatifs au service du culte. (*Art.* 51.)

Pour l'exercice des fonctions propres ou déléguées aux corps municipaux, ils auront le droit de requérir les secours nécessaires des gardes nationales et autres forces publiques..... (*Art.* 51.)

Les corps municipaux seront entièrement subordonnés aux administrations de département et de district (c'est-à-dire aux préfets et sous-préfets) pour tout ce qui concernera les fonctions qu'ils auront à exercer par délégation de l'administration générale. — 56. Quant à l'exercice des fonctions propres au pouvoir municipal, toutes les délibérations pour lesquelles la convocation du conseil municipal est nécessaire, ne pourront être exécutées qu'avec l'approbation (du préfet) qui sera donnée, s'il y a lieu, sur l'avis (du sous-préfet) (*Art.* 55.)

Il faut ajouter à ces dispositions celles de la loi du 24 août 1790, tit. xi, et qui sont ainsi conçues :

Les corps municipaux veilleront et tiendront la main, dans l'étendue de chaque municipalité, à l'exécution des lois et règlements de *police*, et connaîtront du contentieux auquel cette exécution pourra donner lieu. (*Art.* 1er *du titre précité.*)

Le procureur de la commune (aujourd'hui le maire ou l'adjoint, d'après les art. 144 et 167 du Code d'instruction criminelle) poursuivra d'office les contraventions aux lois et aux règlements de police..... (*Art.* 2.)

Les objets de police confiés à la vigilance et à l'autorité des corps municipaux, sont :

1º Tout ce qui intéresse la sûreté et la commodité du passage dans les rues, quais, places et voies publiques, ce qui comprend le nettoiement, l'illumination, l'enlèvement des encombrements, la démolition ou la réparation des bâtiments menaçant ruine, l'interdiction de rien exposer aux fenêtres ou autre partie des bâtiments qui puisse nuire par sa chute, et celle de ne rien jeter qui puisse blesser ou endommager les passants, ou causer des exhalaisons nuisibles;

2º Le soin de réprimer et de punir les délits contre la tranquillité publique, tels que les rixes et disputes accompagnées d'ameutements dans les rues, le tumulte excité dans les lieux d'assemblée publique, les bruits et attroupements nocturnes qui troublent le repos des citoyens;

3º Le maintien du bon ordre dans les endroits où il se fait de grands rassemblements d'hommes, tels que les foires, marchés, réjouissances et cérémonies publiques, spectacles, jeux, cafés, églises et autres lieux publics;

4º L'inspection sur la fidélité du débit des denrées qui se vendent au poids, à l'aune ou à la mesure, et sur la salubrité des comestibles exposés en vente publique;

5º Le soin de prévenir par les précautions convenables, et celui de faire cesser par la distribution des secours nécessaires, les accidents et fléaux calamiteux, tels que les incendies, les épidémies, les épizooties, en provoquant aussi, dans ces deux derniers cas, l'autorité des administrations de département et de district;

6º Le soin d'obvier ou de remédier aux événements fâcheux qui pourraient être occasionnés par les insensés ou les furieux laissés en liberté, et par la divagation des animaux malfaisants ou féroces, etc. (*Art* 3.)

Enfin, les maires et adjoints ne peuvent faire de règlements, rendre des ordonnances, prendre des délibérations ou arrêtés que sur les objets de localité confiés à leur vigilance et à leur autorité, ou sur l'exécution des lois et ordonnances du Roi, des avis, décisions, instructions des autorités supérieures, et ce sous l'approbation du préfet. (*Loi des* 19 *et* 22 *juillet* 1791.)

Après cet aperçu général des fonctions des maires et adjoints, nous allons présenter en détail les objets qui sont soumis à leur autorité ou à leur surveillance.

Contributions directes et indirectes.

Ils publient les rôles des contributions. (*Arrêté du* 16 *thermidor an* 8.)

Ils vérifient les rôles des percepteurs des contributions, dressent procès-verbal de leur vérification, et l'envoient tous les mois au sous-préfet. (*Idem.*)

Ils surveillent la perception des octrois. (*Décret du* 17 *mai* 1809.)

Ils vérifient la tenue exacte des registres de perception des octrois, et s'assurent du versement des produits à la caisse du percepteur. (*Décret du* 17 *mai* 1809.)

Ils jugent sommairement, sans frais et sans formalité, les contestations relatives à l'exécution du décret du 28 juin 1806 sur le poids des voitures, d'après les procès-verbaux dressés par les préposés à l'inspection des voitures et à la garde des ponts à bascule. (*Décret du 23 juin 1806.*)

Ils surveillent les fermiers des bacs et bateaux de passage, et dénoncent les concussions qu'ils commettent en exigeant des passagers une plus forte rétribution que celle arrêtée par le préfet, et portée au tarif, qui doit toujours être attaché ostensiblement près le lieu du passage.

Ils veillent à ce que les personnes chargées des fonctions de peseur, jaugeur, mesureur, aient des poids, jauges et mesures dûment étalonnés, certifiés et portant l'inscription de leur valeur, en quantité suffisante pour en garnir les marchés, halles et ports. (*Arrêté du 7 brumaire an 9.*)

Ils veillent à ce que les habitants de leur commune, assujétis à la patente, en soient munis; ils en exigent la représentation, et constatent les contraventions. (*Loi du 1er brumaire an 7.*)

Ils doivent constater par des certificats l'absence ou l'insolvabilité des redevables du trésor public, et donner aux receveurs de l'enregistrement tous les renseignements. (*Arrêté du Gouvernement du 6 messidor an 10.*)

Certificats, pétitions, légalisations.

Ils délivrent tous les certificats qui peuvent être requis par les habitants de la commune.

Ils reçoivent les pétitions, mémoires, adresses que les habitants de la commune ont à présenter au préfet, et les font parvenir avec leur avis au préfet.

Ils reçoivent les déclarations de toutes espèces qui peuvent intéresser l'ordre public, ou qui sont exigées par les lois.

Ils doivent tenir registre du sommaire des pétitions, mémoires, adresses qui leur sont envoyés, et des avis et décisions du préfet qui interviennent sur ces pétitions, mémoires et adresses. (*Loi des* 19 *et* 25 *décembre* 1790.)

Ils ne peuvent, à raison des actes signés comme administrateurs, être traduits hors de leur arrondissement, soit pour reconnaître leur signature, soit pour servir de témoins ; et, lorsque leur reconnaissance est nécessaire, ils font leur déclaration devant le tribunal de leur arrondissement, pour être envoyée à qui de droit. Néanmoins, dans le cas où leur présence est regardée comme indispensable, sur l'autorisation des ministres de la justice et de l'intérieur, ils peuvent être cités pour comparaître en personne et se déplacer. (*Arrêté du* 7 *thermidor an* 9.)

Dans les lieux où il n'y a point de tribunal, ils légalisent les actes des citoyens domiciliés de leur commune ; et cette légalisation doit être certifiée par le sous-préfet, si l'acte sort de l'étendue de la commune ; et, s'il sort de l'arrondissement de la sous-préfecture, la signature du sous-préfet doit être certifiée par le préfet. (*Loi des* 6 *et* 27 *mars* 1791.)

Certificats de vie; absence des militaires; successions; faillites.

La délivrance des certificats de vie des individus auxquels il est dû des rentes *sur particuliers*, appartient exclusivement aux présidents des tribunaux civils et aux maires. (*Loi du* 6 *mars* 1791, *et arrêt de cass. du* 19 *novembre* 1817.)

Les maires sont tenus, sous leur responsabilité personnelle, de dénoncer les atteintes portées aux propriétés des militaires en activité de service et autres, absents pour le service public. (*Loi du* 6 *brumaire an* 5.)

Dans les communes où il ne réside pas de juge de paix, ils doivent informer le juge de paix du canton de la mort de toute personne qui laisse pour héritiers des pupilles, des mineurs ou des absents, sous peine de suspension. (*Arrêté du* 22 *prairial an* 5.)

Ils reçoivent les déclarations des faillis admis au bénéfice de cession, dans les communes où il n'y a pas de tribunal de commerce. (*Code de commerce, art.* 571.)

Dénombrement annuel.

Ils sont chargés de faire, chaque année, le dénombrement des habitants de leur commune, et de l'envoyer, au commencement de l'année, au sous-préfet. (*Loi du* 22 *juillet* 1791, *et loi du* 10 *vendémiaire an* 4.)

Pour l'exécution de cette disposition, il doit exister dans chaque municipalité un registre contenant les noms de tous les habitants de l'âge de 12 ans et au-dessus. (*Mêmes lois.*)

Timbres, enregistrements, répertoires.

Les maires ne peuvent recevoir pétition, adresse, mémoire, même en forme de lettre, qui ne soit sur papier timbré, à peine de 100 fr. d'amende, excepté, néanmoins, les pétitions qui ont pour objet des demandes de congé ou de secours. (*Loi du* 13 *brumaire an* 7, *art.* 12.)

Ils ne peuvent, sous la même peine de 100 fr. d'amende, délivrer aucune copie d'acte de leur ministère, que sur papier timbré, excepté les actes d'administration publique et de police générale. (*Idem, art.* 16.)

Ils doivent avoir un registre timbré pour y inscrire tous les actes d'administration temporelle et extérieure sujets à l'enregistrement. Les autres registres servant aux actes d'administration et de police intérieure ne sont pas sujets au timbre. (*Décret du 4 messidor an* 13 *, art.* 3.)

Ils ne peuvent faire aucun usage des pièces non enregistrées, les recevoir, prendre dessus une délibération, à peine de 50 fr. d'amende. (*Loi du* 22 *frimaire an* 7 *, art.* 41.)

Sont assujétis au timbre et à l'enregistrement sur la minute, dans le délai de vingt jours :

1° Les actes des autorités administratives et des établissements publics portant transmission de propriété, d'usufruit et de jouissance, les adjudications ou marchés de toute nature, aux enchères, au rabais ou sur soumission;

2° Les cautionnements relatifs à ces actes. (*Art.* 78 *de la loi des finances du* 15 *mai* 1818.)

Lorsque, pour les actes ci-dessus, comme pour les adjudications publiques, les parties n'ont pas consigné les droits entre les mains du secrétaire, il est autorisé pour sa décharge à faire la remise d'un extrait au receveur de l'enregistrement. (*Art.* 79.)

Tous les actes, arrêtés et décisions des autorités administratives, non dénommés en l'article 78 ci-dessus, sont exempts du timbre sur la minute, et de l'enregistrement, tant sur la minute que sur l'expédition. Toutefois aucune expédition ne peut être délivrée aux parties que sur papier timbré, si ce n'est à des individus indigents, et à la charge d'en faire mention à l'expédition. (*Art.* 80.)

Les maires doivent tenir un répertoire des actes dénommés en l'article 78 ci-dessus, à peine de 10 francs d'amende pour chaque soumission ; et les préposés peuvent en demander la communication. (*Loi du* 22 *frimaire an* 7 *, art.* 49 *et* 82 *de la loi de finance précitée.*)

Instruction publique.

Toute commune est tenue de pourvoir à ce que les enfants qui l'habitent reçoivent l'instruction primaire, et à ce que les enfants d'indigents la reçoivent gratuitement. (*Ordonnance du* 29 *février* 1816, *art.* 14.)

Deux ou plusieurs communes voisines peuvent, quand les localités le permettent, et avec l'autorisation du comité cantonal (dont sera parlé ci-après), se réunir pour entretenir une école en commun. Les communes peuvent aussi traiter avec les instituteurs volontaires établis dans leur enceinte, pour que les enfants indigents suivent gratuitement l'école. (*Art.* 15.)

Les communes peuvent traiter également avec les maîtres d'école, pour fixer le montant des rétributions qui leur seront payées par les parents qui demanderont que leurs enfants soient admis à l'école. Dans ce cas, le conseil municipal fixera le montant de la rétribution à payer par les parents, et arrêtera le tableau des indigents dispensés de payer. (*Art.* 16.)

Les maires font dresser dans chaque commune, et arrêter le tableau des enfants qui, ne recevant point ou n'ayant point reçu à domicile l'instruction primaire, doivent être appelés aux écoles publiques, d'après la demande de leurs parents. (*Art.* 17.)

Les maîtres des écoles fondées ou entretenues par les communes sont présentés par le maire et par le curé ou desservant, à charge par eux de choisir un individu muni d'un certificat de capacité, et dont la conduite soit sans reproche. (*Art.* 20.) Si le maire et le curé ou desservant ne s'accordent pas sur le choix, le comité cantonal examine les sujets présentés par chacun d'eux, et

5

donne son avis au recteur sur celui qui mérite la préférence. (*Art.* 21.)

Toute présentation d'instituteur doit être adressée au comité cantonal, qui la transmet avec son avis au recteur de l'académie, lequel donne l'autorisation nécessaire. (*Art.* 23.)

Les garçons et les filles ne peuvent jamais être réunis pour recevoir l'enseignement. (*Art.* 32.)

Outre l'autorité et la surveillance administratives qui sont attribuées aux maires sur les écoles primaires par les lois et règlements (*art.* 41), il existe dans chaque canton un comité gratuit et de charité, formé par le préfet, pour surveiller et encourager l'instruction primaire. (*Art.* 1er.)

Chaque école a pour surveillants spéciaux le curé ou le desservant de la paroisse, et le maire de la commune où elle est située.

Le comité cantonal peut adjoindre au curé et au maire, comme surveillant spécial, l'un des notables de la commune, choisi de préférence parmi les bienfaiteurs de l'école.

Dans les communes où les enfants de différentes religions ont des écoles séparées, le pasteur protestant est surveillant spécial des écoles de son culte. (*Art.* 8.)

Les surveillants spéciaux visitent, au moins une fois par mois, l'école primaire qui est sous leur inspection, font faire les exercices sous leurs yeux, et en rendent compte au comité cantonal. (*Art.* 9.)

Toutes ces dispositions sont applicables aux écoles des filles comme à celles des garçons. (*Ordonn. du 3 avril* 1820.)

Prisons, secours publics, etc.

Les maires sont tenus de faire, au moins une

fois par mois, la visite des prisons de leur commune, et de veiller à ce que la nourriture soit saine et suffisante. (*Code d'instruct. crim.*, *art.* 612 *et* 613.)

Ils font constater par des commissaires les pertes de récoltes, de bestiaux, de bâtiments, qu'ont éprouvées, par force majeure, les habitants de leur commune, et qui pour ce malheur sollicitent les secours du gouvernement. (*Loi du* 19 *vendémiaire an* 6.)

Dans des temps de disette et de calamité, le maire de chaque commune peut, sous l'autorisation du préfet, proposer au conseil municipal l'établissement d'un bureau de bienfaisance ou d'un atelier de charité où le pauvre et l'ouvrier sans travail trouveraient des ressources contre la misère, et qui contribueraient à prévenir des malheurs et à maintenir l'ordre et la tranquillité dans la commune.

Ils ne peuvent refuser leur assistance, lorsqu'elle est nécessaire, pour autoriser et légitimer les opérations des fonctionnaires publics qui la requièrent; la peine du refus est la destitution et la prise à la partie. (*Arrêté du Directoire exécutif, du* 4 *nivôse an* 5.)

Les maires qui se refusent à donner au préfet des renseignements et observations qui leur sont demandés, après deux avertissements constatés par la correspondance, sont condamnés à payer les frais des commissaires que le préfet peut envoyer pour recueillir ces renseignements. (*Lois des* 15 *et* 27 *mars* 1791.)

Ils sont responsables de tous les papiers, registres, lois, livres et autres effets de l'administration.

Outre ces fonctions d'administration dont sont chargés les maires, la loi du 28 pluviôse an 8 leur a encore confié celle d'officier de l'état civil. *Voy.* ci-après, titre IV, DES ACTES DE L'ÉTAT CIVIL.

Ils sont aussi, par les lois des 24 août 1790 et 22 juillet 1791, spécialement chargés de la police administrative. *Voy.* ci-après, tit. V, DE LA POLICE ADMINISTRATIVE.

Ils sont chargés, par les articles 9 et 11 du Code d'instruction criminelle, d'exercer les fonctions d'officiers de police judiciaire. *Voy.* ci-après, tit. VII, DE LA POLICE JUDICIAIRE.

Ils prennent une part fort active dans l'exécution des lois sur le recrutement. *Voy.* le tit. VIII, DE LA POLICE MILITAIRE.

Enfin, l'administration et la régie des biens communaux donnent lieu à de nombreuses règles. *Voy.* le tit. IX, DE L'ADMINISTRATION DES BIENS ET REVENUS COMMUNAUX.

TITRE IV.

DES ACTES DE L'ÉTAT CIVIL.

CHAPITRE PREMIER.

DES REGISTRES ET ACTES DE L'ÉTAT CIVIL.

De la tenue des registres des actes de l'état civil.

L'article 13 de la loi du 28 pluviôse an 8 a confié aux maires et aux adjoints les fonctions d'officiers de l'état civil.

Le maire seul a donc le droit de recevoir toutes les déclarations qui concernent l'état civil, d'en dresser acte et de les transcrire sur les registres de l'état civil.

Il peut déléguer ce droit à un adjoint, qui est autorisé par la loi à le remplacer dans ces fonctions, en cas d'absence, de maladie, ou autre empêchement.

Les actes de l'état civil doivent être tenus doubles sur un ou plusieurs registres. (*Code civil,* *art.* 40.)

Les registres sur lesquels sont inscrits les actes de l'état civil doivent être cotés par première et dernière, et paraphés sur chaque feuille par le président du tribunal de première instance, ou par le juge qui le remplace. (*Idem, art.* 41.)

Les actes doivent être inscrits à la suite les uns des autres, sans qu'il reste aucun blanc. (*Idem,* *art.* 42.)

Les renvois doivent être approuvés et signés de la même manière que le corps de l'acte, c'est-à-dire qu'un paraphe n'est pas suffisant, qu'il faut sous chaque renvoi la signature de ceux qui ont signé au bas de l'acte. (*Code civil, art.* 42.)

Les ratures doivent être approuvées par le signataire de l'acte. (*Idem, art.* 42.)

Dans ces registres il ne doit rien être écrit par abréviation, et aucune date ne doit être mise en chiffres, mais toutes doivent être écrites en toutes lettres, afin de ne pas donner lieu à l'altération. (*Idem, art.* 42.)

Les registres de l'état civil doivent être clos et arrêtés par l'officier de l'état civil à la fin de chaque année; et, dans le mois, l'un des doubles doit être déposé aux archives de la commune, et l'autre au greffe du tribunal de première instance. (*Idem, art.* 43.)

Chaque officier de l'état civil, en faisant le dépôt de ses registres, est bien fondé à en demander un *récépissé* : le bon ordre et son intérêt particulier exigent cette formalité.

Les procurations et autres pièces qui doivent demeurer annexées aux actes de l'état civil, seront déposées, après qu'elles auront été paraphées par la personne qui les aura produites et par l'officier de l'état civil, au greffe du tribunal, avec le double des registres, dont le dépôt doit avoir lieu audit greffe. (*Idem, art.* 44.)

Les actes de l'état civil doivent énoncer en toutes lettres l'année, le jour et l'heure où ils sont reçus. (*Idem, art.* 34.)

Ces actes doivent pareillement énoncer les prénoms, noms, âge, profession et domicile de tous ceux qui y sont dénommés. (*Idem, art.* 34.)

Les officiers de l'état civil ne peuvent rien insérer dans les actes qu'ils reçoivent, soit par note, soit par énonciation, que ce qui doit être déclaré par les comparants. (*Code civil*, art. 35.)

Dans les cas où les parties intéressées ne sont point obligées de comparaître en personne, elles peuvent se faire représenter par un fondé de procuration spéciale et authentique. (*Idem* , art. 36.)

Les témoins produits aux actes de l'état civil doivent être majeurs de vingt-un ans et du sexe masculin. Ils sont choisis par les personnes intéressées. (*Idem*, art. 37.)

L'officier de l'état civil doit donner lecture des actes aux parties comparantes ou à leurs fondés de procuration et aux témoins, et faire mention de l'accomplissement de cette formalité. (*Idem*, art. 38.)

Les actes doivent être signés par l'officier de l'état civil, par les comparants et les témoins, et mention doit être faite de la cause qui empêche les comparants et les témoins de signer. (*Idem*, art. 39.)

Toute personne peut se faire délivrer par les dépositaires des registres de l'état civil, des extraits de ces registres. (*Idem*, art. 46.)

Dans le cas où la mention d'un acte relatif à l'état civil doit avoir lieu en marge d'un autre acte déjà inscrit, elle se fait à la requête des parties intéressées, par l'officier de l'état civil, sur les registres courants ou sur ceux déposés aux archives de la commune, et par le greffier du tribunal de première instance sur les registres déposés au greffe ; à l'effet de quoi, l'officier de l'état civil en donne avis, dans les trois jours, au procureur du Roi près ledit tribunal, qui veille à ce que la mention soit faite d'une manière uniforme sur les deux registres. (*Idem*, art. 49.)

Dans les cas où la rectification d'un acte est ordonnée par un tribunal compétent, le jugement de rectification doit être inscrit sur les registres par l'officier de l'état civil aussitôt qu'il lui est remis, et mention en doit être faite en marge de l'acte réformé. (*Code civil, art.* 101.)

Tout officier de l'état civil, coupable de contravention à la loi dans la tenue des registres de l'état civil, est poursuivi devant les tribunaux de première instance, et puni d'une amende qui peut s'élever jusqu'à cent francs. (*Idem, art.* 50.)

Tout dépositaire des registres de l'état civil est responsable des altérations qui y surviennent, sauf son recours, s'il y a lieu, contre les auteurs desdites altérations. (*Idem, art.* 51.)

Toute altération, tout faux dans les actes de l'état civil, toute inscription de ces actes faite sur une feuille volante et autrement que sur les registres à ce destinés, donnent lieu aux dommages-intérêts des parties, sans préjudice des peines portées au Code pénal. (*Idem, art.* 52.)

Le *Code pénal*, art. 145, prononce la peine des travaux forcés à perpétuité contre tout officier public qui, dans l'exercice de ses fonctions, commet un faux, soit par fausse signature, soit par altération des actes, écritures ou signatures, soit par supposition de personnes, soit par des écritures faites ou intercalées sur des registres ou d'autres actes publics, depuis leur confection ou clôture.

L'article 146 du même Code pénal prononce aussi la peine des travaux forcés à perpétuité contre tout officier public qui, en rédigeant un acte, en dénature frauduleusement la substance ou les circonstances.

L'art. 192 du même Code pénal prononce contre les officiers de l'état civil qui auront écrit leurs actes sur des feuilles volantes, un emprisonnement d'un mois à trois mois, et une amende de 16 à 200 fr.

Aucun secrétaire ou employé de la municipalité

ne peut rendre authentique un acte de l'état civil : l'officier de l'état civil seul peut délivrer des expéditions de ces actes. (*Avis du Conseil d'état, du 2 juillet 1807.*)

Taxe pour l'expédition des actes de l'état civil.

Le décret du 12 juillet 1807 a réglé, de la manière suivante, la taxe des expéditions des actes de l'état civil :

Pour chaque expédition d'un acte de naissance, de décès et de publication de mariage, 30 cent.

Plus, pour le remboursement du droit de timbre, et le dixième en sus pour la taxe de guerre, 83 cent.

Pour celles des actes de mariage, d'adoption et de divorce, 60 centimes.

Plus, pour le droit de timbre et la taxe de guerre, 83 centimes. (*Art.* 1.)

Dans les villes de 50,000 âmes et au-dessus, pour chaque expédition d'acte de naissance, de décès et de publication de mariage, 50 centimes.

Plus, pour le droit de timbre et la taxe de guerre, 83 centimes.

Pour celles des actes de mariage, d'adoption et de divorce, un franc.

Plus, pour le droit de timbre et la taxe de guerre, 83 centimes. (*Art.* 2.)

À Paris, pour chaque expédition d'acte de naissance, de décès et de publication de mariage, 75 centimes.

Plus, pour le droit de timbre et la taxe de guerre, 83 centimes.

Pour celles des actes de mariage, de divorce et d'adoption, 1 fr. 50 cent.

Plus, pour le droit de timbre et la taxe de guerre, 83 centimes. (*Art.* 3.)

L'art. 4 de ce décret défend d'exiger d'autres taxes et droits, à peine de concussion.

Le même article 4 déclare qu'il n'est rien dû pour la confection desdits actes et leur inscription dans les registres.

L'article 5 exige que ce décret reste affiché en placard et en gros caractères, dans chacun des bureaux ou lieux où les déclarations relatives à l'état civil sont reçues, et dans tous les dépôts des registres.

Des tables alphabétiques des actes de l'état civil.

Le décret du 26 juillet 1807 contient les dispositions suivantes :

Les tables alphabétiques des actes de l'état civil seront faites annuellement, et refondues tous les dix ans pour n'en faire qu'une seule par commune. (*Art.* 1er.)

Les tables annuelles seront faites par les officiers de l'état civil, dans le mois qui suivra la clôture du registre de l'année précédente : elles seront annexées à chacun des doubles registres ; et, à cet effet, les procureurs du Roi sont chargés de veiller à ce qu'une double expédition soit adressée par les maires au greffe du tribunal, dans les trois mois de délai. (*Art.* 2.)

Les tables décennales seront faites, dans les six premiers mois de la onzième année, par les greffiers des tribunaux de première instance. (*Art.* 3.)

Les tables annuelles et décennales seront faites sur papier timbré, et certifiées par les dépositaires respectifs. (*Art.* 4.)

Les tables décennales seront faites en triple expédition pour chaque commune ; l'une restera au greffe, la seconde sera adressée au préfet du département, et la troisième à chaque mairie du ressort du tribunal. (*Art.* 5.)

Les expéditions faites pour les communes seront payées par elles aux greffiers des tribunaux, sur les fonds destinés aux dépenses administratives de la commune, à raison d'un centime par nom, non compris le prix du timbre : chaque feuillet contiendra quatre-vingt-seize noms ou lignes. (*Décret du 26 juillet 1807, art. 6 et 7.*)

Des poursuites à exercer contre les officiers de l'état civil pour cause de contraventions.

Les officiers de l'état civil et les maires, quoiqu'ils ne soient pas, à proprement parler, les vrais officiers de l'état civil, mais parce qu'ils sont soumis aux mêmes règles et aux mêmes lois quand ils en remplissent les fonctions, peuvent pour cause de contraventions dans l'exercice de leurs fonctions relatives à l'état civil, être poursuivis, à la diligence du ministère public, sans autorisation préalable du gouvernement. (*Avis du Conseil d'état, du 28 juin 1806 ; arrêt de la Cour de cassation, du 11 juin 1807.*)

CHAPITRE II.

DES ACTES DE NAISSANCE.

De la déclaration de naissance des enfants, et de la rédaction des actes de naissance.

Les déclarations de naissance doivent être faites dans les trois jours de l'accouchement, à l'officier de l'état civil du lieu. (*Code civil, art. 55.*)

L'enfant doit être présenté à l'officier de l'état civil, afin qu'il s'assure du sexe de cet enfant, et qu'il ne s'expose pas, sur une simple déclaration, à commettre un faux. (*Idem, art.* 555.)

La naissance de l'enfant doit être déclarée par le père ; à défaut du père, par les docteurs en médecine ou en chirurgie, sages-femmes, officiers de santé ou autres personnes qui auront assisté à l'accouchement ; et lorsque la mère sera accouchée hors de son domicile, par la personne chez laquelle elle sera accouchée.

L'acte de naissance doit être rédigé de suite en présence de deux témoins. (*Idem, art.* 56.)

Cet acte de naissance doit énoncer le jour, l'heure et le lieu de la naissance, le sexe de l'enfant, les prénoms qui lui sont donnés, les prénoms, noms, profession et domicile des père et mère, et ceux des témoins. (*Idem, art.* 57.)

Les noms en usage dans les différents calendriers et ceux des personnages connus dans l'histoire ancienne peuvent seuls être reçus, comme prénoms, sur les registres de l'état civil, et il est interdit aux officiers de l'état civil d'en admettre aucun autre. (*Décret du* 20 *juillet* 1808.)

On ne peut, dans un acte de naissance, donner à un enfant naturel, comme prénom, le nom de famille de l'individu auquel on voudrait imputer la paternité. (*Arrêt de la cour royale de Bruxelles, du* 5 *janvier* 1807.)

Des retards dans la déclaration de naissance.

Si les parents ont négligé de faire la déclaration de naissance de leur enfant dans le délai prescrit, s'ils ne se présentent qu'après les trois jours, l'officier de l'état civil ne doit aucunement examiner les motifs déduits par les parties pour justifier ou excuser ce retard, parce que la loi ne lui a point donné ce droit : mais il doit refuser l'acte qui aurait dû être fait dans les trois jours, et de suite en référer au procureur du Roi du tribunal de première instance de l'arrondissement, afin de faire statuer par le tribunal sur la conduite à tenir pour la réception et la rédaction de cette déclaration tardive, et faire prononcer contre les contrevenants à l'article 55 du *Code civil* les peines qu'il appartiendra.

De l'acte de naissance d'un enfant trouvé.

Toute personne qui trouve un enfant nouveau né est tenu de le remettre à l'officier de l'état civil, ainsi que les vêtements et autres effets trouvés avec l'enfant, et de déclarer toutes les circonstances du temps et du lieu où il aura été trouvé.

Il en est dressé un procès-verbal détaillé, qui énonce en outre l'âge apparent de cet enfant, son sexe, les noms qui lui sont donnés, l'autorité civile à laquelle il sera remis; ce procès-verbal est inscrit ensuite sur les registres. (*Code civil*, art. 58.)

Quoique l'art. 58 du *Code civil* ne prononce pas formellement qu'il faille dans ce cas la présence de deux témoins, on n'en doit pas moins conclure, d'après les articles 37, 38 et 39 du même Code, que la présence de deux témoins est d'une nécessité indispensable.

CHAPITRE III.

DES ACTES DE MARIAGE.

Des prohibitions de mariage.

L'homme ayant dix-huit ans révolus , la femme

avant quinze ans révolus, ne peuvent contracter mariage. (*Code civil, art.* 144.)

L'officier de l'état civil doit donc se faire représenter l'acte de naissance de chacun des futurs époux, afin de s'assurer de leur âge. (*Idem, art.* 70.)

Si l'un des deux époux se trouve dans l'impossibilité de se procurer son acte de naissance, il peut le suppléer par un acte de notoriété, délivré par le juge de paix du lieu de sa naissance ou par celui de son domicile, sur la déclaration de sept témoins, et homologué par le tribunal de première instance du lieu où doit se célébrer le mariage. (*Idem, art.* 70, 71, 72.)

Quoique l'âge du mariage soit fixé, il est néanmoins loisible au Roi d'accorder des dispenses d'âge pour des motifs graves. (*Idem, art.* 145.)

L'ordonnance du Roi portant la dispense d'âge doit être enregistrée au tribunal de première instance de l'arrondissement dans lequel le mariage doit être célébré, avant qu'il soit remis à l'officier de l'état civil, pour être annexé à l'acte de célébration de mariage. (*Arrêté du* 20 *prairial an* 11, *art.* 5.)

Le mariage est interdit à un mineur de vingt-un ans qui n'a ni père ni mère, ni aïeul, ni aïeule, s'il n'est autorisé par un conseil de famille qui lui est nommé pour cela. (*Code civil, art.* 160.)

L'enfant naturel qui n'a point été reconnu, ou qui, après l'avoir été, a perdu ses père et mère, ne peut, avant l'âge de vingt-un ans révolus, se marier, qu'après avoir obtenu le consentement d'un tuteur *ad hoc* qui lui sera nommé. (*Idem, art.* 156.)

En ligne directe, le mariage est prohibé entre tous les ascendants et descendants légitimes ou naturels et les alliés dans la même ligne. (*Idem, art.* 161.)

En ligne collatérale, le mariage est prohibé entre le frère et la sœur légitimes ou naturels et les alliés au même degré. (*Idem, art.* 162.)

Ainsi, un veuf ne peut épouser la sœur de sa femme décédée. (*Arrêt de la cour d'appel de Paris, du* 18 *floréal an* 12.)

Le mariage est encore prohibé entre l'oncle et la nièce, la tante et le neveu ; mais, dans ce cas, le Roi peut, pour des causes graves, accorder une dispense. (*Code civil, art.* 63, 64.)

Cette dispense doit être enregistrée au tribunal de première instance de l'arrondissement dans lequel le mariage doit être célébré, et annexée à l'acte de célébration de mariage. (*Arrêté du* 20 *prairial an* 11 ; *art.* 5.)

Une femme veuve ne peut contracter un nouveau mariage qu'après dix mois révolus depuis la dissolution du mariage précédent, opérée par le décès de son mari. (*Code civil, art.* 228.)

Le mariage est interdit aux personnes qui sont dans les ordres sacrés. (*Circulaire du ministre des cultes, du* 14 *janvier* 1806.)

Le mariage est prohibé entre les blancs et les noirs. (*Circulaire du ministre de la justice, du* 8 *janvier* 1803.)

Il est défendu aux officiers militaires, soit de terre, soit de mer, même à ceux réformés avec pension de retraite, aux commissaires des guerres et officiers de santé attachés aux armées, de se marier sans avoir obtenu la permission du ministre de la guerre ou de la marine, et à tous sous-officiers et soldats ou marins en activité de service, sans en avoir obtenu celle du conseil d'administration de leurs corps. (*Décret du* 16 *janvier* 1808 ; *décret des* 3 *et* 28 *août* 1808.)

Les militaires ne peuvent se marier dans une commune qu'après y avoir résidé sans interruption pendant six mois. (*Avis du Conseil d'état du 2ᵉ jour complémentaire , an 13.*)

Des publications de mariage.

Avant la publication du mariage , l'officier de l'état civil doit faire deux publications, à huit jours d'intervalle, un jour de dimanche, devant la porte de la maison commune. Ces publications et l'acte qui en est dressé doivent énoncer les prénoms, noms, profession et domicile des futurs époux, leur qualité de majeurs ou de mineurs, et les prénoms, noms, profession et domicile de leurs père et mère. Cet acte doit énoncer, en outre, les jours, lieux et heures où les publications auront été faites : il doit être inscrit sur un seul registre coté et paraphé, comme il est dit au chapitre 1ᵉʳ. Un extrait de cet acte de publication doit rester affiché à la porte de la maison commune, pendant les huit jours d'intervalle de l'une à l'autre publication , et le mariage ne peut être célébré avant le troisième jour, depuis et non compris celui de la seconde publication. (*Code civil, art.* 63, 64.)

Ainsi, pour que ces publications soient valables, c'est-à-dire, pour qu'il y ait huit jours d'intervalle, comme l'exige la loi, elles ne doivent pas être faites pendant deux dimanches de suite, parce qu'alors il n'y a qu'un intervalle de sept jours, et que le législateur a voulu qu'il fût de *huit* ; mais elles doivent être faites à deux dimanches , dont le second ne peut être celui qui suit la première publication : ce qui renvoie nécessairement au quinzième jour.

S'il n'y a point de maison commune, la publication des mariages doit se faire à la porte du maire : c'est là aussi que l'extrait de l'acte de publication doit être affiché.

Les deux publications doivent être faites dans la commune où chacune des parties contractantes a son domicile. (*Idem, art.* 166.).

Si le domicile actuel de l'une ou des deux parties n'est établi que par six mois de résidence, les publications doivent en outre être faites à la municipalité du dernier domicile. (*Idem, art.* 167.)

Si les parties contractantes se trouvent sous la puissance d'autrui relativement au mariage, les publications doivent également être faites au domicile des personnes sous la puissance desquelles elles se trouvent. (*Idem, art.* 168.)

Il est loisible au Roi, ou aux officiers qu'il prépose à cet effet, de dispenser, pour des causes graves, de la seconde publication. (*Idem, art.* 169.)

La dispense d'une seconde publication doit être déposée entre les mains de l'officier de l'état civil, et demeurer annexée à l'acte de mariage. (*Arrêté du* 20 *prairial an* 11, *art.* 4.)

Si le mariage n'a pas été célébré dans l'année à compter de l'expiration du délai des publications, il ne peut plus être célébré qu'après de nouvelles publications, dans la forme ci-dessus. (*Code civil, art.* 65.)

Des oppositions au mariage.

Le droit de former opposition à la célébration du mariage appartient à la personne engagée par mariage avec l'une des deux parties contractantes. (*Idem, art.* 172.)

Des personnes fiancées ou qui ont souscrit entre elles une promesse de mariage, ou fait un contrat de mariage par-devant notaire, ne peuvent former opposition au mariage de l'une d'elles qui s'est rétractée pour contracter un autre mariage que celui projeté entre elles, parce que la loi n'accorde ce droit qu'aux personnes mariées. (*Arrêt de la cour d'appel de Turin, du 14 floréal an 13.*)

Le père, et à défaut du père, la mère, et à défaut de père et mère, les aïeuls et aïeules peuvent former opposition au mariage de leurs enfants et descendants, encore que ceux-ci aient vingt-cinq ans accomplis. (*Code civil, art.* 173.)

Les enfants n'ont point qualité pour s'opposer au mariage de leur père. (*Arrêt de la cour d'appel de Bruxelles, du* 24 *avril* 1806.)

A défaut d'aucun ascendant, le frère ou la sœur, l'oncle ou la tante, le cousin ou la cousine germains, peuvent s'opposer au mariage de leurs parents pour cause de défaut de consentement du conseil de famille, ou de démence. (*Code civil, art.* 174.)

Les tuteurs et curateurs peuvent, pour la même cause, s'opposer au mariage de leur pupille; mais ils ne peuvent le faire sans l'autorisation du conseil de famille. (*Idem, art.* 175.)

L'opposition ne doit point être faite verbalement à l'officier de l'état civil, mais signifiée par un officier ministériel : cet acte doit être signé, tant sur l'original que sur la copie, par l'opposant ou son fondé de procuration spéciale et authentique; il doit énoncer la qualité en vertu de laquelle agit l'opposant, son élection de domicile dans la commune où doit se célébrer le mariage; l'original doit être visé par l'officier de l'état civil, et contenir les motifs de l'opposition, à moins qu'elle ne soit faite à la requête d'un des descendants du futur. (*Idem, art.* 66, 176.)

Ce n'est point à l'officier de l'état civil à juger si les motifs d'opposition sont bien ou mal fondés : il lui suffit, avant de recevoir cette opposition, de s'assurer si les formalités sont remplies; car, dans le cas où il découvre quelques vices ou omissions de formalités, il doit se refuser à recevoir cet acte d'opposition.

Si l'acte d'opposition réunit toutes les formalités voulues par la loi, l'officier de l'état civil doit en faire une mention sommaire sur le registre de publications, et suspendre la célébration du mariage jusqu'à ce qu'on lui justifie d'un acte de mainlevée, car si, au mépris de cette opposition, il se permettait de passer à la célébration du mariage, il encourrait la peine d'une amende de 3oo francs, outre les dommages et intérêts des parties. (*Idem*, *art.* 67, 68.)

S'il n'y a point d'opposition, l'officier de l'état civil en doit faire mention dans l'acte de mariage. Si les publications ont été faites dans plusieurs communes, il doit se faire remettre, par les parties, un certificat délivré par l'officier de l'état civil de chacune de ces mêmes communes, qui constate qu'il n'existe point d'opposition. (*Idem*, *art.* 69.)

La mainlevée d'une opposition peut être donnée par un jugement rendu en première instance dont il n'y a pas eu d'appel, ou par un arrêt de la cour d'appel contradictoirement rendu, ou, s'il est par défaut, lorsqu'il ne peut plus être attaqué par la voie de l'opposition.

La mainlevée peut aussi être donnée par un acte authentique, et non simplement sous seing privé.

L'officier de l'état civil doit faire mention en marge de l'inscription des oppositions, du titre portant mainlevée qui lui a été remis; ce titre doit rester annexé au registre de l'état civil. (*Idem*, *art.* 67.)

On a souvent agité la question de savoir si l'on pouvait former opposition à un mariage après l'intervalle des deux publications et des deux jours depuis lesdites publications, non compris le jour de la seconde publication, lorsque les parties, ayant, après ces délais, retiré leurs extraits des publications et le certificat constatant qu'il n'existe aucune opposition, ont différé de célébrer le mariage.

La loi ne s'étant point expliquée positivement sur le temps pendant lequel on pouvait former opposition, quelques jurisconsultes ont pensé qu'une fois que les parties ont retiré leurs extraits de publications et le certificat constatant qu'il n'existe aucune opposition, le droit d'en former n'était plus maintenu.

D'autres jurisconsultes, dont nous partageons l'opinion, ont au contraire pensé que, tant que le mariage n'était point célébré, ceux qui étaient en droit de former opposition à ce mariage pouvaient valablement le faire, parce qu'il pouvait arriver que ces personnes n'eussent pas été informées à temps de ce mariage, à cause de leur éloignement ou de l'absence, ou parce que des débats, des discussions, des éclaircissements, des informations pouvaient occasionner un retard qui n'empêchait pas les délais de courir ; enfin, parce que la loi n'ayant point fixé de terme pour ces oppositions, il pouvait en être formé jusqu'au moment même de la célébration du mariage, ainsi que cela s'était toujours pratiqué en France sous l'empire du droit coutumier, du droit écrit et des ordonnances concernant la célébration des mariages.

Du consentement des pères et mères et ascendants au mariage des enfants et des descendants.

Le fils qui n'a pas atteint l'âge de vingt-cinq ans accomplis, la fille qui n'a pas atteint l'âge de vingt-un ans accomplis, ne peuvent contracter mariage sans le consentement de leurs père et mère : en cas de dissentiment, le consentement du père suffit. (*Code civil, art.* 148.)

Si l'un des deux est mort (ce qui doit être jus-
tifié par la représentation de l'acte de décès), ou
s'il est dans l'impossibilité de manifester sa vo-
lonté, le consentement de l'autre suffit. (*Idem*,
art. 149.)

Si le père et la mère sont morts, ou s'ils sont
dans l'impossibilité de manifester leur volonté,
les aïeuls et aïeules les remplacent; s'il y a dissen-
timent entre l'aïeul et l'aïeule de la même ligne, il
suffit du consentement de l'aïeul.

S'il y a dissentiment entre les deux lignes, ce
partage emporte consentement. (*Idem*, *art.* 150.)

Le consentement des pères et mères, aïeuls ou
aïeules, qui ne peuvent être présents au mariage,
doit être contenu dans un acte authentique et léga-
lisé, qui est remis à l'officier de l'état civil. Un
simple consentement sous seing privé serait insuf-
fisant.

Si les pères, mères, aïeuls, aïeules des futurs
époux sont morts, ou dans l'impossibilité de don-
ner leur consentement, et si les futurs époux sont
mineurs, il leut faut le consentement d'un conseil
de famille. (*Idem*, *art.* 160.)

Si les futurs époux sont majeurs, qu'ils ne puis-
sent savoir où résident leurs pères, mères, aïeuls,
aïeules, ou l'endroit où ils sont décédés, et par
conséquent se procurer leur acte de décès, il leur
suffit de déclarer sous serment que le lieu, le temps
du décès, et le lieu du dernier domicile de leurs
ascendants leur sont inconnus : cette déclaration
doit être certifiée aussi par les quatre témoins ap-
pelés pour être témoins à l'acte de mariage, les-
quels affirment, sous serment, qu'ils connaissent
les futurs époux, et qu'ils ignorent le lieu du décès
et du dernier domicile de leurs ascendants. (*Avis
du Conseil d'état, du* 4 *thermidor an* 13.)

Les officiers de l'état civil qui auraient procédé
à la célébration des mariages contractés par des fils

n'ayant pas atteint l'âge de vingt-cinq ans accomplis, ou par des filles n'ayant pas atteint l'âge de vingt-un ans accomplis, sans que le consentement des pères et mères, celui des aïeuls et aïeules, et celui de la famille, dans le cas où ils sont requis, soient énoncés dans l'acte de mariage, seront, à la diligence des parties intéressées, et du procureur du Roi au tribunal de première instance du lieu où le mariage aura été célébré, condamnés à une amende de 16 fr. à 300 fr., et à un emprisonnement de six mois au moins et d'un an au plus. (*Code civil, art.* 156; *Code pénal, art.* 193.)

L'enfant naturel légalement reconnu est assujéti comme l'enfant légitime à requérir le consentement de ses père et mère pour se marier. (*Idem, art.* 158.)

L'enfant naturel qui n'a point été reconnu, et celui qui, après l'avoir été, a perdu ses père et mère, ou dont les père et mère ne peuvent manifester leur volonté, ne peuvent, avant l'âge de vingt-un ans révolus, se marier sans avoir obtenu le consentement d'un tuteur *ad hoc* qui leur sera nommé. (*Idem, art.* 159.)

De l'acte respectueux.

Les enfants de famille ayant atteint la majorité fixée par la loi, savoir : vingt-cinq ans pour les fils, et vingt-un ans pour les filles, sont tenus, avant de contracter mariage, de demander, par un acte respectueux et formel, le conseil de leur père et de leur mère, ou celui de leurs aïeuls et aïeules, lorsque leur père et leur mère sont décédés, ou dans l'impossibilité de manifester leur volonté. (*Code civil, art.* 151.)

Depuis la majorité de vingt-cinq ans jusqu'à l'âge de trente ans accomplis pour les fils, et depuis la majorité de vingt-un ans jusqu'à l'âge de vingt-cinq ans accomplis pour les filles, l'acte respectueux sur lequel il n'y aurait pas de consentement au mariage, doit être renouvelé deux autres fois de mois en mois ; et, un mois après le troisième acte, il peut être passé outre à la célébration du mariage. (*Idem*, *art.* 152.)

Après l'âge de trente ans, il peut être, à défaut de consentement sur un acte respectueux, passé outre, un mois après, à la célébration du mariage. (*Idem*, *art.* 153.)

L'acte respectueux doit être notifié à celui à qui il est fait, par deux notaires, ou par un notaire et deux témoins ; et, dans le procès-verbal qui doit en être dressé, il est fait mention de la réponse. (*Id.*, *art.* 154.)

En cas d'absence de l'ascendant auquel eût dû être fait l'acte respectueux, il est passé outre à la célébration du mariage, en représentant le jugement rendu pour déclarer l'absence, ou, à défaut de ce jugement, celui qui en aurait ordonné l'enquête ; ou, s'il n'y a pas encore eu de jugement, un acte de notoriété délivré par le juge de paix du lieu où l'ascendant a eu son dernier domicile connu. Cet acte doit contenir la déclaration de quatre témoins appelés d'office par ce juge de paix. (*Idem*, *art.* 155.)

Lorsqu'il n'y a pas eu d'actes respectueux dans les cas où ils sont prescrits, l'officier de l'état civil qui aurait célébré le mariage sera condamné à une amende de 16 fr. à 300 fr., et à un emprisonnement qui ne pourra être moindre d'un mois. (*Idem*, *art.* 157.)

Des lieux où le mariage doit être célébré.

Le mariage doit être célébré dans la commune où l'un des deux époux a son domicile : ce domicile, quant au mariage, s'établit par six mois d'habitation continue dans la même commune. (*Code civil*, *art.* 74.)

Ainsi, peu importe que le mariage soit célébré dans la commune où réside l'époux, ou dans celle où réside l'épouse, pourvu que celui des deux dans la commune duquel ce mariage sera célébré, y ait son domicile établi par six mois d'habitation continue.

De la célébration du mariage.

Le mariage doit être célébré dans la maison commune, par l'officier de l'état civil, et, s'il n'y a point de maison commune, en la maison de l'officier de l'état civil, mais publiquement, et les portes ouvertes, en présence de quatre témoins, parents ou non parents. (*Code civil*, *art.* 75.)

Le père, l'aïeul ou le tuteur présent au mariage pour y donner son consentement, ne peut être témoin, parce qu'étant partie intéressée à l'acte, il n'est plus alors témoin, et que la loi veut qu'il y ait quatre témoins.

Si le père d'un des futurs époux est officier de l'état civil, étant obligé de comparaître pour donner son consentement au mariage, il ne peut, dans ce cas, remplir les fonctions d'officier de l'état civil, et il doit charger de cette fonction le maire ou un adjoint.

Avant la célébration du mariage, l'officier de l'état civil, afin de ne pas encourir les peines prononcées pour cause d'infraction à la loi, doit s'assurer :

1º Des prénoms, noms, professions, âges, lieux de naissance et domiciles des parties ;

2º S'ils sont majeurs ou mineurs ;

3º Des prénoms, noms, professions et domiciles des pères et mères ;

4º Si les parties ont obtenu le consentement des

pères et mères, aïeuls ou aïeules, ou celui de la famille, dans le cas où ils sont requis ;

5º Si les actes respectueux, dans le cas où ils étaient indispensables, ont été faits suivant les formalités prescrites ;

6º Si les publications ont été faites dans les divers domiciles où elles étaient nécessaires, et si les délais sont expirés ;

7º S'il y a eu ou non des oppositions ;

8º Si, dans le cas d'oppositions, il y a main-levée en forme de ces mêmes oppositions ;

9º S'il ne se rencontre aucun empêchement à la célébration du mariage.

L'officier de l'état civil, ne trouvant aucun obstacle à la célébration du mariage, fera lecture aux parties de toutes les pièces relatives à leur état et aux formalités du mariage, et du chapitre 6 du titre 5, livre 1 du Code civil, sur les *droits et devoirs respectifs des époux*. Il recevra de chaque partie, l'une après l'autre, la déclaration qu'elles veulent se prendre pour mari et femme, prononcera, au nom de la loi, qu'elles sont unies par le mariage, et dressera sur-le-champ acte de la célébration de mariage, dans lequel il fera mention de toutes les pièces qui lui auront été produites pour parvenir audit mariage, ainsi que des prénoms, noms, âges, professions et domiciles des pères et mères et ascendants qui auront donné verbalement leur consentement au mariage, et pareillement des témoins et de leurs déclarations s'ils sont parents ou alliés des parties, de quel côté et à quel degré, et ensuite signera l'acte, le fera signer aux époux, aux pères et mères et ascendants, et aux quatre témoins.

La bénédiction nuptiale ne pouvant être accordée aux époux qu'après la célébration du mariage devant l'officier de l'état civil, un décret du 9 décembre 1810 a assujéti au timbre de vingt-cinq centimes les certificats que les officiers de l'état civil délivrent aux parties pour justifier aux ministres des cultes de l'accomplissement préalable des formalités civiles.

De la reconnaissance d'enfants naturels.

Les enfants nés hors le mariage , autres que ceux nés d'un commerce incestueux ou adultérin , peuvent être reconnus par le père et la mère lors de la célébration de leur mariage. (*Code civil, art.* 331.)

Cette légitimation peut avoir lieu même en faveur des enfants décédés qui ont laissé des descendants. (*Id., art.* 332.)

Il doit être fait mention de la reconnaissance d'un enfant, en marge de son acte de naissance , s'il en existe un. (*Idem, art.* 61.)

CHAPITRE IV.

DES ACTES DE DÉCÈS.

De la manière de constater les décès par mort naturelle.

L'acte de décès doit être dressé par l'officier de l'état civil, sur la déclaration de deux témoins : ces témoins seront, s'il est possible, les deux plus proches parents ou voisins, ou , lorsqu'une personne sera décédée hors de son domicile, la personne chez laquelle elle sera décédée , et un parent ou autre. (*Code civil, art.* 78.)

L'acte de décès doit contenir les prénoms, nom, âge, profession et domicile de la personne décédée ; les prénoms et nom de l'autre époux, si la personne décédée était mariée ou veuve ; les prénoms,

noms, âges, professions et domiciles des décla‑
rants ; et, s'ils sont parents, leur degré de parenté.

Le même acte doit contenir de plus, autant
qu'on peut le savoir, les prénoms, noms, profes‑
sions et domicile des père et mère du décédé, et
le lieu de sa naissance. (*Code civil, art.* 79.)

De la manière de constater les décès dans les hôpitaux, prisons et maisons de détention.

En cas de décès dans les hôpitaux militaires, ci‑
vils ou autres maisons publiques, les supérieurs,
directeurs, administrateurs et maîtres de ces mai‑
sons sont tenus d'en donner avis dans les vingt‑
quatre heures à l'officier de l'état civil, qui doit s'y
transporter pour s'assurer du décès et en dresser
l'acte d'après les déclarations qui lui seront faites
et les renseignements qu'il pourra prendre.

L'officier de l'état civil doit envoyer cet acte de
décès à l'officier de l'état civil du dernier domicile
de la personne décédée, pour être inscrit sur les
registres. (*Code civil, art.* 70.)

En cas de décès dans les prisons ou maisons de
reclusion ou de détention, il en sera donné avis
sur‑le‑champ par les concierges ou gardiens à
l'officier de l'état civil, qui s'y transportera pour
s'assurer du décès et en dresser l'acte qui sera in‑
scrit sur les registres. (*Idem, art.* 84.)

De la manière de constater les décès par mort violente ou par exécution.

Dans le cas de mort violente, l'officier de police
qui aura constaté le genre de mort, est tenu de
transmettre de suite à l'officier de l'état civil du
lieu où la personne est décédée, tous les rensei‑
gnements énoncés dans son procès‑verbal, d'après
lequel l'acte de décès doit être rédigé.

L'officier de l'état civil doit envoyer une expédition de cet acte à l'officier de l'état civil du domicile de la personne décédée, s'il est connu, et cette expédition doit être inscrite sur les registres. (*Code civil*, *art.* 82.)

Les greffiers criminels sont tenus d'envoyer, dans les vingt-quatre heures de l'exécution des jugements portant peine de mort, à l'officier de l'état civil du lieu où le condamné a été exécuté, tous les renseignements nécessaires pour rédiger l'acte de décès. (*Idem*, *art.* 83.)

Dans le cas de mort violente, ou dans les prisons et maisons de reclusion, ou d'exécution à mort, il ne doit être fait sur les registres aucune mention de ces circonstances, et les actes de décès doivent être rédigés dans les formes ordinaires. (*Idem*, *art.* 85.)

De la manière de constater le décès d'un enfant dont la naissance n'a pas été enregistrée.

Lorsque le cadavre d'un enfant dont la naissance n'a pas été enregistrée, est présenté à l'officier de l'état civil, cet officier ne doit point exprimer qu'un tel enfant est décédé, mais seulement qu'il lui a été présenté sans vie : il doit recevoir la déclaration des témoins touchant les noms, prénoms, qualité et demeure des père et mère de l'enfant, et la désignation des an, jour et heure auxquels l'enfant est sorti du sein de sa mère. (*Décret du 4 juillet* 1806, *art.* 1.)

Cet acte doit être inscrit à sa date sur les registres des décès, sans qu'il en résulte aucun préjugé sur la question de savoir si l'enfant a eu vie ou non. (*Idem*, *art.* 2.)

De la conduite à tenir par les officiers de l'état civil pour les inhumations.

Aucune inhumation ne peut être faite sans une

autorisation sur papier libre , et sans frais , de l'officier de l'état civil, qui ne doit la délivrer qu'après s'être transporté auprès de la personne décédée , pour s'assurer du décès , et que vingt-quatre heures après le décès , hors les cas prévus par les règlements de police. (*Code civil*, *art.* 77.)

Lorsqu'il y a des signes ou indices de mort violente, ou d'autres circonstances qui donnent lieu de le soupçonner , l'officier de l'état civil ne peut permettre l'inhumation qu'après qu'un officier de police , assisté d'un docteur en médecine ou en chirurgie , aura dressé procès-verbal de l'état du cadavre et des circonstances y relatives , ainsi que des renseignements qu'il aura pu recueillir sur les prénoms , nom , âge, profession , lieu de naissance et domicile de la personne décédée. (*Idem*, *art.* 81.)

Il est défendu à tous maires , adjoints et membres d'administration municipale , de souffrir le transport , présentation , dépôt , inhumation des corps, ni ouverture des lieux de sépulture ; à toutes fabriques d'églises et consistoires ou autres ayant droit de faire les fournitures requises pour les funérailles , de délivrer lesdites fournitures ; à tous curés , desservants et pasteurs, d'aller lever aucuns corps, ou de les accompagner hors des églises et temples , qu'il ne leur apparaisse de l'autorisation donnée par l'officier de l'état civil pour l'inhumation , à peine d'être poursuivis comme contrevenants aux lois. (*Décret du 4 thermidor an* 13.)

Dans les communes où ne réside pas le juge de paix , le maire ou son adjoint est tenu, sous peine de suspension de fontions, de donner avis, sans aucun délai, au juge de paix du canton , de la mort de toute personne de sa commune qui laisse pour héritiers des mineurs ou des absents.

CHAPITRE V.

DES ACTES D'ADOPTION.

Des personnes qui peuvent adopter, et de celles qui peuvent être adoptées.

L'adoption n'est permise qu'aux personnes de l'un ou de l'autre sexe âgées de plus de cinquante ans, qui n'ont, à l'époque de l'adoption, ni enfants ni descendants légitimes, et qui ont au moins quinze ans de plus que les individus qu'elles se proposent d'adopter. (*Code civil*, *art.* 343.)

Nul ne peut être adopté par plusieurs, si ce n'est par deux époux.

Hors le cas où l'époux, tuteur officieux, après cinq ans révolus depuis la tutelle, et dans la prévoyance de son décès avant la majorité du pupille, lui confère l'adoption par acte testamentaire, ne laissant point d'enfants légitimes, il ne peut adopter qu'avec le consentement de l'autre conjoint. (*Idem*, *art.* 343.)

La faculté d'adopter ne peut être exercée qu'envers l'individu à qui l'on a, dans sa minorité, et pendant six ans au moins, fourni des secours et donné des soins non interrompus, ou envers celui qui a sauvé la vie à l'adoptant, soit dans un combat, soit en le retirant des flammes ou des flots.

Il suffit, dans le deuxième cas, que l'adoptant soit majeur, plus âgé que l'adopté, sans enfants ni descendants légitimes, et, s'il est marié, que son conjoint consente à l'adoption. (*Idem*, *art.* 345.)

L'adoption ne peut, en aucun cas, avoir lieu

avant la majorité de l'adopté : si l'adopté ayant encore ses père et mère, ou l'un des deux, n'a point accompli sa vingt-cinquième année, il est tenu de rapporter le consentement donné à l'adoption par ses père et mère ou par le survivant, et, s'il est majeur, de requérir leur conseil. (*Code civil, art.* 346.)

L'enfant naturel et reconnu ne peut être adopté. (*Arrêt de la cour d'appel de Bruxelles, du 16 prairial an 12, du 22 avril 1807; — de la cour d'appel de Paris, du 9 novembre 1808; — de la cour d'appel de Rouen, du 12 mai 1808; — arrêt de la Cour de cassation, du 24 novembre 1806.*)

Des effets de l'adoption relativement aux actes de l'état civil.

L'adoption confère le nom de l'adoptant à l'adopté, en l'ajoutant au nom propre de ce dernier. (*Code civil, art.* 347.)

L'adopté reste dans sa famille naturelle et y conserve tous ses droits ; néanmoins le mariage est prohibé entre l'adoptant, l'adopté et ses descendants ;

Entre les enfants adoptifs du même individu ;

Entre l'adopté et les enfants qui pourraient survenir à l'adoptant ;

Entre l'adopté et le conjoint de l'adoptant, et réciproquement entre l'adoptant et le conjoint de l'adopté. (*Idem, art.* 348.)

Des formes de l'adoption.

La personne qui se propose d'adopter et celle qui veut être adoptée se présentent devant le juge de paix du domicile de l'adoptant, pour y passer l'acte de leurs consentements respectifs. (*Code civil*, *art.* 353.)

Une expédition de cet acte est remise, dans les dix jours suivants, par la partie la plus diligente, au procureur du Roi du tribunal de première instance dans le ressort duquel se trouve le domicile de l'adoptant, pour être soumise à l'homologation de ce tribunal, et ensuite, dans le mois qui suit le jugement du tribunal de première instance, être présentée à la cour royale, qui, sans énoncer de motifs, prononce que le jugement d'homologation est *confirmé* ou *réformé; en conséquence, qu'il y a lieu* ou *qu'il n'y a pas lieu à l'adoption.* (*Idem*, *art.* 354, 355, 336, 357.)

Dans les trois mois qui suivent l'arrêt de la cour royale qui prononce l'adoption, l'acte d'adoption doit, à la réquisition de l'une ou de l'autre des parties, être inscrit sur le registre de l'état civil du lieu où l'adoptant est domicilié.

Cette inscription ne doit avoir lieu que sur le vu d'une expédition en forme de l'arrêt de la cour royale; et l'adoption reste sans effet si elle n'est inscrite dans ce délai. (*Idem*, *art.* 359.)

Cette inscription doit être faite en présence du requérant, assisté de deux témoins, lesquels doivent signer avec l'officier de l'état civil.

TITRE V.

DE LA POLICE ADMINISTRATIVE.

La police administrative a pour objet de veiller à tout ce qui concerne l'ordre, la tranquillité, la salubrité, la santé, la sûreté, la commodité, tant dans les villes, bourgs et villages, que dans les champs; de faire exécuter les lois, ordonnances en vigueur, et auxquelles sont assujétis, par l'article 3 du Code civil, tous étrangers qui habitent le territoire français.

CHAPITRE PREMIER.

POLICE POUR L'ORDRE ET LA TRANQUILLITÉ PUBLIQUE.

Des passe-ports; vagabonds, mendiants.

Les maires, les adjoints, les commissaires de police doivent faire arrêter et conduire devant le juge de paix les gens trouvés sans passe-ports, ou avec des passe-ports non conformes à ceux prescrits par le gouvernement, ou suspects. (*Loi du* 10 *vendémiaire an 4; décret du* 24 *fructidor an* 13.)

Ils doivent pareillement faire arrêter les déserteurs et prisonniers de guerre évadés;

Les déportés rentrés sans autorisation du gouvernement;

Les militaires voyageant sans feuille de route, sans congé.

6*

Ils doivent surveiller particulièrement tous ceux qui, étant en état de travailler, n'ont ni moyens de subsistance, ni métier, ni répondants de leur bonne conduite, ni livret; ils doivent en outre les mettre au rang des *gens sans aveu*, *gens suspects*, et remettre aux officiers et sous-officiers de la gendarmerie leur signalement. (*Loi des* 19 *et* 22 *juillet* 1791.)

Ils doivent faire arrêter et conduire dans les dépôts de mendicité les mendiants et vagabonds. (*Décret du* 5 *juillet* 1808, *art.* 5.)

Sont considérés comme vagabonds :

1º Les mendiants valides sans domicile ;

2º Les mendiants demandant avec insolence ou flétris ;

3º Les faux soldats ou porteurs de faux congés ;

4º Ceux qui contrefont les estropiés, ou supposent des maladies qu'ils n'ont pas ;

5º Ceux qui mendient attroupés au nombre de quatre, non compris les enfants au-dessous de 16 ans, armés de pistolets, épées, bâtons ferrés, travestis, munis de fausses permissions, de faux certificats ;

6º Les mendiants valides repris en récidive ;

7º Les mendiants valides étrangers. (*Circ. du ministre de l'intérieur*, *du* 19 *décembre* 1808.)

Ils doivent faire arrêter tous les gens non domiciliés, vagabonds et sans aveu, porteurs d'armes, les désarmer et les faire conduire devant le procureur du Roi du tribunal de première instance de l'arrondissement. (*Avis du Conseil d'état*, *du* 17 *mai* 1791.

Port d'armes.

Tout citoyen domicilié peut porter en voyage des armes pour sa défense personnelle. Les gens non domiciliés, vagabonds et sans aveu, doivent

seuls être examinés et poursuivis par la gendar-
merie et tous officiers de police, à l'effet d'être
désarmés et même traduits devant les tribunaux.
(*Avis du Conseil d'état, du* 19 *mai* 1811.)

Le port d'armes ne peut être non plus accordé
à aucun individu en surveillance, sans une per-
mission expresse du ministre chargé de la police.

Quiconque est trouvé chassant, et ne justifie
point d'un permis de port d'armes de chasse, dé-
livré conformément au décret du 11 juillet 1810,
c'est-à-dire par le préfet, doit être traduit devant
le tribunal de police correctionnelle, et puni d'une
amende qui ne peut être moindre de 30 francs, ni
excéder 60 francs.

En cas de récidive, l'amende est de 60 francs au
moins et de 200 francs au plus. Le tribunal peut
en outre prononcer un emprisonnement de six
jours à un mois.

Dans tous les cas il y a lieu à la confiscation des
armes; et, si elles n'ont pas été saisies, le délinquant
est condamné à les rapporter au greffe, ou à en
payer la valeur, suivant la fixation qui en est faite
par le jugement, sans que cette fixation puisse
être au-dessous de 50 francs. (*Décret du* 4 *mai*
1812.)

Ces peines sont indépendantes de celles encou-
rues pour le délit de chasse. Ainsi, dans le cas de
chasse en temps prohibé sur le terrain d'autrui,
sans son consentement, et sans permission de port
d'armes, l'amende et la confiscation ci-dessus or-
données doivent être cumulées avec l'amende qui
est infligée au profit de la commune, par la loi du
30 avril sur la chasse, et qui est de 20 francs,
outre la confiscation des armes, et l'indemnité de
10 francs envers le propriétaire. (*Décret précité,
art.* 4.)

Il faut remarquer que les propriétaires seuls peu-
vent poursuivre pour le délit de chasse qui a été

commis sur leur terrain. Le ministère public n'a le droit de poursuivre d'office que le délit de chasse commis en temps prohibé.

Le délit de chasse, sans permis de port d'armes, ne peut être excusé par le motif que le prévenu avait précédemment consigné les droits dus pour obtenir ce permis, lors même qu'ensuite ce permis lui a été délivré. (*Arrêt de cassat. , du 14 décembre 1809.*)

L'action publique pour le délit de port d'armes sans permis, ne se prescrit que par trois ans, comme les délits ordinaires, quoique le délit de chasse se prescrive par le délai d'un mois. (*Arrêt de cassation, du 12 juillet 1811.*)

Il résulte de là que, lors même qu'un délit de chasse est prescrit, l'action publique pour le délit de port d'armes qui a accompagné celui de chasse, peut encore être poursuivie, si les trois ans ne sont pas expirés.

Surveillance des prisons, maisons d'arrêt et dépôts de mendicité.

Les administrations municipales étant chargées de la surveillance des prisons, maisons d'arrêt et dépôts de mendicité, le maire ou son adjoint doit faire des visites dans ces maisons pour s'assurer de leur sûreté et salubrité ; si la nourriture, le vêtement, le coucher, le travail des personnes qui y sont renfermées, sont conformes aux règlements ; s'il n'est point exercé envers elles des actes arbitraires ou de mauvais traitements de la part des concierges, des gardiens et employés ; si l'ordre et la tranquillité publique n'y sont pas troublés. Toutes les fois qu'un détenu s'évade de ces maisons, le maire, l'adjoint, le commissaire de police, doivent prendre toutes les mesures convenables pour le faire arrêter et reconduire, s'il est possible. En cas de trouble, d'insurrection, de révolte dans ces maisons, le maire peut employer le secours de la force armée pour y rétablir l'ordre et la tranquillité.

Précautions en cas d'incendie et d'inondation.

En cas d'incendie, d'inondation, ou débordement de fleuves et rivières, les maires, adjoints et commissaires de police sont obligés par les lois des 16 et 24 août 1790, et des 19 et 22 juillet 1791, de prendre toutes les précautions convenables pour prévenir tout accident; ils sont autorisés à requérir les secours et services des habitants, à leur fournir de suite chevaux, charrettes, pompes, seaux, bateaux, et tous objets à leur disposition qui en pareille circonstance peuvent être utiles; et, en cas de refus sur leur réquisition, à dénoncer au tribunal de police municipale les refusants, pour les faire condamner à l'amende prononcée par le Code pénal.

Des enfants trouvés ou restés orphelins.

Le maire, aussitôt qu'un enfant trouvé ou resté orphelin lui a été remis, doit pourvoir à ses plus pressants besoins, et le confier provisoirement aux soins d'une personne de sa commune, jusqu'à ce qu'il ait reçu du préfet l'ordre de le placer dans une maison publique ou particulière.

Le maire a aussi sous sa surveillance les enfants trouvés ou orphelins placés dans sa commune, soit en nourrice, soit en apprentissage. D'après un arrêté du préfet, il doit veiller à ce que les engagements qui ont été contractés avec les personnes qui s'en sont chargées soient remplis exactement.

Foires, marchés, halles, bourses ; fêtes, réjouissances, cérémonies publiques.

Les maires, adjoints, commissaires de police doivent veiller au maintien de l'ordre dans les foires, marchés, halles, bourses de commerce, fêtes, réjouissances publiques. (*Loi des* 16 *et* 24 *août* 1790.)

Ils sont personnellement responsables du désordre et des événements qui pourraient arriver, lorsqu'ils n'ont pas fait tout ce qui était en leur pouvoir pour les prévenir. (*Loi du* 4 *thermidor an* 3.)

Ils ne doivent laisser s'établir sur les places publiques, dans les foires, les marchés, les fêtes, les faiseurs de tours, les marchands de chansons, les diseurs de bonne aventure, les bateleurs, les charlatans, les propriétaires de divers jeux, d'animaux curieux, de spectacles de toutes espèces, qu'après une permission de la police, qui ne doit être accordée que lorsqu'elle s'est assurée qu'il n'y a rien à craindre pour l'ordre, la sûreté et la tranquillité publique ; rien qui puisse tromper la bonne foi, la confiance et la crédulité publique ; rien qui puisse blesser la décence.

Ils doivent veiller à ce que, dans les lieux de rassemblements publics, dans les rues, il ne s'élève aucunes disputes, il ne se forme aucuns ameutements, aucuns tumultes, il ne soit poussé aucuns cris séditieux, prononcé aucuns discours et chanté aucunes chansons tendant à porter les habitants à la révolte et à l'insurrection. Dans ce cas, ils peuvent faire saisir les perturbateurs, et les faire conduire devant le juge de paix ou le procureur du Roi, suivant les circonstances. (*Loi du* 24 *août* 1790, *des* 19 *et* 22 *juillet* 1791 ; — *Code pénal, art.* 479, 480.)

Attroupements et bruits nocturnes.

Les maires, adjoints et commissaires de police doivent veiller à ce qu'il ne se forme, pendant la nuit, aucun attroupement ; qu'il ne soit jeté aucune alarme parmi les habitants, soit par des cris, soit par le bruit du tambour ou le son des cloches ; qu'il ne soit chanté aucunes chansons, fait aucun charivari et bruit qui puissent troubler le sommeil des habitants. Ils doivent veiller pareillement à ce que les gens de marteau ou d'un état bruyant finissent leur travail et ne le recommencent qu'à une certaine heure, de manière à ne pas interrompre le repos des habitants. (*Lois des* 16 *et* 24 *août* 1790, *des* 19 *et* 22 *juillet* 1791 ; — *Code des délits et des peines,* art. 605.)

Toutes personnes qui formeront des attroupements sur les places ou sur la voie publique, seront tenues de se disperser à la première sommation des préfets, sous-préfets, maires, adjoints de maire, ou de tous magistrats et officiers civils chargés de la police judiciaire, autres que les gardes champêtres et gardes forestiers.

Si l'attroupement ne se disperse pas, les sommations seront renouvelées trois fois. Chacune d'elles sera précédée d'un roulement de tambour ou d'un son de trompe. Si les trois sommations sont demeurées inutiles, il pourra être fait emploi de la force, conformément à la loi du 3 août 1791.

Les maires et adjoints de la ville de Paris ont le droit de requérir la force publique et de faire les sommations.

Les magistrats chargés de faire lesdites sommations seront décorés d'une écharpe tricolore. (*Loi du* 10 *avril* 1830, *art.* 1.)

Assemblées, réunions, associations illicites.

Les maires, adjoints et commissaires de police doivent veiller à ce qu'il ne se forme dans la commune, aucune assemblée, réunion, association d'hommes ou de femmes, soit politique, soit littéraire, soit religieuse ou autre, au nombre de plus de vingt personnes, sans l'autorisation du gouvernement. (*Décret du 3 messidor an 12 ; Code pénal, art.* 291.)

Ils doivent dénoncer au procureur du Roi tout individu qui, sans la permission de l'autorité municipale, prête ou consent l'usage de sa maison, en tout ou en partie, pour la réunion des membres d'une association même autorisée, afin de le faire punir de la peine prononcée par la loi en pareil cas. (*Code pénal, art.* 294.)

Ils doivent, dans le cas d'autorisation d'assemblée, réunion, association, veiller à ce qu'il n'y soit fait aucun discours, exhortation, invocation, provocation contraire à l'ordre public et à la sûreté générale, parce qu'alors ils doivent faire dissoudre l'assemblée, dresser procès-verbal, et l'envoyer de suite au procureur du Roi. (*Idem, art.* 293.)

Affiches, afficheurs, colporteurs.

Les maires, adjoints et commissaires de police doivent veiller à ce qu'il ne soit posé aucune affiche particulière dans le lieu désigné pour placer les affiches de l'autorité publique. (*Loi du 18 mai 1791.*)

Ils doivent veiller, 1° à ce qu'il ne soit posé des affiches sans nom d'imprimeur. (*Loi du 28 germinal an 4 ; Code pénal, art.* 23.)

2° A ce que les affiches ne contiennent rien de

contraire à l'ordre, à la tranquillité publique et à la décence. (*Idem, art.* 183.)

3° A ce que les affiches soient timbrées. (*Loi du 5 nivôse an 5; loi du 9 vendémiaire an 6.*)

Dans les trois cas ci-dessus, ils doivent faire enlever les affiches, dresser procès-verbal, et l'envoyer au procureur du Roi pour poursuivre les délinquants.

Ils doivent veiller à ce que personne n'arrache, ne déchire ou ne gâte les affiches des autorités publiques et celles des particuliers, et citer au tribunal de police les délinquants. (*Code pénal, art.* 479.)

Ils doivent veiller à ce que personne ne fasse distribuer des affiches à la main, des cartes ou annonces sans être timbrées, à l'exception de celles qui ne contiennent que l'adresse de la personne, ou son changement de domicile; et, dans le cas de contravention, ils doivent saisir les affiches et adresses, dresser procès-verbal pour être envoyé au procureur du Roi. (*Loi du 5 nivôse an 5; loi du 9 vendémiaire an 6.*)

Ils doivent faire arrêter et conduire devant le procureur du Roi, tout afficheur et crieur public qui exerce ce métier sans y être autorisé par la police. (*Code pénal, art.* 290.)

Ils doivent veiller à ce qu'aucun crieur de journaux et papiers publics ne crie ces feuilles sous un autre titre que le leur véritable; et en cas de contravention saisir ces feuilles, et citer les contrevenants devant le tribunal de police. (*Loi du 5 nivôse an 5; arrêté du 15 frimaire an 6.*)

Ils doivent veiller à ce qu'il ne soit fait aucune publication au son du tambour et de la cloche, ou cri public, sans la permission de la police.

Maisons de jeux et de débauches.

Les maires, adjoints, commissaires de police

doivent veiller à ce qu'il ne s'établisse dans la commune aucune maison de jeux de hasard, même dans les maisons particulières où l'on admet, soit le public, soit des affiliés : sur la désignation donnée par deux citoyens domiciliés, ils peuvent se transporter dans la maison indiquée pour tenir les jeux de hasard, saisir les fonds exposés au jeu, les meubles et effets employés au service du jeu, et constater le délit par un procès-verbal, qui doit être envoyé au procureur du Roi, avant de faire punir les délinquants. (*Loi des 19 et 22 juillet* 1791 ; *décret du 24 juin* 1805 ; *Code pénal, art.* 410.)

Ils doivent surveiller particulièrement les maisons occupées par des filles et des femmes de mauvaise vie, faire de fréquentes visites dans ces lieux, à telle heure du jour et de la nuit que ce soit, y arrêter les personnes suspectes qui y seraient rencontrées, ainsi que les personnes qui y occasionneraient des rixes ou du bruit ; de même que les filles ou femmes qui, par leur inconduite, leur indécence, leurs chansons, leurs discours, causeraient un scandale dans le quartier. (*Loi des 19 et 22 juillet* 1792.)

Décence publique.

Les maires, adjoints, commissaires de police doivent veiller à ce que la décence publique ne soit offensée ni par des paroles, ni par des chansons, ni par des actions.

Ils doivent, dans les circonstances où il y a des bains établis, veiller à ce que le lieu destiné aux hommes ne communique point avec celui destiné aux femmes, et que les deux sexes ne soient point admis dans le même endroit ; à ce que les personnes qui prennent des bains dans les rivières conservent la décence qu'elles doivent à ceux qui passent le long de ces rivières. Dans le cas où quelqu'un contreviendrait aux lois de la décence, il doit en être dressé procès-verbal pour être envoyé au procureur du Roi, afin de faire punir le coupable.

Ils doivent aussi veiller à ce qu'il ne soit exposé en vente des livres, brochures, estampes, gravures, images qui blessent la décence : dans ces cas, ils doivent saisir ces objets, dresser procès-verbal, et envoyer le tout au procureur du Roi pour faire punir les délinquants. (*Loi des* 19 *et 22 juillet* 1791.)

Théâtres, spectacles, bals, divertissements publics.

Aucun théâtre ne peut s'ouvrir dans une commune sans l'autorisation de l'autorité supérieure et la permission de la police locale.

Aucun spectacle, de telle nature que ce soit, aucun bal, aucune espèce de divertissement public ne peut s'établir dans une commune sans la permission de la police. (*Loi des* 16 *et* 24 *août* 1790.)

Les maires, les adjoints, les commissaires de police doivent veiller à ce que l'ordre, la tranquillité soient maintenus dans les théâtres, spectacles, bals, divertissements publics, et qu'il n'arrive aucun accident. (*Idem.*)

Ils peuvent faire cesser les représentations des pièces qui troubleraient l'ordre public. (*Arrêté du* 25 *pluviôse an* 4.)

Ils ne doivent laisser représenter sur le théâtre de leur commune que des pièces jouées à Paris ; et les pièces nouvelles qui n'auraient pas été jouées à Paris, avant leur représentation, doivent être visées par le ministre de l'intérieur. (*Circulaire du ministre de l'intérieur, du* 22 *germinal an* 8.)

Ils doivent, tous les soirs, après le spectacle,

faire faire en leur présence une visite pour s'assurer s'il ne reste personne dans l'intérieur de la salle, et s'il n'y a aucune crainte d'incendie. (*Arrêté du 1ᵉʳ germinal an 7.*)

Ils doivent veiller à la perception d'un décime (2 sous) par franc en sus du prix de chaque billet de spectacle au profit des hôpitaux; à la perception du quart brut des recettes des bals, feux d'artifice, concerts, exercices de chevaux, divertissements où l'on paie, au profit des administrations de charité. (*Décret du 21 août* 1806.)

Ils doivent fermer tous spectacles, bals et lieux où l'ordre et la tranquillité publique seraient troublés. (*Loi des 16 et 24 août 1790.*)

Culte religieux.

Les maires, adjoints et commissaires de police doivent veiller à ce que le culte religieux et les cérémonies de l'église ne soient point troublés, à ce que les ministres du culte religieux ne soient point injuriés, outragés, interrompus dans l'exercice de leurs fonctions; ils doivent dresser procès-verbal contre ceux qui se seraient rendus coupables à cet égard, et envoyer le procès-verbal au procureur du Roi, pour les faire punir conformément à la loi. (*Code pénal, art.* 261, 262.)

Ils doivent veiller à ce que personne, par des voies de fait ou menaces, ne soit contraint ou empêché d'exercer l'un des cultes autorisés; d'assister à l'exercice de ce culte; de célébrer certaines fêtes; d'observer certains jours de repos. Dans le cas de délit à cet égard, il doit être, contre les délinquants, dressé un procès-verbal, qui sera adressé au procureur du Roi, pour les

faire punir conformément à la loi. (*Code pénal,
art.* 260.)

Ils doivent veiller à ce que, dans les temples
où s'exerce le culte religieux, il ne soit pro-
noncé aucun discours contraire aux lois de l'État,
à l'ordre et à la tranquillité publique. Dans ce
cas, ils doivent dresser procès-verbal du délit,
l'envoyer au procureur du Roi, pour faire punir
le délinquant selon la gravité des circonstances
et conformément à la loi. (*Idem, art.* 201, 202,
203.)

Ils doivent veiller à ce que les fêtes supprimées
ne soient pas chômées, et qu'elles ne soient pas
annoncées par le son des cloches.

Ils doivent veiller à ce que les jours de diman-
che et de fêtes conservées, les travaux soient sus-
pendus, les boutiques, magasins et ateliers soient
fermés. (*Ordonnance du Roi, du* 18 *novembre*
1814.)

Ils doivent veiller à ce que les inhumations se
fassent avec décence, de la manière prescrite, et
dans les lieux destinés aux sépultures ; à ce qu'il
ne se passe dans ces lieux de sépulture aucun
acte contraire au respect dû à la mémoire des
morts, et à ce qu'il ne se commette aucune vio-
lation de tombeaux. Dans le cas de délit de cette
nature, ils doivent dresser procès-verbal, et l'en-
voyer au procureur du Roi, pour faire punir les
délinquants selon la gravité du délit. (*Décret du*
23 *prairial an* 12; *Code pénal, art.* 360.)

CHAPITRE II.

POLICE POUR LA SALUBRITÉ ET LA SANTÉ.

Précautions pour assurer la salubrité.

Les maires, adjoints et commissaires de police

ne doivent rien négliger pour prévenir les épidémies, les épizooties, les maladies contagieuses, et faire jouir les habitants de la salubrité ; pour cela, ils doivent veiller exactement à ce qui suit :

1° Que les rues soient propres, balayées tous les jours, arrosées dans les temps de sécheresse ; qu'il n'y soit rien jeté des maisons qui puisse causer de l'infection ; qu'il n'y séjourne aucuns fumiers ; que les boues et immondices soient enlevées promptement ;

2° Que les mares, les cloaques, les puits, les puisards, les citernes, les conduits qui contiennent des eaux croupissantes et qui répandent l'infection, soient nettoyés et curés ; que les fosses d'aisances soient bien construites, bien closes, et vidées toutes les fois qu'il en est besoin, avec tous les soins possibles pour ne causer aucun danger ni aucune incommodité ; qu'il ne soit rien jeté dans les rivières, ruisseaux, fontaines, qui puisse en salir ou corrompre l'eau ;

3° Que les boucheries, tueries, échaudoirs, fonderies, tanneries, mégisseries, corroieries, brasseries et autres établissements qui peuvent répandre l'infection, soient tenus proprement ; que les immondices sortant de ces établissements soient portées hors de la commune et dans des lieux où elles ne puissent, par leurs exhalaisons, incommoder : tous les contrevenants à ces dispositions des règlements de police doivent être cités au tribunal de police. (*Loi du 24 août 1790 ; loi des 19 et 22 juillet 1791 ; Code pénal, art. 471.*)

Comestibles gâtés, corrompus ; boissons falsifiées et nuisibles à la santé.

Les maires, les adjoints, les commissaires de police peuvent, toutes les fois qu'ils le jugent convenable, se transporter aux domiciles des marchands de comestibles de toute espèce, accompagnés de gêns de l'art, s'il est nécessaire, pour s'assurer de la salubrité de ces mêmes comestibles exposés en vente ; en conséquence, ils peuvent faire des visites, notamment chez les personnes suivantes :

Les boulangers, pour examiner la qualité des grains qu'ils emploient, des farines dont ils forment leur pain ;

Les bouchers, charcutiers, marchands de volaille et gibier, pour vérifier si les animaux qu'ils exposent en vente ne sont pas morts de maladie, ou n'ont pas été étouffés ; si la chair de ces mêmes animaux n'est pas gâtée ou corrompue ;

Les pâtissiers, traiteurs, restaurateurs, gargotiers, et autres personnes donnant à manger, pour prendre connaissance si les viandes qu'ils emploient sont saines ;

Les marchands de poisson frais ou salé, pour y voir si le poisson frais ou salé n'est point gâté ;

Les épiciers, droguistes, confiseurs, pour constater si les drogues, les sucreries, les miels, les fruits secs, les beurres, les fromages, ne sont point gâtés, avariés, falsifiés, et ne contiennent rien de nuisible à la santé.

Dans le cas où, dans ces maisons, ils trouveraient des comestibles gâtés ou corrompus, ils doivent les saisir, dresser leur procès-verbal, et citer les contrevenants au tribunal de police. (*Loi des* 16 *et* 24 *août* 1790 ; *loi des* 19 *et* 22 *juillet* 1791.)

Ils peuvent exercer la même surveillance sur tous les comestibles qui sont exposés en vente dans les marchés, rues et places publiques. (*Loi des* 16 *et* 24 *août* 1791 ; *loi des* 19 *et* 22 *juillet* 1790.)

Ils peuvent aussi, toutes les fois qu'ils le jugent

convenable, se transporter, accompagnés de gens de l'art, chez les marchands de vin, de bière, de cidre, de vinaigre, d'eau-de-vie en gros et en détail, chez les cabaretiers, aubergistes, traiteurs, restaurateurs, limonadiers, et autres personnes vendant des boissons de telle nature que ce soit, pour y vérifier si les boissons qui s'y vendent ne sont point falsifiées et mélangées d'ingrédients nuisibles à la santé, et, dans ce cas, saisir ces mêmes boissons, dresser leur procès-verbal, et citer les contrevenants au tribunal de police. (*Idem.*)

Vases et ustensiles nuisibles à la santé.

Les maires, adjoints et commissaires de police doivent veiller à ce que les chaudronniers n'exposent en vente aucuns vases de cuivre servant à l'usage de la cuisine, sans être étamés, et à ce que dans l'étamage de ces mêmes vases il ne soit mélangé du plomb avec de l'étain; et, dans le cas de contravention, ils peuvent saisir ces vases, dresser leur procès-verbal, et citer le contrevenant au tribunal de police. (*Déclaration du Roi, du* 21 *mai* 1746.)

Ils doivent pareillement veiller à ce que les marchands de vin, de lait et de toute autre boisson, ne se servent de vases de cuivre ou de plomb, soit pour contenir, soit pour mesurer ces boissons, mais de fer-blanc ou d'étain au titre : et, dans le cas de contravention, les vases de cuivre ou de plomb doivent être saisis ; procès-verbal de la contravention doit être dressé, et les contrevenants doivent être cités au tribunal de police. (*Déclaration du Roi, du* 13 *juin* 1777.)

Médecins, chirurgiens, sages-femmes et pharmaciens.

Les maires, adjoints et commissaires de police

doivent tenir la main à ce que personne n'exerce la profession de médecin, chirurgien, dentiste, oculiste, bandagiste, accoucheur, sage-femme, pharmacien, herboriste, sans autorisation légale.

Ils doivent s'opposer à la vente de tous remèdes secrets, soit de la part de charlatans, opérateurs, soi-disant autorisés, de gens domiciliés; qu'il ne leur soit justifié d'un permis en forme de débit de ces remèdes secrets.

Dans les cas de contravention, ils doivent saisir les médicaments, remèdes, dresser procès-verbal, et envoyer le tout au procureur du Roi, pour être statué ce qu'il appartiendra. (*Loi du 21 germinal an 11.*)

Débitants de tabac.

Les maires, adjoints et commissaires de police peuvent aussi, concurremment avec les préposés des inspecteurs des contributions indirectes, se transporter au domicile des débitants de tabac, pour y faire la visite de leurs tabacs, et s'assurer s'ils n'y introduisent aucun corps étranger nuisible à la santé, saisir ceux falsifiés, gâtés ou corrompus, et dresser du tout procès-verbal, pour être envoyé au procureur du Roi. (*Loi des 19 et 22 juillet 1791.*)

Nourrices et meneurs.

Les maires, adjoints et commissaires de police doivent surveiller les nourrices qui se chargent d'enfants étrangers, et s'assurer si les meneurs se conforment aux lois et règlements de police qui les concernent; et, en cas de contravention, dresser procès-verbal, et les dénoncer au juge de paix ou au procureur du Roi.

7

Manufactures, ateliers, établissements qui inté-ressent la salubrité.

Les maires, adjoints et commissaires de police doivent veiller à ce qu'il ne s'établisse, dans leur commune ou près des habitations de leur commune , aucune manufacture, ou fabrique qui intéresse la salubrité publique , que conformément à l'ordonnance du Roi du 11 janvier 1815, ainsi conçue :

Vu le décret du 16 octobre 1810, qui divise en trois classes les établissements insalubres ou incommodes dont la formation ne peut avoir lieu qu'en vertu d'une permission de l'autorité administrative ;

Le tableau de ces établissements qui y est annexé ;

L'état supplémentaire arrêté par le ministre de l'intérieur le 22 novembre 1811 ;

Les demandes adressées par plusieurs préfets, à l'effet de savoir si les permissions nécessaires pour la formation des établissements compris dans la troisième classe, seront délivrées par les sous-préfets et les maires;

Notre Conseil d'état entendu ,

Nous avons ordonné et ordonnons :

Art. 1er. A compter de ce jour, la nomenclature jointe à la présente ordonnance servira seule de règle pour la formation des établissements répandant une odeur insalubre et incommode.

2. Le procès-verbal d'information *de commodo et incommodo*, exigé par l'article 7 du décret du 15 octobre 1810, pour la formation des établissements compris dans la seconde classe de la nomenclature, sera pareillement exigible, en outre de l'affiche de demande , pour la formation de ceux compris dans la première classe. Il n'est rien innové aux autres dispositions de ce décret.

3. Les permissions nécessaires pour la formation des établissements compris dans la troisième classe, seront délivrées dans les départements, conformément aux articles 2 et 8 du décret du 15 octobre 1810, par les sous-préfets, après avoir pris préalablement l'avis des maires et de la police locale.

4. Les attributions données aux préfets et aux sous-préfets par le décret du 15 octobre 1810, relativement à la formation des établissements répandant une odeur insalubre ou incommode, seront exercées par notre directeur général de la police dans toute l'étendue du département de la Seine, et dans les communes de Saint-Cloud, de Meudon et de Sèvres, du département de Seine-et-Oise.

5. Les préfets sont autorisés à faire suspendre la formation ou l'exercice des établissements nouveaux qui, n'ayant pu être compris dans la nomenclature précitée, seraient cependant de nature à y être placés. Ils pourront accorder l'autorisation d'établissement pour tous ceux qu'ils jugeront devoir appartenir aux deux dernières classes de la nomenclature, en remplissant les formalités prescrites par le décret du 15 octobre 1810, sauf, dans les deux cas, à en rendre compte à notre directeur général des manufactures et du commerce.

6. Notre ministre secrétaire d'état de l'intérieur est chargé de l'exécution de la présente ordonnance, qui sera insérée au Bulletin des Lois.

Donné en notre château des Tuileries, le 14 janvier de l'an de grâce 1815, et de notre règne le vingtième.

Signé LOUIS.

Nomenclature des manufactures, établissements et ateliers répandant une odeur insalubre ou incommode, dont la formation ne pourra avoir lieu sans une permission de l'autorité administrative.

PREMIÈRE CLASSE.

Etablissements et ateliers qui ne peuvent plus être formés dans le voisinage des habitations particulières, et pour la création desquels il sera necessaire de se pourvoir d'une autorisation de S. M. accordee en Conseil d'état,

Acide nitrique (eau-forte) (Fabrication de l').

Acide pyroligneux (Fabriques d'), lorsque les gaz se répandent dans l'air sans être brûlés.

Acide sulfurique (Fabrication de l').

Affinage de métaux au fourneau à manche, au fourneau à coupelle, ou au fourneau à réverbère.

Amidonniers.

Artificiers.

Bleu de Prusse (Fabriques de), lorsqu'on n'y brûlera pas la fumée et le gaz hydrogène sulfuré.

Boyaudiers.

Cendres gravelées (Fabriques de), lorsqu'on laisse répandre la fumée au dehors.

Cendres d'orfèvre (Traitement des) par le plomb.

Chanvre (Rouissage du) en grand, par son séjour dans l'eau.

Charbon de terre (Epurage du) à vases ouverts.

Chaux (Fours à) permanents.

Indépendamment des formalités prescrites par le décret du 15 octobre 1810, la formation des établissements de ce genre ne pourra avoir lieu qu'après que les agents forestiers en résidence sur les lieux auront donné leur avis sur la question de savoir si la reproduction des bois dans le canton

et les besoins des communes environnantes per-
mettent d'accorder la permission.
Colle-forte (Fabriques de).
Cordes à instruments (Fabriques de).
Cartonniers.
Cuirs vernis (Fabriques de).
Equarrissage.
Echaudoirs.
Encre d'imprimerie (Fabriques d').
Fourneaux (Hauts).

Les établissements de ce genre ne seront auto-
risés qu'autant que les entrepreneurs auront rem-
pli les formalités prescrites par la loi du 21 avril
1810, et par les instructions du ministre de l'in-
térieur.

Glaces (Fabriques de).

Indépendamment des formalités prescrites par
le décret du 15 octobre 1810 , la formation des
fabriques de ce genre ne pourra avoir lieu qu'après
que les agents forestiers en résidence sur les lieux
auront donné leur avis sur la question de savoir
si la reproduction des bois dans le canton et les
besoins des communes environnantes permettent
d'accorder la permission.

Goudron (Fabrication du).
Huile de pied de bœuf (Fabriques d').
Huile de poisson (Fabriques d').
Huile de térébenthine et huile d'aspic (Distilleries
    en grand d').
Huile rousse (Fabriques d').
Litharge (Fabrication de la).
Massicot (Fabriques de).
Ménageries.
Minium (Fabrication du).
Noir d'ivoire et noir d'os (Fabriques de), lors
    qu'on n'y brûle pas la fumée.
Orseille (Fabrication de l').
Plâtres (Fours à) permanents.

Indépendamment des formalités prescrites par le décret du 15 octobre 1810, la formation des fabriques de ce genre ne pourra avoir lieu qu'après que les agents forestiers en résidence sur les lieux auront donné leur avis sur la question de savoir si la reproduction des bois dans le canton et les besoins des communes environnantes permettent d'accorder la permission.

Pompes à feu ne brûlant pas la fumée.

Porcheries.

Poudrette.

Rouge de Prusse (Fabriques de) à vases ouverts.

Sel ammoniac, ou muriate d'ammoniaque (Fabrication du), par le moyen de la distillation des matières animales.

Soufre (Distillation du).

Suif brun (Fabrication du).

Suif en branche (Fonderie du) à feu nu.

Suif d'os (Fabrication du).

Sulfate d'ammoniaque (Fabrication du), par le moyen de la distillation des matières animales.

Sulfate de cuivre (Fabrication du) au moyen du soufre et du grillage.

Sulfate de soude (Fabrication du) à vases ouverts.

Sulfures métalliques (Grillage des) en plein air.

Tabac (Combustion des côtes du) en plein air.

Taffetas cirés (Fabriques de).

Taffetas et toiles vernis (Fabrication des).

Tourbe (Carbonisation de la) à vases ouverts.

Tripiers. — Tueries dans les villes dont la population excède dix mille âmes.

Vernis (Fabriques de).

Verre, cristaux et émaux (Fabriques de).

Indépendamment des formalités prescrites par le décret du 15 octobre 1810, la formation des fabriques de ce genre ne pourra avoir lieu qu'après que les agents forestiers en résidence sur les lieux auront donné leur avis sur la question de savoir si la reproduction des bois dans le canton et les besoins des communes environnantes permettent d'accorder la permission.

DEUXIÈME CLASSE.

Établissements et ateliers dont l'éloignement des habitations n'est pas rigoureusement nécessaire, mais dont il importe néanmoins de ne permettre la formation qu'après avoir acquis la certitude que les opérations qu'on y pratique seront exécutées de manière à ne pas incommoder les propriétaires du voisinage, ni à leur causer des dommages.

Pour former ces établissements, l'autorisation du préfet sera nécessaire, sauf, en cas de difficulté, ou en cas d'opposition de la part des voisins, le recours à notre Conseil d'état.

Acier (Fabriques d')

Acide muriatique (Fabriques de l') à vases clos.

Acide muriatique oxygéné (Fabrication de l').

Acide pyroligneux (Fabriques de l'), lorsque les gaz sont brûlés.

Ateliers à enfumer les lards.

Blanc de plomb ou de céruse (Fabriques de).

Bleu de Prusse (Fabriques de), lorsqu'elles brûlent leur fumée et le gaz hydrogène sulfuré, etc.

Cartonniers.

Cendres d'orfèvre (Traitement des) par le mercure et la distillation des amalgames.

Cendres gravelées (Fabrication des), lorsqu'on brûle la fumée, etc.

Chamoiseurs. — Chandeliers.

Chapeaux (Fabriques de).

Charbon de terre épuré, lorsqu'on travaille à vases clos.

Châtaignes (Dessiccation et conservation des).

Chiffonniers.

Cires à cacheter (Fabriques de')
Corroyeurs. — Couverturiers.
Cuirs verts (Dépôts de).
Cuivre (Fonte et limage du).
Eau-de-vie (Distilleries d').
Faïence (Fabriques de).
Fondeurs en grand au fourneau à réverbère.
Galons et tissus d'or et d'argent (Brûlerie en grand
    des).
Goudron (Fabriques de) à vases clos.
Hareng (Saurage du). — Hongroyeurs.
Huiles (Epuration des) au moyen de l'acide sul-
    furique. — Indigoteries.
Liqueurs (Fabricants de).
Maroquiniers. — Mégissiers.
Noir de fumée (Fabricants de).
Noir d'ivoire et noir d'os (Fabrication de), lors-
    qu'on brûle la fumée.
Or et argent (Affinage de l') au moyen du départ
    et du fourneau à vent.
Os (Blanchiment des) pour les éventaillistes et
    les boutonniers.
Papiers (Fabriques de). — Parcheminiers.
Pipes à fumer (Fabriques de).
Plomb (Fonte du) et laminage de ce métal.
Poêliers–fournalistes.
Porcelaine (Fabrication de la).
Potiers de terre.
Rouge de Prusse (Fabriques de) à vases clos.
Salaisons (Dépôts de).
Sel ou muriate d'étain (Fabrication du).
Sucre (Raffineries de).
Suif (Fonderies de) au bain·marie ou à la vapeur.
Sulfate de soude (Fabrication de) à vases clos.
Sulfates de fer ou de zinc (Fabrication des), lors-
    qu'on forme ces sels de toutes pièces avec l'acide
    sulfurique et les substances métalliques.
Sulfures métalliques (Grillage des) dans les appa-

reils propres à retirer le soufre ou à utiliser l'acide sulfureux qui se dégage.

Tabac (Fabriques de).

Tabatières en carton (Fabrication des).

Tanneries.

Toiles (Blanchiment des) par l'acide muriatique oxygéné.

Tourbe (Carbonisation de la) à vases clos.

Tuileries et Briqueteries.

TROISIÈME CLASSE.

Etablissements et ateliers qui peuvent rester sans inconvénient auprès des habitations particulières, et pour la formation desquels il sera néanmoins nécessaire de se munir d'une permission, aux termes des articles 2 et 8 du décret du 15 octobre 1810, et de l'article 3 de la présente ordonnance.

Acétate de plomb (sel de saturne) (Fabrication de l').

Batteurs d'or et d'argent.

Blanc d'Espagne (Fabriques de).

Bois dorés (Brûlerie des).

Boutons métalliques (Fabrication des).

Borax (Raffinage du). — Brasseries.

Briqueteries ne faisant qu'une fournée en plein air, comme on le fait en Flandre.

Buanderies.

Camphre (Préparation et raffinage du)

Caractères d'imprimerie (Fonderies de).

Cendres (Laveurs de).

Cendres bleues et autres précipités du cuivre (Fabrication de).

Chaux (Fours à), ne travaillant pas plus d'un mois par année. — Ciriers.

Colle de parchemin et d'amidon (Fabrication de).

Corne (Travail de la) pour la réduire en feuilles.

Cristaux de soude (Fabriques de) (sous-carbonate de soude cristallisé).

Doreurs sur métaux.

Eau seconde (Fabrication de l') des peintres en bâtiments, alcalis caustiques et dissolution.

Encre à écrire (Fabrication d').

Essayeurs.

Fer-blanc (Fabriques de).

Feuilles d'étain (Fabrication des).

Fondeurs au creuset.

Fromages (Dépôts de).

Glaces (Etamage des).

Laques (Fabrication des).

Moulins à Huile.

Ocre jaune (Calcination de l') pour la convertir en ocre rouge.

Papiers peints et papiers marbrés (Fabrication de).

Plâtres (Fours à), ne travaillant pas plus d'un mois par année.

Plombiers et Fontainiers.

Plomb de chasse (Fabrication du).

Pompes à feu, brûlant leur fumée.

Potasse (Fabriques de).

Potiers d'étain.

Sabots (Ateliers à enfumer les).

Salpêtre (Fabrication et raffinage du).

Savonneries.

Sel de soude sec (Fabrication du) (sous-carbonate de soude sec).

Sel (Raffineries de).

Soude (Fabrication de la), ou décomposition du sulfate de soude.

Sulfate de cuivre (Fabrication du), au moyen de l'acide sulfurique et de l'oxyde de cuivre ou du carbonate de cuivre.

Sulfate de potasse (Raffinage du).

Sulfate de fer et d'alumine. — Extraction de ces

sels des matériaux qui les contiennent tout formés, et transformation du sulfate d'alumine en alun.

Tartre (Raffinage du).

Teinturiers.

Teinturiers-dégraisseurs.

Tueries, dans les communes dont la population est au-dessous de dix mille habitants.

Vacheries, dans les villes dont la popúlation excède cinq mille habitants.

Vert-de-gris et Verdet (Fabrication de).

Viandes (Salaison et préparation des).

Vinaigre (Fabrication du).

L'accomplissement des formalités établies par le décret du 15 octobre 1810 et par notre présente ordonnance, ne dispense pas de celles qui sont prescrites pour la formation des établissements qui seront placés dans le rayon des douanes, ou sur une rivière, qu'elle soit navigable ou non : les réglements à ce sujet continueront à être en vigueur.

Inhumations, cimetières.

Aucune inhumation ne peut avoir lieu dans les églises, les temples, les hôpitaux, les chapelles publiques, et généralement dans aucun des édifices clos et fermés où les citoyens se réunissent pour l'exercice de leur culte.

Les cimetières existants dans les villes et bourgs doivent être transférés hors de l'enceinte des habitations, et en être désormais éloignés de 35 à 40 mètres.

Dans le choix des terrains destinés à l'établissement des cimetières, on doit préférer les plus élevés et ceux qui sont exposés le plus au nord, afin qu'en aucun temps les vapeurs infectes ne puissent y séjourner. C'est le gouvernement qui

autorise l'acquisition de ces terrains, après des in-
formations *de commodo et incommodo*, faites par
les ordres du sous-préfet.

Tout cimetière doit être assez étendu pour que
les mêmes fosses n'y soient point fouillées avant
cinq ans d'intervalle.

Chaque corps doit être enterré dans une fosse
séparée, dont la profondeur soit au moins d'un
mètre et demi (4 pieds 6 pouces), et la largeur de
8 décimètres (2 pieds et demi).

Il doit toujours y avoir entre les fosses la dis-
tance de 3 à 4 décimètres (1 pied) sur les côtés,
et de 3 à 5 décimètres (12-18 pouces) à la tête et
aux pieds.

Tout terrain qui a cessé de servir de cimetière
ne peut être ensemencé ou planté qu'après cinq
ans. Aucune fouille ou fondation pour des con-
structions de bâtiments ne peut être faite jusqu'à
nouvel ordre. (*Décret du 23 prairial an 12.*)

Nul ne peut, sans autorisation, élever une ha-
bitation, ni creuser aucun puits, à moins de
100 mètres des cimetières transférés hors des
communes en vertu des lois et règlements. Les
bâtiments ne peuvent également être restaurés ni
augmentés sans autorisation. Les puits peuvent,
après visite contradictoire d'experts, être com-
blés en vertu d'ordonnance du préfet, sur la
demande de la police locale. (*Décret du 7 mars
1818.*)

Toute personne peut être enterrée sur sa pro-
priété ; mais il faut que cette propriété ne soit
pas dans l'enceinte des villes et bourgs, et qu'elle
en soit à la distance prescrite pour les lieux de
sépulture. (*Article 14 du décret du 23 prairial an
12.*)

Aucune loi n'autorise à refuser la sépulture
dans les cimetières publics aux personnes décé-
dées, quels que soient leurs opinions religieuses

et l'exercice de leur culte. (*Décret du* 12 *frimaire an* 2.)

Mais, dans les communes où l'on professe plusieurs cultes, chaque culte doit avoir un lieu d'inhumation particulier ; lorsqu'il n'y a qu'un seul cimetière, on le partage par des murs, haies ou fossés, en autant de parties qu'il y a de cultes différents, avec une entrée particulière pour chacun, et en proportionnant cet espace au nombre d'habitants de chaque culte. (*Article* 15 *du décret du* 23 *prairial an* 12.)

Chaque particulier a le droit, sans qu'il soit besoin d'autorisation, de faire placer sur la fosse de son parent ou de son ami une pierre sépulcrale ou autre signe indicatif de sépulture. (*Art.* 12.)

Les lieux de sépulture, soit qu'ils appartiennent aux communes, soit qu'ils appartiennent aux particuliers, sont soumis à l'autorité, police et surveillance des administrations municipales. (*Art.* 16.)

CHAPITRE III.

POLICE POUR LA SURETÉ ET LA COMMODITÉ PUBLIQUES.

Précautions pour assurer la sûreté publique.

Les maires, adjoints et commissaires de police chargés de la sûreté publique, doivent porter leur attention sur ce qui suit :

1º Que personne n'expose sur ses fenêtres, balcons et sur le haut de sa maison donnant sur la voie publique, rien qui, par sa chute, puisse blesser les passants, ou occasionner des accidents ;

2° Que les couvreurs, maçons et ouvriers qui travaillent sur les bâtiments, suspendent à une corde deux lattes en croix pour servir d'avertissement aux passants;

3° Que personne ne joue dans les rues, au mail, aux quilles, à la paume, au volant et à autres jeux qui peuvent blesser les passants;

4° Qu'il soit placé pendant la nuit de la lumière par les particuliers qui ont été obligés d'amonceler des matériaux, ou faire des excavations sur la voie publique, ou de laisser séjourner pendant la nuit des voitures, charrettes et objets quelconques;

5° Que, dans les temps de neige, chacun les relève devant ses propriétés, sans pouvoir sortir celles de sa maison pour les déposer sur la voie publique, casse les glaces, et couvre le verglas de cendres ou poussière pour éviter les accidents;

6° Qu'il ne soit jeté sur le milieu de la rue aucuns verres cassés, mais qu'ils soient déposés le long des maisons;

7° Que les puits qui sont dans les rues soient fermés à clef pendant la nuit;

8° Qu'il ne soit tiré aucun feu d'artifice, fait aucun feu de joie ou de réjouissance, sans la permission de la police et qu'à l'endroit indiqué, et qu'il ne soit tiré aucune fusée ni pétard sur les places publiques et dans les rues;

9° Qu'il ne soit fait galoper ou trotter des chevaux sur les places et dans les rues;

10° Que toutes les charrettes, voitures, tombereaux portent, en avant de la roue et au côté gauche, une plaque en métal contenant, en caractères apparents, le nom et le domicile du propriétaire;

11° Que les chiens et animaux malfaisants qui

pourraient mordre ou blesser quelqu'un soient mis à l'attache ;

12° Que les insensés et furieux , dont la liberté pourrait occasionner des événements fâcheux , soient renfermés.

Dans le cas de contravention , il doit être dressé procès-verbal de cette contravention , et les contrevenants doivent être cités au tribunal de police. (*Loi des* 16 *et* 24 *août* 1790; *loi des* 19 *et* 22 *juillet* 1791 ; *loi du* 3 *nivôse an* 6; *Code pénal* , *art.* 471.)

Cheminées , fours , forges et fourneaux.

Les maires , adjoints et commissaires de police doivent veiller à ce que les cheminées des maisons soient ramonées au moins une fois par an , et celles des traiteurs , rôtisseurs , charcutiers , cuisiniers ou autres qui font un feu continuel, le soient plus souvent.

Ils doivent veiller pareillement à ce que les fours, les forges, les fourneaux et fonderies de toute espèce soient en bon état, et ne présentent aucune crainte d'incendie.

Tous les ans au moins , ils doivent faire la visite des cheminées, faire ramoner celles qu'on aura négligé de faire ramoner ; faire pareillement la visite des fours, forges, fonderies et fourneaux, et ordonner la réparation ou la démolition, quand il y aura lieu de craindre l'incendie : cette visite doit être annoncée aux habitants huit jours d'avance.

Dans le cas où le ramonage, la réparation , la démolition ordonnés ne s'effectueraient pas, il y sera pourvu aux frais des contrevenants, qui seront ensuite cités au tribunal de police pour être condamnés à l'amende prononcée par la loi. (*Loi du 6 octobre* 1791 ; *Code pénal*, *art.* 491.)

Construction, réparation, démolition et alignement des bâtiments.

Les maires, adjoints et commissaires de police doivent veiller à ce que toute personne qui veut faire construire sur une rue, sur un chemin, une route, ne puisse le faire qu'après en avoir obtenu la permission de l'autorité compétente.

L'alignement des maisons donnant sur les rues ou chemins qui font partie d'une grande route doit être donné par le préfet.

L'alignement des maisons donnant sur une place publique ou une rue qui ne fait point partie d'une grande route est donné par le maire, d'après le plan, s'il y en a un, arrêté par le département : dans ce cas, le maire doit se transporter sur le lieu, et s'y faire accompagner, s'il le juge convenable, ou d'un ingénieur ou d'un architecte, ou d'un arpenteur ou de toute autre personne de l'art.

Si un particulier construit sans avoir demandé l'alignement, et qu'il anticipe, le maire ou l'adjoint doit dresser procès-verbal de la contravention, en délivrer copie au délinquant, et en délivrer une autre au sous-préfet : ce procès-verbal doit être rédigé sur les registres.

Les maires, adjoints et commissaires de police doivent aussi veiller à ce que ceux qui font construire des maisons ne creusent des caves sous les rues, ne construisent aucun balcon sans permission ;

A ce qu'ils ne pratiquent, pour monter à leur maison, des degrés qui anticipent sur la voie publique, ni aucun étage, sans permission ;

A ce qu'ils ne posent, au-dessus de leur porte,

des auvents qui forment saillie, sans la permission de la police ;

A ce qu'ils ne placent le long de leurs maisons des bancs et des bornes, pareillement sans l'autorisation de la police ;

A ce qu'il ne soit fait aux bâtiments donnant sur la rue aucune grosse réparation sans en avoir prévenu la police.

Ils doivent faire réparer ou démolir les bâtiments qui menacent ruine.

Dans le cas de contravention, ils doivent dresser procès-verbal, pour être remis, soit au sous-préfet, soit au tribunal de police, selon les circonstances. (*Ordonnance du Roi du 26 octobre 1666 ; déclaration du 16 juin 1693; loi des 16 et 24 août 1790 ; loi des 19 et 22 juillet 1791.*)

Halles, marchés, rues et places publiques.

Les maires, adjoints et commissaires de police doivent veiller à ce que les marchands qui étalent et vendent ou sous échoppe, ou en étalage, ou en ambulance dans les halles et marchés, ne dépassent pas les limites fixées pour ces halles et marchés ;

A ce que les échoppes placées dans les halles, marchés, rues et sur les places, ne gênent point la voie publique ;

A ce que les marchands n'embarrassent pas la voie publique par les marchandises, caisses, paniers, tonneaux et autres objets placés devant les portes ou le long de leurs maisons ;

A ce que les voitures, carrosses, cabriolets, charrettes, chaises à porteur, brouettes ne séjournent point dans les rues ou places, de manière à y empêcher la libre circulation.

Dans le cas de contravention, ils doivent dresser procès-verbal, et citer les contrevenants au tribunal de police.

Voitures, charrettes, cochers, charretiers.

Les maires, adjoints et commissaires de police doivent veiller à ce que les voitures, messageries, diligences, cabriolets, fourgons, charrettes, tombereaux, soient conduits dans l'intérieur de la commune, de manière à ne causer aucun accident ;

Que la voiture ou charrette soit toujours accompagnée d'un conducteur, ou charretier monté sur un des chevaux, ou marchant à pied à la tête de ses chevaux ;

Que les cochers ou charretiers ne conduisent aux abreuvoirs un trop grand nombre de chevaux, ou qu'ils n'en confient la conduite qu'à des personnes capables, et non à des enfants au-dessous de 18 ans. (*Ordonnance du Roi, du 4 février 1786 ; loi du 22 juillet 1791 ; Code pénal, art. 475.*)

Promenades, jardins, monuments publics.

Les maires, adjoints et commissaires de police doivent veiller à ce que personne ne dégrade les monuments publics, ne fasse du tort aux arbres, gazons, bancs, statues, fontaines des promenades et jardins publics, ne construise des échoppes, ne forme des étalages dans ces lieux, sans une autorisation spéciale de la police ; que personne ne joue dans ces promenades ou jardins à des jeux qui puissent gêner la libre circulation ou causer des accidents. (*Lois du 6 octobre 1790, des 19 et 12 juillet 1791.*)

Fleuves, rivières, bateaux, bacs, voitures d'eau.

Les maires, adjoints ou commissaires de police doivent exercer leur surveillance sur les fleuves, rivières, les fontaines, lavoirs, pompes, canaux, aquéducs publics, les chemins de halage, les quais, grèves, berges, gares, chantiers, les coches, voitures et diligences d'eau, barques, batelets, bacs, bateaux, les bateliers, mariniers et pêcheurs.

Ils ne doivent laisser s'établir sur les fleuves ou rivières navigables et flottables, des moulins, usines quelconques, blanchisseries, sans la permission de l'autorité administrative. (*Loi du* 20 *août* 1790; *loi du* 6 *octobre* 1791.)

Ils doivent pareillement veiller,

1° A ce que les coches, galiotes, voitures, ou coches d'eau, batelets, barques, bacs, bateaux, soient en bon état, et que, dans les voyages ou passages, les bateliers ou mariniers ne reçoivent pas un plus grand nombre de personnes que celui indiqué;

2° A ce que les bacs, bateaux de passage et leurs agrès soient arrêtés la nuit avec chaînes et cadenas solides;

3° A ce que le passage des fleuves et rivières n'ait lieu la nuit, mais seulement entre le lever et le coucher du soleil;

4° A ce que le bon ordre et la décence soient observés dans les galiotes, coches et voitures d'eau;

5° A ce que les bateliers, mariniers n'exigent point une plus forte somme que celle fixée et portée au tarif.

En cas de contravention, procès-verbal doit en être dressé, et les contrevenants doivent être cités au tribunal de police. (*Loi du* 6 *frimaire an* 8.)

Sur les accidents en général.

Les maires sont chargés de prévenir, par les précautions convenables, et de faire cesser, par la distribution des secours nécessaires, les accidents et fléaux calamiteux, tels que les incendies, les épidémies, les épizooties, en provoquant, dans ces cas, néanmoins, l'autorité supérieure. (*Loi du* 29 *août* 1790.)

CHAPITRE IV.

POLICE POUR LE COMMERCE ET L'INDUSTRIE.

Assurance des subsistances.

Le premier devoir des administrations municipales est de prendre toutes les mesures qui sont en leur pouvoir pour assurer des subsistances aux habitants de leur commune. A cet effet, ils doivent, surtout dans les temps de disette, veiller à ce qu'il ne se fasse aucuns accaparements de denrées de première nécessité, dans la vue de les rendre rares, pour ensuite les vendre à des prix exorbitants ; ou à ce que les riches propriétaires de ces mêmes denrées de première nécessité n'emploient de coupables manœuvres pour opérer une hausse qui n'aurait pas eu lieu sans eux. Dans ces cas, les maires, adjoints et commissaires de police doivent dresser procès-verbal contre les accapareurs et monopoleurs, et les faire conduire devant le procureur du Roi, pour être condamnés aux peines portées contre eux par l'article 419 du Code pénal.

Taxe des comestibles.

La loi des 19 et 21 juillet 1791, titre premier,

article 3o, donne aux maires le droit de fixer, chacun dans leur commune, le prix du pain et de la viande.

Quant aux autres comestibles, quoique de première nécessité, les maires n'ont point le droit de leur imposer une taxe; chacun est libre de les vendre à tel prix que bon lui semble.

La loi n'a point accordé aux maires le droit de fixer le prix des boissons.

Coalition des propriétaires, marchands et ouvriers.

Les maires, adjoints et commissaires de police doivent veiller à ce que les propriétaires et marchands ne forment des coalitions pour faire augmenter ou baisser le prix des denrées et marchandises, ou pour faire diminuer le prix du travail des ouvriers. (*Loi du 6 octobre* 1791 ; *Code pénal*, *art.* 414.)

Ils doivent aussi veiller à ce que les ouvriers et compagnons d'un même état ou d'une même profession ne se réunissent entre eux pour prendre des délibérations, faire des conventions tendantes à refuser de concert, ou à n'accorder qu'à un prix déterminé leur industrie et leur travail; ils peuvent faire arrêter les chefs et les moteurs de la coalition, et les faire conduire devant le procureur du Roi, pour y être livrés au tribunal qui doit prononcer. (*Loi du 14 juin* 1791 ; *loi du 6 octobre* 1791 ; *Code pénal, art.* 415, 416.)

Poids et mesures, patentes, titre des matières d'or et d'argent.

Les maires, les adjoints, les commissaires de police peuvent, quand ils le jugent nécessaire, entrer dans les boutiques, magasins, ateliers, pour y faire la vérification des poids et mesures, s'assurer du titre des matières d'or et d'argent , et se faire représenter les patentes. (*Loi du 22 juillet 1791 ; loi du 19 brumaire an 6; loi du 1er brumaire an 7.*)

Ils doivent saisir les faux poids et les fausses mesures, ainsi que les poids et mesures différents de ceux établis par les lois en vigueur, qu'ils auront trouvés dans les maisons, boutiques, magasins et ateliers des commerçants et fabricants, et citer devant le tribunal de police les contrevenants. (*Code pénal, art.* 479.)

Ils doivent saisir les matières d'or et d'argent qui ne sont pas revêtues du poinçon de l'Etat , ou qui portent un faux poinçon , dresser procès-verbal du délit , et l'envoyer avec les objets saisis au procureur du Roi , pour faire punir les délinquants conformément à la loi. (*Loi du 17 brumaire an* 6.)

Ils doivent pareillement saisir les marchandises des commerçants qui font le commerce sans patente ou avec une patente inférieure à celle de leur commerce , dresser contre les contrevenants procès-verbal qui sera envoyé au procureur du Roi , pour les faire condamner à l'amende prononcée par la loi ; et les marchandises saisies devant être rendues après le paiement de l'amende , doivent être mises en séquestre, ou laissées à la garde du contrevenant, s'il y a sûreté. (*Loi du 1er brumaire an 7.*)

La même surveillance pour les poids et mesures, le titre des matières d'or et d'argent , les patentes, doit être exercée sur les marchands forains qui étalent et vendent dans les foires et marchés, et dans les auberges et hôtelleries, ainsi que sur les colporteurs et marchands en ambulance.

Fabrication et vente d'armes et de poudre à tirer.

Les maires , adjoints, commissaires de police

(171)

doivent veiller à ce qu'il ne soit fabriqué, par les armuriers, aucune arme à feu de calibre de guerre, sans autorisation du ministre de la guerre. (*Décret du 8 vendémiaire an 14.*)

A ce qu'il ne soit exposé en vente aucune arme à feu, par les armuriers, sans qu'elle porte la marque qui indique qu'elle a été éprouvée. (*Décret du 14 décembre 1810.*)

A ce qu'il ne soit fabriqué, par les armuriers, aucun fusil ou pistolet à vent. (*Décret du 2 nivôse an 14.*)

Dans le cas des délits ci-dessus, les armes doivent être saisies et envoyées au procureur du Roi avec le procès-verbal, afin de faire punir les délinquants conformément à la loi.

Ils doivent aussi s'assurer si les armuriers inscrivent exactement le nom des personnes à qui ils vendent des armes à feu, et pour qui ils les raccommodent, sur un registre à ce destiné, dont le relevé doit être remis tous les trois mois au maire, pour être envoyé au sous-préfet; et, dans le cas contraire, ils doivent les dénoncer au procureur du Roi, pour les faire condamner à la peine portée par la loi. (*Arrêté du ministre de la police, du 25 avril 1807.*)

Ils doivent veiller à ce qu'aucuns individus autres que ceux autorisés par le gouvernement ne fabriquent et vendent de la poudre à tirer, ou n'en aient chez eux plus de 5 kilogrammes : dans le cas de contravention, ils doivent saisir les poudres et les envoyer, avec le procès-verbal, au procureur du Roi, pour faire punir les contrevenants conformément à la loi. (*Loi du 13 fructidor an 5.*)

Ils doivent veiller à ce qu'aucuns armuriers, fourbisseurs, couteliers, marchands de cannes, ne fabriquent ou vendent des poignards, des couteaux en forme de poignards, des cannes à épée, des bâtons ferrés, des stylets, des tromblons et autres armes prohibées : dans le cas de contravention, ils doivent saisir ces armes, dresser procès-verbal, et envoyer le tout au procureur du Roi, pour faire prononcer contre les contrevenants les peines prononcées par les lois. (*Déclaration du Roi, du 28 mars 1708 ; Code pénal, art. 314.*)

Commerce des bestiaux.

Des règlements défendent aux bouchers et mercandiers d'acheter des bestiaux propres à la boucherie sur les routes qui aboutissent aux marchés de Sceaux et de Poissy, dans le rayon de 10 myriamètres de Paris.

Enseignes.

Les maires, adjoints et commissaires de police doivent s'opposer à ce qu'il ne soit placé aucune enseigne qu'elle n'ait été soumise à la police, qui ne peut en permettre le placement qu'autant qu'elle ne contient rien de contraire à l'ordre et à la décence, qu'elle n'est point la même que celle déjà adoptée dans la même commune par une autre personne qui en est en possession, et que le droit fixé par la déclaration du 16 juin 1693 et le décret du 27 octobre 1807 a été acquitté.

Brocanteurs, fripiers, revendeurs.

Les maires, adjoints et commissaires de police doivent veiller à ce que les brocanteurs, fripiers, ferrailleurs, revendeurs, et autres qui courent les ventes, vendent et achètent toutes espèces de marchandises, linges, hardes et effets dans les rues et dans les maisons, fassent leur déclaration à la police, à l'effet d'en obtenir la permission d'exercer cette profession;

À ce que ceux reçus aient un livre en papier timbré, coté et paraphé par le maire ou l'adjoint, ou un commissaire de police, sur lequel ils sont tenus d'inscrire jour par jour leurs achats et leurs ventes, le nom, le domicile, la qualité ou profession des personnes de qui ils ont acheté ;

À ce qu'ils n'achètent aucuns effets, hardes, linges d'enfants mineurs sans l'autorisation de leurs parents ou tuteurs, d'aucuns domestiques sans le consentement de leurs maîtres, ni d'inconnus, sans l'attestation de deux personnes domiciliées et qui en répondent.

En cas de contravention, il doit être dressé procès-verbal pour être envoyé au procureur du Roi, afin de faire punir le contrevenant conformément à la loi. (*Déclaration du Roi, du 29 mars 1790.*)

Compagnies d'assurances.

L'article 40 de l'ordonnance du 1er septembre 1819, sur la tontine du pacte social, porte que les certificats de vie exigés des rentiers seront délivrés par les maires ou par les notaires.

L'ordonnance du 4 avril 1821, portant autorisation de la compagnie d'assurances mutuelles contre l'incendie, pour le département de la Somme, confère aux maires l'attribution suivante :

Dans les communes du département, la personne incendiée est tenue d'en faire ou faire faire, dans les vingt-quatre heures, la déclaration au maire de la commune, énonciative des causes et circonstances de l'incendie. Le maire en dresse procès-verbal, et donne son avis. (*Art.* 15.)

Une ordonnance du 30 mai 1821, portant autorisation de la société d'assurances mutuelles contre la grêle, formée à Nancy, contient les dispositions suivantes :

8

Tout fait de perte de fruits ou de récoltes, par l'effet des ravages de la grêle, sera de suite dénoncé au maire de la commune. La déclaration en sera faite par l'assuré ou l'intéressé, et légalisée par le maire. Elle contiendra la date et l'heure de l'accident, la désignation exacte des objets grêlés, la mention de l'espèce de récolte détruite, etc.

Des experts constateront le dommage éprouvé en espèces et qualités de récoltes ou fruits perdus. Ils dresseront et affirmeront leur procès-verbal par-devant le maire du lieu où est arrivé le dégât. (*Art.* 19.)

CHAPITRE V.

POLICE RURALE.

Salubrité et sûreté des campagnes.

Les maires, adjoints et commissaires de police doivent veiller,

1°. A ce que le rouissage du chanvre dans les rivières ou dans les mares, rendant les eaux insalubres pour les bestiaux, et infectant l'air, n'ait pas lieu dans le voisinage des habitations ;

2°. A ce que les mares qui fournissent de l'eau pour la boisson des habitants et des animaux soient curées ou nettoyées souvent, afin que l'eau n'en soit pas malsaine et ne répande pas l'infection ;

3°. A ce qu'il ne soit point fait, dans les rues et sur les chemins, des amas de fumier qui causent l'infection et embarrassent la voie publique ;

4° A ce que les animaux morts ne restent point dans les rues et proche des habitations, mais soient transportés au loin et enfouis à quatre pieds dans la terre ;

5° A ce que ceux qui tuent des animaux pour leur nourriture, n'en jettent point le sang, les débris et immondices dans les rues, mais les portent hors de la commune ;

6° A ce que ceux qui ont sur leur habitation des mares qui répandent une mauvaise odeur, soient tenus de les nettoyer, curer ou remplir ;

7° A ce que personne n'allume de feu dans les champs plus près que cinquante toises des habitations, bois, vergers, haies, meules de grains, de foin et de paille ;

8° A ce que personne ne travaille dans les écuries, granges, bergeries, avec une lumière qui ne serait point renfermée dans une lanterne ;

9° A ce que l'échenillage des arbres soit fait tous les ans le 20 février ;

10° A ce que les fours des habitations soient construits de manière à ne donner aucune crainte d'incendie ;

11° A ce que personne n'ait des armes dans sa maison sans en avoir obtenu la permission ;

12° A ce que les propriétaires, fermiers, meuniers et autres qui vendent chez eux des grains, des légumes, des fruits, des boissons, des bois et autres objets qui se vendent à la mesure ou au poids, provenant de leur récolte, soient, comme les marchands, pourvus de poids et mesures conformes à ceux établis par le gouvernement.

Les contraventions à ces lois de police doivent être constatées par des procès-verbaux, et les contrevenants cités au tribunal de police. (*Loi des 16 et 24 août 1790 ; loi des 19 et 22 juillet 1791 ; loi des 28 septembre et 6 octobre 1791 ; Code pénal, art. 471.*)

Chasse et pêche.

Les maires, les adjoints et les commissaires de police doivent veiller à ce que personne ne chasse avec armes à feu, même sur son propre terrain, sans avoir obtenu la permission du port d'armes.

Ils doivent pareillement veiller à ce que ceux qui ont obtenu le port d'armes ne chassent sur les propriétés d'autrui, celles du gouvernement, de la commune et des établissements publics. (*Loi des 28 et 30 avril 1790.*)

Ils doivent aussi veiller à ce qu'aucuns individus, autres que ceux qui ont affermé le droit de pêche dans les fleuves et rivières, n'y pêchent autrement qu'à la ligne flottante;

A ce que personne ne pêche dans les rivières non navigables, sur le territoire des propriétaires riverains, auxquels le droit de pêche est accordé d'après l'avis du Conseil d'état du 30 pluviôse an 13;

A ce que les pêcheurs sur les fleuves, rivières navigables et non navigables, conformément au titre 31, *sur la pêche*, de l'ordonnance des eaux et forêts de 1669, maintenue par l'arrêté du 28 messidor an 6, ne pêchent avant le lever et après le coucher du soleil, sinon aux arches des ponts, aux moulins, et aux gords où se tendent des dideaux, auxquels lieux on peut pêcher la nuit;

Ne pêchent dans le temps du frai de la truite, où elle abonde sur les autres poissons, depuis le 1er février jusqu'au 15 mars, et de tous autres, depuis le 1er avril jusqu'au 1er juin, excepté les saumons, aloses et lamproies;

A ce qu'ils rejettent à l'eau les truites, carpes, barbeaux, brèmes et mouniers ayant moins de six pouces entre l'œil et la queue, les tanches, perches, et gardons qui en ont moins de cinq;

A ce que personne ne pêche avec chaux, noix

vomique, coque du Levant, momie et autres dro-
gues ou appâts propres à empoisonner et détruire
les rivières ;

A ce que personne n'aille sur les mares, étangs
et fossés, lorsqu'ils sont gelés, pour en rompre la
glace, y faire des trous, y porter du feu ou des
flambeaux, afin d'y prendre du poisson. (*Loi du
10 floréal an* 10 ; *arrêté du 17 nivôse an* 12.)

Ils doivent dresser procès-verbal des délits con-
cernant la chasse et la pêche, et le remettre au
procureur du Roi, pour faire punir les délinquants
suivant la loi.

Grains, moisson, glanage.

Les maires, adjoints et commissaires de police
doivent protéger la libre circulation des grains
dans l'intérieur du royaume. (*Loi du 21 prairial
an* 5.)

Ils doivent surveiller les accaparements et les
dénoncer au procureur du Roi.

Ils doivent veiller à ce qu'il ne se fasse aucune
vente de grains en vert et pendants par racines.
La loi du 6 messidor an 3, qui a prohibé ces ventes
et chargé spécialement les officiers municipaux de
son exécution, prononce la confiscation des grains,
supportée moitié par le vendeur, moitié par l'ache-
teur, au profit du dénonciateur, de la classe indi-
gente de la commune du lieu et du trésor public,
chacun pour un tiers.

La loi du 23 messidor an 3 excepte de cette pro-
hibition les ventes de grains en vert qui ont lieu
par suite de tutelle, curatelle, changement de fer-
mier, saisies, baux judiciaires.

Ils doivent veiller à ce que les moissonneurs et
ouvriers qui font des récoltes de grains ne se coali-
sent pas pour faire augmenter le prix de leur sa-
laire (*loi des 28 septembre et 6 octobre* 1791);

A ce que les glaneurs, râteleurs, grappilleurs, n'entrent dans les champs, prés et vignes récoltés, qu'après l'enlèvement entier des récoltes, ni avant le lever ni après le coucher du soleil (*idem*) ;

A ce que les pâtres et bergers ne conduisent leurs troupeaux dans les champs récoltés, que deux jours après l'enlèvement de la récolte entière. (*Id.*)

Il doit être dressé procès-verbal des contraventions, et les contrevenants doivent être cités au tribunal de police.

Police des pâturages et autres objets.

Les maires, adjoints et commissaires de police doivent veiller à ce que personne ne mène paître les bestiaux dans les prés naturels, prairies artificielles, bois et champs ensemencés de grains appartenant à autrui. Ils doivent, en cas de contravention, saisir et faire conduire en fourrière les animaux trouvés sans gardien ; et si ces animaux sont accompagnés d'un gardien, dresser leur procès-verbal, et citer le gardien ou le propriétaire de ces animaux au tribunal de police.

Les maires doivent publier les lieux accordés aux usagers pour faire paître les bestiaux.

Les bestiaux trouvés dans les lieux qui ne sont point indiqués pour le pâturage doivent être mis en fourrière, et les propriétaires doivent être cités au tribunal de police.

Les maires doivent indiquer le temps où les pigeons doivent être renfermés.

Les maires, adjoints et commissaires de police doivent veiller à ce que les usagers qui ont la liberté de faire paître leurs troupeaux dans les pâturages de la commune, ne prêtent leur nom pour des bestiaux d'une autre commune.

Ils doivent aussi veiller à ce que les chèvres,

qui rongent les arbres et des haies, et dont la morsure empêche la pousse des arbres et arbustes, soient gardées avec une corde, et n'entrent pas dans les bois destinés au pâturage commun.

Tous les contrevenants aux règlements de police que chaque administration municipale peut faire, conformément aux usages locaux sur les pâturages, doivent être cités au tribunal de police pour y être condamnés à l'amende prononcée contre ceux qui contreviennent aux lois générales sur le pâturage.

Maladies contagieuses des animaux.

Les maires et adjoints doivent porter leur attention à prévenir les épizooties et maladies contagieuses des animaux, et en arrêter les suites.

Dans le cas d'épizootie, les maires ou adjoints doivent en prévenir les habitants, soit par des affiches, soit par publication au son de la cloche ou du tambour, et en donner avis au sous-préfet.

Ils doivent faire la visite, accompagnés, s'ils le jugent convenable, de vétérinaires ou maréchaux experts, chez tous ceux qui ont des bestiaux; s'assurer des animaux qui sont atteints de la maladie; faire marquer à la tête ces animaux d'un fer chaud portant la lettre M; les faire séparer des autres; faire défenses aux propriétaires de les conduire aux pâturages et abreuvoirs communs; faire enterrer à 8 pieds de profondeur et à 50 toises des habitations ceux qui viendraient à mourir ou qu'on aurait fait tuer.

Aussitôt que le maire ou l'adjoint est instruit qu'un habitant a chez lui un ou plusieurs animaux atteints d'une maladie contagieuse, il doit s'y transporter de suite, et, après avoir pris l'avis des personnes de l'art, il doit faire tuer ces animaux, si leur destruction est jugée nécessaire pour empêcher la communication de la maladie aux autres animaux de la commune.

Après que l'animal attaqué de la maladie contagieuse est mort ou a été tué, le maire ou l'adjoint doivent faire purifier l'écurie, la bergerie, l'étable où l'animal a séjourné; faire laver avec la chaux vive les murs, l'auge et le râtelier. (*Loi des 16 et 24 août 1790; loi du 6 octobre 1791; arrêté du gouvernement, du 27 messidor an 5.*)

Routes, chemins.

Les maires, adjoints et commissaires de police doivent veiller,

1° A ce que personne ne dégrade les routes et chemins, n'anticipe sur leur largeur, n'y fasse des plantations, n'y creuse des fossés, n'ouvre en dessous des mines, carrières ou marnières; n'en enlève les gazons, les pierres, le sable, les pavés, les bornes (*loi des 28 septembre et 6 octobre 1790*);

2° A ce qu'il ne soit ouvert aucune mine et carrière sans permission; et que celles ouvertes ne soient conduites que jusqu'à 30 toises de distance des bords des grandes routes et des forêts du Roi (*ordonnance des eaux et forêts de 1669, tit. 27; arrêt du Conseil, du 5 avril 1772*);

3° A ce qu'il soit laissé le long des bords des rivières navigables, par les propriétaires riverains, vingt-quatre pieds pour le trait des chevaux, sans pouvoir planter des arbres, faire des clôtures, ni ouvrir des fossés plus près du bord que de trente pieds; et le long des bords des rivières et ruisseaux flottables à bûches perdues, quatre pieds pour le passage des employés à la conduite des flots. (*Arrêté du gouvernement, du 13 nivôse an 5.*)

Les procès-verbaux de contravention concernant

les routes et chemins doivent être notifiés aux délinquants, et envoyés au sous-préfet.

Dégâts causés par les animaux.

Les dégâts que les bestiaux de toute espèce laissés à l'abandon font sur les propriétés d'autrui, sont appréciés par le maire ou l'adjoint. (*Loi du* 6 *octobre* 1791.)

Les dégâts faits par les animaux sur les propriétés d'autrui, soit dans un enclos, soit dans un champ ouvert, doivent être payés par les personnes qui ont la jouissance desdits animaux ; si elles sont insolvables, ces dégâts doivent être alors payés par celles qui en ont la propriété.

Le propriétaire qui éprouve le dommage a le droit de saisir les animaux, sous l'obligation de les faire conduire, dans les vingt-quatre heures, au lieu du dépôt que lui indique le maire ou l'adjoint.

Il doit être satisfait au dégât par la vente des animaux, s'ils ne sont pas réclamés, où si le dommage n'a point été payé dans la huitaine du délit.

Si ce sont des volatilles de quelque espèce que ce soit, qui causent du dégât, le propriétaire ou le fermier qui l'éprouve peut les tuer, mais seulement sur le lieu et au moment du dégât. (*Loi du* 6 *octobre* 1791.)

8*

TITRE VI.

TRIBUNAUX DE POLICE MUNICI-PALE.

Les tribunaux de police municipale ont été institués pour connaître de toutes les contraventions, c'est-à-dire de toutes les infractions aux lois et aux règlements de police qui donnent lieu, tant sur les poursuites du ministère public que sur celles des particuliers, soit à 15 francs d'amende ou au-dessous, soit à cinq jours d'emprisonnement ou au-dessous, qu'il y ait ou non confiscation des choses saisies, et quelle qu'en soit la valeur. (*Code d'instruction criminelle, art.* 137.)

CHAPITRE PREMIER.

DE LA COMPOSITION DES TRIBUNAUX DE POLICE MUNICIPALE.

On distingue deux sortes de tribunaux de police, ceux de police ordinaire, et ceux de police municipale.

Les tribunaux de police ordinaire sont composés d'un juge de paix, d'un maire ou d'un adjoint, ou d'un commissaire de police qui remplit les fonctions du ministère public, et d'un greffier.

Les tribunaux de police municipale sont composés d'un maire ou d'un adjoint en l'absence du maire, d'un adjoint ou d'un commissaire de police, ou d'un membre du conseil municipal à défaut d'adjoint ou de commissaire de police, qui remplit les fonctions du ministère public, et d'un greffier.

Du tribunal de police tenu par le juge de paix.

Le tribunal de police tenu par le juge de paix connaît, exclusivement aux autres tribunaux de police tenus, dans chaque commune du canton, par les maires :

1° Des contraventions commises dans l'étendue de la commune chef-lieu du canton ;

2° Des contraventions dans les autres communes de leur arrondissement, lorsque, hors le cas où les coupables sont pris en flagrant délit, les contraventions sont commises par des personnes non domiciliées ou non présentes dans la commune, ou lorsque les témoins qui doivent déposer n'y sont pas résidants ou présents ;

3° Des contraventions à raison desquelles la partie qui réclame conclut pour ses dommages et intérêts à une somme indéterminée, ou à une somme excédant 15 fr. ;

4° Des contraventions forestières poursuivies à la requête des particuliers ;

5° Des injures verbales ;

6° Des affiches, annonces, ventes, distributions ou débits d'ouvrages, écrits ou gravures contraires aux bonnes mœurs ;

7° De l'action contre les gens qui font le métier de deviner, pronostiquer ou d'expliquer les songes.

Le tribunal du juge de paix connaît aussi, *mais concurremment avec les maires*, de toutes autres contraventions commises dans son arrondissement.

Les fonctions du ministère public sont remplies à ce tribunal par le commissaire de police du lieu où siége ce tribunal, et en cas d'empêchement du commissaire de police, ou s'il n'y en a point, elles sont remplies par le maire, qui peut se faire remplacer par son adjoint. S'il y a plusieurs commissaires de police, le procureur général près la Cour royale nomme celui ou ceux qui doivent faire le service. (*Code d'instruction criminelle*, *art.* 139, 140, 144.)

Du tribunal de police municipale.

Le tribunal de police municipale d'une commune qui n'est pas chef-lieu de canton connaît, *concurremment* avec le tribunal de police tenu par le juge de paix, des contraventions commises dans l'étendue de la commune par les personnes prises en flagrant délit, ou par des personnes qui résident dans la commune ou qui y sont présentes, lorsque les témoins y sont aussi résidants ou présents, et lorsque la partie réclamante conclut, pour ses dommages et intérêts, à une somme déterminée qui n'excède pas celle de 15 fr.

Ce tribunal ne peut jamais connaître des contraventions exclusivement attribuées au tribunal de police tenu par le juge de paix, ni d'aucune matière dont la connaissance est attribuée aux juges de paix considérés comme juges civils.

Le ministère public est exercé au tribunal de police municipale par l'adjoint; en l'absence de l'adjoint, ou lorsque l'adjoint remplace le maire comme juge de police, le ministère public est exercé par un membre du conseil, qui est désigné à cet effet par le procureur du Roi, pour une année entière.

Les fonctions de greffier du tribunal de police municipale sont exercées par un citoyen que le maire propose, et qui prête serment en cette qualité au tribunal de police correctionnelle : il resçoit pour ses expéditions les émoluments attribués au greffier du juge de paix (40 centimes, 8 sous), par chaque rôle de vingt lignes à la page et de dix syllabes à la ligne.

Le tribunal de police municipale tient publiquement ses audiences dans la maison commune, et, s'il n'y a point de maison commune, dans la maison du maire, les portes ouvertes au public. (*Code d'instruction criminelle, art.* 166, 167, 168, 171.)

CHAPITRE II.

CONTRAVENTIONS DE LA COMPÉTENCE DU TRIBUNAL DE POLICE MUNICIPALE.

Les faits qui sont considérés comme contraventions de la compétence du tribunal de police municipale, tant par leur nature que par l'amende et l'emprisonnement qui y sont applicables, se divisent en trois classes, savoir :

1o Ceux qui sont punis d'une amende de 1 à 5 francs inclusivement, et d'un emprisonnement pendant trois jours au plus ;

2o Ceux qui sont punis d'une amende de 6 à 10 francs inclusivement, et d'un emprisonnement pendant cinq jours au plus ;

3o Ceux qui sont punis d'une amende de 11 à 15 francs inclusivement, et d'un emprisonnement pendant cinq jours au plus.

Contraventions punies d'une amende de 1 à 5 fr., et d'un emprisonnement de trois jours au plus.

Sont punies d'une amende de 1 à 5 francs, et d'un emprisonnement d'un à trois jours au plus, suivant les circonstances, les contraventions suivantes :

Négligence à entretenir, réparer ou nettoyer les fours, cheminées ou usines où l'on fait usage du feu;

Fusées, pétards et autres pièces d'artifice tirées en certains lieux contre la défense des réglements de police : outre l'amende, cette contravention est punie de la confiscation des pièces d'artifice, et le contrevenant peut être condamné à *l'emprisonnement* d'un à trois jours au plus, suivant les circonstances, et de trois jours en cas de récidive;

Négligence à éclairer la voie publique lorsqu'on y a laissé des voitures, déposé des décombres, des matériaux et des objets qui n'avaient pu être enlevés, fait des fosses ou excavations nécessaires;

Négligence à balayer, nettoyer les rues et passages;

Embarras causé sur la voie publique en y déposant ou y laissant, sans nécessité, des matériaux, marchandises, paniers, tonneaux, futailles, bois ou autres choses quelconques, qui empêchent ou diminuent la liberté ou la sûreté du passage;

Refus de réparer ou démolir les édifices menaçant ruine, d'après avertissement;

Dépôt, devant les portes, ou le long des maisons, de choses qui peuvent nuire, comme verres, bouteilles cassées; exposition sur les fenêtres de pots, caisses, vases, et autres objets qui, par leur chute, peuvent occasionner des accidents;

Dépôt, le long des maisons, de fumiers et immondices qui répandent des exhalaisons insalubres;

Délaissement dans les rues, chemins, places,

lieux publics, ou dans les champs, des coutres
de charrues, pinces, barres, barreaux ou autres
machines, ou instruments, ou armes dont puis-
sent abuser les voleurs et autres malfaiteurs : outre
l'amende, cette contravention est punie de la con-
fiscation des objets qui y donnent lieu ;

La négligence à écheniller les arbres dans le
temps prescrit par la loi ou les règlements de
police ;

La cueillette et le manger sur le lieu même, des
fruits et raisins appartenant à autrui ;

Le glanage, râtelage, grappillage dans les
champs, non encore entièrement dépouillés et
vides de leurs récoltes, ou avant le moment du
lever ou après celui du coucher du soleil : outre
l'amende, cette contravention peut être punie de
l'emprisonnement d'un jour à trois jours au plus,
suivant les circonstances, et de trois jours en cas
de récidive ;

Le versement ou la jetée, par imprudence,
d'eaux et d'immondices sur quelque personne ;

L'entrée ou le passage sur un terrain ou
partie d'un terrain d'autrui préparé ou ense-
mencé ;

Le passage des voitures, bestiaux, bêtes de
trait, de charge ou de monture, sur un terrain
d'autrui, avant l'enlèvement de la récolte. (*Code
pénal, art.* 471, 472, 473, 474.)

**Contraventions punies d'une amende de 6 à 10 fr.,
et d'un emprisonnement de 5 jours au plus.**

Sont punies de l'amende de 6 à 10 francs et
de l'emprisonnement d'un à cinq jours au plus,
suivant les circonstances, les contraventions sui-
vantes :

Les récoltes des vendanges et autres fruits ayant

la publication des bans autorisés par l'usage et les règlements ;

La négligence des aubergistes, hôteliers, logeurs, loueurs de maisons garnies, à inscrire de suite et sans aucun blanc, sur un registre tenu régulièrement, les noms, qualités, domicile habituel, dates d'entrée et de sortie de toute personne qui aurait couché ou passé une nuit dans leur maison ; le refus de ces mêmes aubergistes, hôteliers, logeurs, loueurs de maisons garnies, de représenter leurs registres aux époques déterminées par les règlements, ou lorsqu'ils en auraient été requis, aux maires, adjoints, officiers ou commissaires de police, ou aux citoyens commis à cet effet ;

La négligence des rouliers, charretiers, conducteurs de voitures quelconques ou de bêtes de charge, à se tenir constamment à portée de leurs chevaux, bêtes de trait ou de charge, et de leurs voitures ; le refus de ces mêmes rouliers, charretiers, conducteurs de voitures ou de bêtes de charge, de se détourner ou ranger devant toutes autres voitures sur la rue, les chemins et la voie publique, et, à leur approche, de leur laisser au moins la moitié des rues, chaussées, routes et chemins : outre l'amende, cette contravention peut être punie *d'un emprisonnement* de trois jours au plus, et de cinq jours en cas de récidive ;

La rapidité des courses des chevaux, bêtes de trait, de charge ou de monture, ainsi que celle des voitures, cabriolets, diligences, charrettes, fourgons et autres, dans l'intérieur d'un lieu habité : outre l'amende, cette contravention peut être punie *d'un emprisonnement* de trois jours au plus, et de cinq jours en cas de récidive ;

Le chargement imprudent des charrettes, voitures, tombereaux et autres ;

L'établissement et tenue dans les rues, chemins,

places ou lieux publics, de jeux, de loteries, ou d'autres jeux de hasard : outre l'amende, les enjeux, fonds, tables, et tous objets servant auxdits jeux doivent être confisqués ;

La vente et débit de boissons falsifiées, qui néanmoins, dans le cas où ces boissons contiendraient des mixtions nuisibles à la santé, seraient alors un délit de la compétence du tribunal de police correctionnelle : outre l'amende, cette contravention peut être punie d'*un emprisonnement* de trois jours au plus, et de cinq jours en cas de récidive, et les boissons falsifiées doivent être répandues ;

Le défaut de précaution de retenir des fous ou des furieux, des animaux malfaisants ou féroces, des chiens qui attaquent ou poursuivent les passants, et qui, par leur divagation, peuvent occasionner des événements ou des accidents funestes ;

La jetée des pierres ou d'autres corps durs, ou d'immondices contre les maisons, édifices ou clôtures d'autrui, ou dans les jardins ou enclos, ou sur quelqu'un : outre l'amende, cette contravention peut être punie d'*un emprisonnement* de trois jours au plus, et de cinq jours en cas de récidive ;

L'entrée ou le passage sur un terrain d'autrui chargé de grains en tuyaux, de raisins ou autres fruits mûrs ou voisins de la maturité ;

Le passage des bestiaux, animaux de trait, de charge ou de monture, sur le terrain d'autrui ensemencé ou chargé d'une récolte, en quelque saison que ce soit ;

Le refus des espèces et monnaies nationales non fausses ni altérées, selon la valeur pour laquelle elles ont cours ;

Le refus de la part de ceux qui le pouvaient, de faire les travaux, le service, ou de prêter le secours dont ils étaient requis dans les circonstances d'accidents, tumultes, naufrages, inondations, incendies, ou autres calamités, ainsi que dans le cas de brigandage, pillage, flagrant délit, clameurs publiques, ou d'exécution judiciaire. (*Code pénal, art.* 475, 476, 477, 478.)

Contraventions punies d'une amende de 11 à 15 fr., et d'un emprisonnement de cinq jours au plus.

Sont punies d'une amende de 11 à 15 francs et d'un emprisonnement d'un à cinq jours au plus, suivant les circonstances, les contraventions suivantes :

Le dommage volontairement causé aux propriétés mobilières d'autrui. (Dans cette contravention ne sont pas compris les incendies des édifices, des navires, bateaux, magasins, chantiers, forêts, bois, taillis, récoltes ; les destructions et renversements des édifices, des ponts, des digues, ou chaussées ou autres constructions appartenant à autrui ; les destructions ou brûlement, d'une manière quelconque, des registres, minutes ou actes de l'autorité publique, des titres, billets, lettres de change, effets de commerce ou de banque contenant ou opérant obligation, disposition ou décharge ; les pillages et dégâts de denrées ou marchandises, effets, propriétés mobilières, commis en réunion ou bande à force ouverte ; les destructions ou altérations à l'aide de liqueurs corrosives, ou par tous autres moyens, de marchandises ou matières servant à fabrication ; les dévastations des récoltes sur pied ou des plants venus naturellement, ou faits de main d'homme ; les abatis ou coupes d'arbres ; les destructions des greffes d'arbres ; les ruptures ou destructions d'instruments d'agriculture, de parcs de bestiaux, de cabanes de gardiens ; les empoisonnements des chevaux ou autres bêtes de voiture, de monture ou de charge, des bestiaux à cornes, des moutons, des chèvres, des porcs, des poissons, dans les étangs, ou viviers ou réservoirs ; la mort donnée sans nécessité à des animaux domestiques ou à des bestiaux ; les comblements des fossés, les destructions de clôture ; les arrachis ou coupes de haies vives ou sèches ; les déplacements ou suppressions de bornes ou pieds corniers, ou autres arbres plantés ou reconnus pour établir les limites entre différents héritages ; les inondations des chemins et des propriétés de la part des propriétaires, fermiers, meuniers, par l'élévation du déversoir de leurs eaux au-dessus de la hauteur déterminée par l'autorité compétente ; les incendies des propriétés mobilières ou immobilières causés par la vétusté ou le défaut soit de réparation, soit de nettoyage des fours, cheminées, forges, maisons ou usines prochaines, ou par des feux allumés dans les champs, ou par des feux ou lumières portés ou laissés sans précautions suffisantes, ou par des pièces d'artifice allumées ou tirées par négligence ou imprudence ; la négligence des détenteurs ou gardiens d'animaux ou bestiaux soupçonnés d'être infectés de maladie contagieuse, à avertir le maire de la commune, ou à tenir lesdits animaux ou bestiaux renfermés : tous lesquels faits sont des délits de la compétence du tribunal de police correctionnelle) ;

La mort ou la blessure des animaux ou bestiaux d'autrui, occasionnée par l'effet de la divagation des fous ou furieux, ou d'animaux malfaisants ou féroces, ou par la rapidité, ou la mauvaise direction, ou le chargement excessif des voitures, chevaux, bêtes de trait, de charge ou de monture : outre l'amende, cette contravention peut, suivant les circonstances, être punie d'*un emprisonnement* de cinq jours au plus, même en cas de récidive ;

La mort ou la blessure des animaux ou bestiaux d'autrui occasionnée par l'emploi ou l'usage d'armes sans précaution ou avec maladresse, ou par jet de pierres ou autres corps durs : outre l'amende, cette contravention peut, suivant les circonstances, être punie d'*un emprisonnement* de cinq jours au plus, même en cas de récidive ;

La vente et le débit des denrées et marchandises de toutes espèces à poids et mesures différents de ceux établis par les lois en vigueur, dans les magasins, boutiques, ateliers ou maisons de commerce, ou dans les halles, foires et marchés : outre l'amende, cette contravention est punie de la confiscation des poids et mesures différents de ceux établis par la loi, et les contrevenants peuvent être condamnés à *un emprisonnement* de cinq jours au plus, même en cas de récidive. (Dans cette contravention n'est pas comprise la vente à faux poids et à fausses mesures, qui est un délit de la compétence du tribunal de police correctionnelle.)

Les bruits ou tapages injurieux ou nocturnes troublant la tranquillité des habitants : outre l'amende, cette contravention peut, selon les circonstances, être punie d'un emprisonnement de cinq jours au plus, même en cas de récidive. (*Code pénal*, art. 479, 480, 481, 482.)

CHAPITRE III.

DE LA PROCÉDURE DU TRIBUNAL DE POLICE MUNICIPALE.

Citations, défauts, oppositions, témoins, jugements.

Le ministère des huissiers n'est pas nécessaire

pour les citations aux parties ; elles peuvent être faites par un avertissement du maire, qui annonce au défendeur le fait dont il est inculpé, le jour et l'heure où il doit se présenter. (*Code d'instruction crim.*, *art.* 169.)

Ces citations ne doivent cependant avoir lieu que dans les affaires peu importantes, dont la peine n'est pas l'emprisonnement, ou les restitutions et réparations civiles où l'amende ne s'élève pas à plus de 5 francs, et il ne peut y avoir appel : car dans les affaires où il y a lieu à emprisonnement, ou à plus forte restitution ou amende que de 5 fr., il n'est pas toujours sûr de s'en servir, à cause de l'abus qu'on peut en faire sur l'appel ; et il serait, dans certains cas, prudent de faire citer par le ministère d'huissier.

Les avertissements du maire doivent être remis aux parties par le greffier ou toutes autres personnes sûres.

Il en est de même des citations aux témoins, elles peuvent être faites par avertissement qui indique le moment où leur déposition sera reçue. (*Idem*, *art.* 170.)

Les citations données soit par avertissement du maire, soit par le ministère d'un huissier, à la requête de l'adjoint, ou du commissaire de police, ou d'un membre du conseil municipal remplissant les fonctions du ministère public, ou à la requête de la partie civile, ne peuvent l'être à un délai moindre que vingt-quatre heures. (*Code d'instr. crim.*, *art.* 146.)

Si la personne à citer est domestique ou à gages, et par conséquent que le maître ou la personne qui l'emploie soit obligé de répondre pour lui, d'après l'article 1384 du Code civil, qui rend les maîtres responsables du fait de leurs domestiques dans les fonctions auxquelles ils les ont employés, il faut les citer tous deux ensemble, parce que le maître est tenu des condamnations pécuniaires, de l'amende, des dommages et intérêts ; et les domestiques ou gens à gages sont passibles des condamnations personnelles, c'est-à-dire de l'emprisonnement s'il est prononcé.

Si la personne à citer est mineure, il faut citer seulement les parents ou tuteurs, qui doivent en répondre, d'après l'art. 1384 du Code civil.

Si la personne à citer est un élève ou écolier d'une pension, il faut citer le maître de la pension, qui, d'après l'art. 1384 du Code civil, doit répondre des faits et actions des élèves qui lui sont confiés.

Si la contravention est poursuivie à la requête d'une partie civile, les deux parties peuvent comparaître volontairement, sans qu'il soit besoin de citation ou d'avertissement. (*Code civil*, *art.* 147.)

Avant le jour de l'audience, le maire peut, sur la réquisition du ministère public ou de la partie civile, estimer ou faire estimer les dommages, dresser ou faire dresser des procès-verbaux, faire ou ordonner tous actes requérant célérité. (*Idem*, *art.* 148.)

L'action du ministère public est indépendante de l'action civile, et le désistement ou la renonciation de la partie civile, après la citation donnée, ne peut arrêter ni suspendre son action. (*Idem*, *art.* 4.)

La personne citée doit comparaître par elle-même, ou par un fondé de procuration spéciale. (*Code d'instruction criminelle*, *art.* 152.)

L'instruction de chaque affaire doit être publique, à peine de nullité.

Elle est faite dans l'ordre suivant :

Les procès-verbaux, s'il y en a, sont lus par le greffier ;

Les témoins, s'il en a été appelé par le ministère public ou la partie civile, doivent être entendus, s'il y a lieu : la partie civile prend ses conclusions ;

La personne citée propose sa défense, et fait entendre ses témoins, si elle en a amené ou fait citer ;

Le ministère public résume l'affaire et donne ses conclusions ; la partie citée propose ses observations, si elle le juge à propos ;

Le tribunal prononce son jugement, ou renvoie à l'audience suivante au plus tard. (*Idem*, *art.* 153.)

Si la personne citée ne comparaît pas, elle est jugée par défaut.

Mais dans les trois jours de la signification du jugement par défaut, la personne condamnée peut se rendre opposante à ce jugement, par sa déclaration insérée par l'huissier au bas de la signification du jugement, ou par un acte particulier, signifié à la partie qui a obtenu le jugement.

L'opposition emporte de droit citation à la première audience, et si l'opposant n'y comparaît pas, il n'est plus reçu à l'opposition. (*Idem*, *art.* 149, 150, 151, 152.)

Les contraventions sont prouvées, ou par procès-verbal du rapport, ou par témoins, à défaut de procès-verbal ou de rapport à leur appui.

Nul ne peut être admis, à peine de nullité, à faire preuve par témoins outre ou contre le contenu aux procès-verbaux ou rapports des officiers de police ayant reçu de la loi le pouvoir de constater les contraventions jusqu'à l'inscription de faux. Quant aux procès-verbaux et rapports faits par des agents, préposés ou officiers auxquels la loi n'a pas accordé le droit d'en être crus jusqu'à inscription de faux, ils peuvent être débattus par des preuves contraires, soit écrites, soit testimoniales, si le tribunal juge à propos de les admettre. (*Code d'instruction criminelle, art.* 154.)

Les témoins font à l'audience, sous peine de nullité, le serment de dire toute la vérité, rien que la vérité, et le greffier en tient note, ainsi que de leurs noms, prénoms, âge, profession et demeure, et de leurs principales déclarations. (*Idem, art.* 155.)

Les ascendants ou descendants de la personne prévenue, frères et sœurs, ou alliés en pareil degré, la femme ou son mari, même après le divorce prononcé, ne sont ni appelés, ni reçus en témoignage ; sans néanmoins que l'audition de leur déposition puisse opérer une nullité, lorsque, soit le ministère public, soit la partie civile, soit le prévenu, ne se sont pas opposés à ce qu'elle soit reçue. (*Idem, art.* 156.)

Les témoins qui ne satisfont pas à la citation peuvent y être contraints par le tribunal, qui, à cet effet, et sur la réquisition du ministère public, prononce dans la même audience, sur le premier défaut, l'amende, et en cas d'un second défaut, la condamnation par corps. (*Idem, art.* 157.)

Le témoin ainsi condamné à l'amende sur le premier défaut, et qui, sur la seconde citation, produit devant le tribunal des excuses légitimes, peut, sur les conclusions du ministère public, être déchargé de l'amende.

Si le témoin n'est pas cité de nouveau, il peut volontairement comparaître par lui ou par un fondé de procuration spéciale à l'audience suivante, pour présenter ses excuses, et obtenir, s'il y a lieu, décharge de l'amende. (*Idem, art.* 158.)

Si le fait ne présente ni délit ni contravention

de police, le tribunal doit annuler la citation et tout ce qui aura suivi, et statuer par le même jugement sur les dommages et intérêts. (*Code d'instruction criminelle, art.* 159.)

Si le fait est un délit qui emporte une peine correctionnelle ou plus grave, le tribunal doit renvoyer les parties devant le procureur du Roi. (*Idem, art.* 160.)

Si le prévenu est convaincu de contravention de police, le tribunal doit prononcer la peine, et statuer par le même jugement sur la demande en restitution et en dommages-intérêts. (*Idem, art.* 161.)

La partie qui succombe doit être condamnée aux frais, même envers la partie publique.

Les dépens doivent être liquidés par le même jugement. (*Idem, art.* 162.)

Tout jugement définitif de condamnation doit être motivé, et les termes de la loi appliquée doivent y être insérés, à peine de nullité.

Il doit y être fait mention s'il est rendu en dernier ressort ou en première instance. (*Idem, art.* 163.)

La minute du jugement doit être signée par le maire ou l'adjoint qui a tenu l'audience, dans les vingt-quatre heures au plus tard, à peine de 25 francs d'amende contre le greffier, et de prise à partie, s'il y a lieu, tant contre le greffier que contre le maire ou l'adjoint. (*Idem, art.* 164.)

Le ministère public et la partie civile doivent poursuivre l'exécution du jugement, chacun en ce qui le concerne. (*Idem, art.* 165.)

Exécution, appel, cassation des jugements de police municipale.

Les objets dont la confiscation, suivant les dispositions de la loi, a été prononcée par le juge-

9

ment du tribunal de police municipale, doivent rester dans la maison commune, ou dans celle du maire, s'il n'y a point de maison commune, et être vendus aux enchères publiques, au plus tard dans la quinzaine, et le prix versé dans la caisse du receveur de l'enregistrement, pour être employé aux frais du tribunal. (*Loi du 22 juillet 1791.*)

Les jours d'emprisonnement prononcés sont des jours complets de vingt-quatre heures. (*Code pénal, art.* 465.)

La contrainte par corps a lieu par le paiement des amendes ; néanmoins le condamné ne peut être, pour cet objet, détenu plus de quinze jours, s'il justifie de son insolvabilité. (*Idem, art.* 467.)

La condamnation aux peines est toujours prononcée sans préjudice des restitutions, dommages et intérêts qui peuvent être dus aux parties. (*Id.*, *art.* 10.)

En cas d'insuffisance de biens, les restitutions et les indemnités dues à la partie lésée sont préférées à l'amende. (*Idem*, *art.* 168.)

Les restitutions, indemnités et frais entraînent la contrainte par corps, et le condamné doit garder prison jusqu'à parfait paiement. (*Idem*, *art.* 169.)

L'exécution des jugements doit être suivie, ou par la partie civile, ou par le ministère public.

La partie civile a droit d'agir pour obtenir les restitutions, dommages, intérêts et frais qui lui ont été adjugés, et, en conséquence, de faire signifier le jugement, avec commandement d'y satisfaire, et ce, par le ministère d'un huissier ; et, en cas de refus, d'exécuter ledit jugement, de procéder à toutes contraintes autorisées par la loi, à la saisie-arrêt, à la saisie-exécution, à la saisiebrandon, et vente des biens, meubles et effets du condamné.

Le ministère public seul a droit de requérir l'exécution du jugement, en ce qui concerne l'amende, l'emprisonnement et les frais par lui faits.

Pour la perception de l'amende et des frais, le ministère public, après avoir fait signifier le jugement au condamné par le ministère d'un huissier, doit envoyer au receveur de l'enregistrement l'extrait du jugement délivré par le greffier, afin que ce percepteur en fasse le recouvrement.

Pour l'emprisonnement, le ministère public délivre à un huissier qu'il commet à cet effet, ou à un officier de gendarmerie, l'extrait du jugement, avec ordre de le mettre à exécution, et ce, après la signification du jugement par le ministère d'huissier à la partie condamnée, et le délai de dix jours expiré depuis cette signification.

Au commencement de chaque trimestre, les maires doivent transmettre au procureur du Roi l'extrait des jugements de police qu'ils ont rendus dans le trimestre précédent, et qui ont prononcé la peine d'emprisonnement. Cet extrait doit être délivré sans frais par le greffier. (*Code d'instruction criminelle, art.* 178.)

Tous les jugements de police municipale qui ne prononcent point l'emprisonnement, et dont les condamnations d'amendes, de restitutions et de réparations civiles n'excèdent pas 5 francs, sont en dernier ressort, et ne sont pas sujets à l'appel.

Tous les jugements de police municipale qui prononcent un emprisonnement ou des amendes, des restitutions et autres réparations civiles excédant la somme de 5 francs, outre les dépens, peuvent être attaqués par la voie de l'appel. (*Id.*, *art.* 172.

L'appel des jugements de police municipale doit être interjeté dans les dix jours de la signification de ce jugement. (*Code d'instruction crim.* , *art.* 174.)

L'exécution des jugements de police municipale sujets à l'appel ne peut en conséquence avoir lieu , soit de la part du ministère public, soit de la part de la partie civile, qu'après ce délai de dix jours.

S'il y a appel, l'exécution du jugement reste suspendue. (*Idem, art.* 173.)

L'appel doit être interjeté au tribunal de police correctionnelle. (*Idem , art.* 174.)

Si l'appel est formé contre le ministère public, pour cause de condamnation à l'amende ou à l'emprisonnement, il doit être signifié par le ministère d'huissier au greffier, qui doit viser l'original, et l'officier chargé du ministère public au tribunal de police doit faire passer les pièces et le jugement rendu, avec l'acte d'appel, au procureur du Roi, pour qu'il poursuive le jugement de cet appel au tribunal de police correctionnelle.

Si l'appel est formé contre le ministère public, pour cause de condamnation à l'amende ou à l'emprisonnement, et contre une partie civile en même temps pour condamnation à restitutions, dommages et intérêts, l'acte d'appel doit être signifié à l'un et à l'autre, et cette signification de double appel indispensable peut se faire par un seul et même original.

Le ministère public et les parties peuvent, s'il y a lieu, se pourvoir en cassation contre les jugements de police municipale rendus en dernier ressort, c'est-à-dire ceux qui n'ont prononcé que des restitutions, réparations, dommages et intérêts, qui n'excèdent pas 5 fr. outre les dépens , et qui n'ont point prononcé la peine d'emprisonnement. (*Idem , art.* 177.)

Il y a lieu à se pourvoir en cassation contre les

jugements de police municipale dans les cas suivants :

Lorsque le tribunal a jugé des affaires dont la connaissance est exclusivement attribuée au juge de paix, soit comme juge de police, soit comme juge civil;

Lorsqu'il y a eu violation ou omission de quelque formalité voulue par la loi;

Lorsqu'il a été omis ou refusé de prononcer, soit sur une ou plusieurs demandes d'un accusé, soit sur une ou plusieurs réquisitions du ministère public, tendant à user d'une faculté ou d'un droit accordé par la loi, bien que la peine de nullité ne fût pas textuellement attachée à l'absence de la formalité dont l'exécution aura été demandée ou requise (*Code d'inst. crim., art.* 408);

Lorsque le jugement ne contient pas la citation et la transcription de la loi pénale qui a été appliquée (*Arrêt de la Cour de cassation, du* 11 *octobre* 1810);

Lorsque le jugement prononçant une peine aura ordonné sa proclamation hors de l'enceinte du lieu des séances. (*Idem, du 7 juillet* 1809.)

Celui qui veut se pourvoir en cassation contre un jugement du tribunal de police municipale, doit en faire sa déclaration au greffe; le greffier la transcrit sur le registre à ce destiné, et en délivre un extrait.

La déclaration de recours en cassation, dans les trois jours de sa transcription, doit être notifiée à la partie contre laquelle il est dirigé, c'est-à-dire, soit au ministère public, soit à la partie civile, soit à tous deux ensemble, selon les circonstances. (*Code d'inst. crim., art.* 417 , 418.)

Prescription en matière de police municipale.

L'action publique et l'action civile pour contravention de police sont prescrites après une année révolue, à compter du jour où elle a été commise, même lorsqu'il y a eu procès-verbal, saisie, instruction ou poursuite. Si, dans cet intervalle, il n'est point intervenu de condamnation; s'il y a eu un jugement définitif de première instance, de nature à être attaqué par la voie de l'appel, l'action publique et l'action civile se prescrivent après une année révolue, à compter de la notification de l'appel qui en aura été interjeté. (*Code d'inst. crim.*, *art.* 640.)

Les condamnations civiles prononcées par les jugements de police municipale devenus irrévocables, se prescrivent par trente ans. (*Code de procédure*, *art.* 642; *Code civil*, *art.* 2262.)

Les peines de l'amende et de l'emprisonnement prononcées par les jugements se prescrivent par deux ans. (*Code d'inst. crim.*, *art.* 639.)

De l'ordre et de la police du tribunal de police municipale.

Ceux qui assistent à l'audience doivent s'y tenir découverts, dans le respect et le silence. (*Code de procédure*, *art.* 88.)

Ce que le maire ou l'adjoint qui préside ordonne pour le maintien de l'ordre doit être exécuté ponctuellement et à l'instant. (*Idem.*)

Les parties civiles doivent s'expliquer avec modération et garder le respect qui est dû au tribunal; si elles y manquent, le maire ou l'adjoint qui tient l'audience doit d'abord les y rappeler par un avertissement; en cas de récidive, les condamner, suivant les circonstances, à une amende qui n'excède pas la somme de 10 fr. (*Idem*, *art.* 10.)

Dans le cas d'insulte ou d'irrévérence grave envers le maire ou l'adjoint qui préside, ou envers celui qui remplit les fonctions du ministère public, celui qui préside peut dresser procès-verbal et condamner à un emprisonnement de trois jours. (*Code de procédure, art.* 11.)

Lorsqu'à l'audience un ou plusieurs individus donnent des signes publics, soit d'approbation, soit d'improbation, ou excitent du tumulte de quelque manière que ce soit, le maire ou l'adjoint qui tient l'audience peut leur ordonner de sortir ; et, s'ils résistent à ses ordres, ou s'ils rentrent, il peut les faire arrêter et déposer pour vingt-quatre heures dans la maison d'arrêt, où, sur l'exhibition du procès-verbal dressé, le gardien est tenu de les recevoir. (*Code de procédure, art.* 89; *Code d'inst. crim., art.* 504.)

Si le tumulte est accompagné d'injures ou voies de fait donnant lieu à l'application ultérieure de peines correctionnelles ou de police, ces peines peuvent être, séance tenante, et immédiatement après que les faits auront été constatés, prononcées, savoir :

Celles de simple police, sans appel ;

Et celles de police correctionnelle, à la charge d'appel. (*Code d'inst. crim., art.* 505.)

Si le maire ou l'adjoint tenant le tribunal, ou l'officier remplissant les fonctions du ministère public, sont injuriés ou menacés, ou s'il s'agit de tout autre crime commis à l'audience, celui qui tient le tribunal, après avoir fait arrêter le délinquant et dressé procès-verbal, doit envoyer les pièces et le prévenu devant le procureur du Roi. (*Code de procédure civile, art.* 91; *Code d'instruction criminelle, art.* 506.)

TITRE VII.

DE LA POLICE JUDICIAIRE.

La police judiciaire recherche les crimes, les délits et contraventions, en rassemble les preuves, et en livre les auteurs aux tribunaux chargés de les punir. (*Code d'instructiou criminelle,* *art.* 8.)

La police judiciaire est exercée, sous l'autorité des cours royales,

Par les gardes champêtres et les gardes forestiers ;

Par les commissaires de police ;

Par les maires et les adjoints de maire ;

Par les procureurs du Roi et leurs substituts ;

Par les juges de paix ;

Par les officiers de gendarmerie ;

Par les commissaires généraux de police ;

Et par les juges d'instruction. (*Code d'inst. crimin., art.* 9.)

Les maires, les adjoints de maire, les commissaires de police, les officiers de gendarmerie, les gardes champêtres, les gardes forestiers étant les seuls qui doivent trouver place dans cet ouvrage, on ne fera aucune mention des autres fonctionnaires publics qui exercent la police judiciaire.

CHAPITRE PREMIER.

DES MAIRES, DES ADJOINTS, DES COMMISSAIRES DE POLICE, DES OFFICIERS DE GENDARMERIE, DES GARDES CHAMPÊTRES, DES GARDES FORESTIERS CONSIDÉRÉS COMME OFFICIERS DE POLICE JUDICIAIRE.

Des maires, des adjoints, des commissaires de police considérés comme officiers de police judiciaire.

Les maires, les adjoints de maire, les commissaires de police doivent rechercher les contraventions de police, même celles qui sont sous la surveillance spéciale des gardes forestiers et champêtres, à l'égard desquels ils ont concurrence et même prévention.

Ils reçoivent les rapports, dénonciations et plaintes relatives aux contraventions de police.

Ils doivent consigner dans des procès-verbaux rédigés à cet effet, la nature et les circonstances des contraventions, le temps et le lieu où elles auront été commises, les preuves et indices à la charge de ceux qui en seront présumés coupables. (*Code d'inst. crim.*, *art.* 12.)

Ils doivent, sans délai, envoyer au procureur du Roi les rapports, les dénonciations par eux reçus, et les procès-verbaux et autres actes par eux faits, relatifs aux contraventions de police de la compétence des tribunaux de police correctionnelle. (*Idem, art.* 53.)

Aussitôt qu'ils ont acquis la connaissance d'un crime ou d'un délit, ils sont tenus d'en donner avis sur-le-champ au procureur du Roi près le tribunal dans le ressort duquel ce crime ou ce

9*

délit a été commis, ou dans lequel le prévenu pourrait être trouvé, et de transmettre à ce magistrat tous les renseignements, procès-verbaux et actes qui y sont relatifs. (*Code d'inst. crim., art.* 29.)

Ils doivent accompagner le procureur du Roi lorsqu'il se transporte dans leur commune pour y constater un crime ou délit, faire la recherche des auteurs de ce crime ou délit, et signer au procès-verbal rédigé par ce magistrat. (*Idem, art.* 42.)

Ils reçoivent les plaintes et dénonciations de crimes et délits, et sont tenus de les envoyer sans délai au procureur du Roi. (*Idem, art.* 54.)

Dans les cas de flagrant délit, ou dans le cas de réquisition de la part d'un chef de maison, ou lorsqu'ils en sont chargés par le procureur du Roi, ils dressent les procès-verbaux, reçoivent les déclarations des témoins, font les visites et les autres actes de la compétence du procureur du Roi, qui sont nécessaires pour constater les crimes ou les délits, en découvrir les auteurs, et s'assurer de leur personne. (*Idem, art.* 49, 50, 52.)

Un crime ou délit qui vient de se commettre est un *flagrant délit.*

Est aussi réputé flagrant délit le cas où le prévenu est poursuivi par la clameur publique, et celui où le prévenu est trouvé saisi d'effets, armes, instruments ou papiers faisant présumer qu'il est auteur ou complice, pourvu que ce soit dans un temps voisin du délit. (*Idem, art.* 41.)

Dans l'exercice de leurs fonctions, les maires, les adjoints, les commissaires de police ont le droit de requérir la force publique. (*Id., art.* 25.)

Mode de procéder des maires, des adjoints et des commissaires de police, dans le cas de flagrant délit, ou lorsqu'ils en sont requis par le procureur du Roi.

Les maires, les adjoints, les commissaires de police, dans les cas de flagrant délit, lorsque le fait est de nature à entraîner une peine afflictive ou infamante, ou toutes les fois que, s'agissant d'un crime ou délit même non flagrant commis dans l'intérieur d'une maison, ils sont requis par le chef de cette maison de le constater, doivent, sans aucun retard, après en avoir averti le procureur du Roi, se transporter sur le lieu pour y dresser les procès-verbaux nécessaires, à l'effet de constater le corps du délit, son état, l'état des lieux, et pour recevoir les déclarations des personnes qui auraient été présentes ou qui auraient des renseignements à donner. (*Code d'instruct. crimin.*, *art.* 32, 46, 49, 50, 52.)

Dans ce cas, ils peuvent appeler à leurs procès-verbaux les parents, voisins, ou domestiques présumés en état de donner des éclaircissements sur le fait, recevoir leurs déclarations, les leur faire signer, et, en cas de refus de leur part, en faire mention. (*Idem*, *art.* 33.)

Ils peuvent défendre que qui que ce soit ne sorte de la maison ou s'éloigne du lieu jusqu'après la clôture du procès-verbal.

Tout contrevenant à cette défense, s'il peut être saisi, doit être conduit dans la maison d'arrêt ; la peine encourue pour la contravention est prononcée par le juge d'instruction sur les conclusions du procureur du Roi, après que le contrevenant a été cité et entendu, ou par défaut s'il ne comparaît pas, sans autre formalité ni délai, et sans opposition ni appel.

La peine ne peut excéder dix jours d'emprisonnement et 100 fr. d'amende. (*Code d'instruction criminelle*, art. 54.)

Ils doivent se saisir des armes et de tout ce qui paraîtra en avoir servi ou avoir été destiné à commettre le crime ou le délit, ainsi que de tout ce qui paraîtra en avoir été le produit; enfin, de tout ce qui pourra servir à la manifestation de la vérité : ils interpelleront le prévenu de s'expliquer sur les choses saisies qui lui seront représentées; ils dresseront du tout procès-verbal qui sera signé par le prévenu, ou mention sera faite de son refus. (*Idem*, art. 35.)

Si la nature du crime ou du délit est telle, que la preuve puisse vraisemblablement être acquise par les papiers ou autres pièces et effets en la possession du prévenu, ils doivent se transporter de suite dans le domicile du prévenu, pour y faire la perquisition des objets qu'ils jugeront utiles à la manifestation de la vérité. (*Idem*, art. 36.)

S'il existe dans le domicile du prévenu des papiers ou effets qui puissent servir à conviction ou à décharge, ils doivent en dresser procès-verbal, et se saisir desdits effets ou papiers. (*Idem*, art. 37.)

Les objets saisis doivent être clos et cachetés, si faire se peut, ou, s'ils ne sont pas susceptibles de recevoir des caractères d'écriture, être mis dans un vase ou dans un sac, sur lequel ils attacheront une bande de papier qu'ils scelleront de leur sceau ou cachet. (*Idem*, art. 38.)

Toutes les opérations ci-dessus prescrites doivent être faites en présence du prévenu, s'il est arrêté, et, s'il ne veut ou ne peut y assister, en présence d'un fondé de pouvoir qu'il peut nommer. Les objets doivent lui être présentés à l'effet de les reconnaître et de les parapher, s'il y a lieu; et en cas de refus, il doit en être fait mention au procès-verbal. (*Code d'instr. crimin.*, art. 39.)

En cas de flagrant délit, et lorsque le fait est de nature à entraîner une peine afflictive ou infamante, ils doivent faire saisir les prévenus présents, contre lesquels il existe des indices graves.

Si le prévenu n'est pas présent, ils décernent contre lui un *mandat d'amener*.

La dénonciation seule ne constitue pas une présomption suffisante pour décerner ce *mandat d'amener* contre un individu ayant domicile.

Ils doivent interroger sur-le-champ le prévenu amené devant eux. (*Idem, art.* 40.)

Les procès-verbaux des maires ou des adjoints, ou des commissaires de police, rédigés dans les cas et en exécution des articles précédents, doivent être faits en la présence et revêtus de la signature de deux citoyens domiciliés dans la commune où le crime ou le délit a été commis, à moins qu'il n'y ait pas possibilité de se procurer de suite ces deux témoins.

Chaque feuillet du procès-verbal doit être signé par le maire, par l'adjoint, ou par le commissaire de police qui aura rédigé ledit procès-verbal, et par les personnes qui y auront assisté; en cas de refus ou d'impossibilité de signer de la part de celles-ci, il doit en être fait mention audit procès-verbal. (*Idem, art.* 42.)

Au besoin, les maires, les adjoints, les commissaires de police, doivent se faire accompagner d'une ou de deux personnes, présumées, par leur art ou profession, capables d'apprécier la nature et les circonstances du crime ou délit. (*Idem, art.* 43.)

S'il s'agit d'une mort violente, ou d'une mort dont la cause soit inconnue et suspecte, ils doivent se faire assister d'un ou de deux officiers de santé, qui feront leur rapport sur les causes de la mort et sur l'état du cadavre.

Les personnes appelées dans le cas du présent article et de l'article précédent doivent prêter, devant le maire ou l'adjoint, ou le commissaire de police, serment de faire leur rapport, et de donner leur avis en leur honneur et conscience. (*Code d'instr. crimin.*, *art.* 44.)

Les maires, les adjoints, les commissaires de police, doivent transmettre sans délai au procureur du Roi les procès-verbaux, actes dressés, les effets et instruments trouvés ou saisis, et faire conduire devant lui le prévenu mis en état de mandat d'amener. (*Idem, art.* 45.)

Dans le cas où un maire, un adjoint, un commissaire de police a commencé une procédure comme officier de police judiciaire, relativement à un crime ou délit, le procureur du Roi prévenu peut la continuer ou autoriser celui qui l'a commencée à la suivre. (*Idem, art.* 51.)

Des officiers de gendarmerie considérés comme officiers de police judiciaire.

Les officiers de gendarmerie reçoivent les plaintes ou dénonciations de crimes ou délits commis dans les lieux où ils exercent leurs fonctions habituelles, et doivent, sans délai, les renvoyer au procureur du Roi de l'arrondissement où le crime ou le délit a eu lieu. (*Idem, art.* 48, 53.)

Dans les cas de flagrant délit, ou dans les cas de réquisition de la part d'un chef de maison, ils doivent dresser des procès-verbaux, recevoir les déclarations des témoins, faire des visites et autres actes nécessaires pour constater le crime ou le délit, en découvrir les auteurs, et s'assurer de leur personne : le tout cependant dans les formes et suivant les règles établies par les maires, les adjoints et commissaires de police. (*Code d'instr. crimin.*, *art.* 49.)

Des gardes champêtres et forestiers considérés comme officiers de police judiciaire.

Les gardes champêtres et les gardes forestiers, comme officiers de police judiciaire, sont chargés de rechercher, chacun dans le territoire pour lequel il est assermenté, les délits et les contraventions de police qui auront porté atteinte aux propriétés rurales et forestières.

Ils doivent dresser des procès-verbaux, à l'effet de constater la nature, les circonstances, le temps, le lieu des délits et contraventions, ainsi que les preuves et les indices qu'ils auront pu recueillir.

Ils doivent suivre les choses enlevées dans les lieux où elles auront été transportées, et les mettre en séquestre ou fourrière.

Ils ne peuvent néanmoins s'introduire dans les maisons, ateliers, bâtiments, cours adjacentes, et enclos, si ce n'est en présence soit du juge de paix du canton, soit de son suppléant, soit du maire, soit de l'adjoint, soit du commissaire de police de la commune, et leurs procès-verbaux doivent être signés par celui en présence duquel ils auront été faits.

Ils doivent arrêter et conduire devant le juge de paix ou devant le maire, tout individu surpris en flagrant délit, ou dénoncé par la clameur publique, lorsque ce délit emporte la peine d'emprisonnement ou une peine plus grave.

Ils peuvent, toutes les fois qu'ils en ont besoin pour arrêter et conduire des coupables devant le juge compétent, se faire donner main-forte par le maire ou l'adjoint, qui ne peut la leur refuser. (*Idem*, *art.* 16.)

Les gardes champêtres et forestiers , comme officiers de police judiciaire, sont sous la surveillance du procureur du Roi , sans préjudice de leur subordination à l'égard de leurs supérieurs dans l'administration. (*Code d'instr. crimin., art.* 17.)

Leurs procès-verbaux, lorsqu'il s'agit d'un délit de nature à mériter une peine correctionnelle, doivent être envoyés au procureur du Roi du tribunal de l'arrondissement où le délit a été commis. (*Idem, art.* 20.)

CHAPITRE II.

DES DÉNONCIATIONS ET DES PLAINTES.

Des dénonciations.

La dénonciation est une déclaration de crime ou délit quelconque, avec indication du coupable ou du prévenu , et les renseignements relatifs aux moyens employés pour le commettre , au temps et au lieu où il a été commis , faite par tout autre personne que celle qui en a souffert.

Les dénonciations doivent être rédigées par les dénonciateurs ou par leurs fondés de procuration spéciale et authentique, ou par le maire , ou l'adjoint , ou le commissaire de police , ou l'officier de gendarmerie qui les reçoit, lorsqu'il est requis de le faire.

Les dénonciations doivent être signées à chaque feuillet par les officiers de police judiciaire qui les reçoivent , et par les dénonciateurs ou par leurs fondés de pouvoir.

Si les dénonciateurs ou leurs fondés de pouvoir ne savent ou ne veulent pas signer , il en doit être fait mention.

La procuration du dénonciateur doit toujours demeurer annexée à la dénonciation.

Le dénonciateur peut se faire délivrer, mais à ses frais, une copie de sa dénonciation. (*Code d'instruct. crimin.*, *art.* 31.)

Des plaintes.

La plainte est une déclaration de crime ou de délit quelconque commis ou essayé de commettre, avec tous les renseignements et toutes les circonstances propres à en faire connaître la nature et le caractère, et à découvrir les auteurs, s'ils sont indiqués, faite par une personne qui en a directement souffert.

Les plaintes, comme les dénonciations, doivent être rédigées par les plaignants et signées à chaque feuillet par eux et l'officier de police judiciaire qui les reçoit.

Elles peuvent être rédigées par l'officier de police judiciaire, s'il en est requis.

Elles peuvent être présentées par un fondé de procuration spéciale et authentique, laquelle procuration reste annexée à chaque plainte.

Si les plaignants ou leurs fondés de procuration ne savent ou ne veulent signer, l'officier de police judiciaire en doit faire mention.

Les plaignants peuvent par leur plainte se constituer partie civile, s'ils le veulent, et conclure envers le coupable ou le prévenu en dommages et intérêts.

Les plaignants peuvent se faire délivrer, mais à leurs frais, une copie de leur plainte.

Les plaignants peuvent se départir de leur plainte dans les vingt-quatre heures. (*Idem*, *art.* 31, 63, 66.)

CHAPITRE III.

DES PROCÈS-VERBAUX ET RAPPORTS.

Les procès-verbaux et rapports des officiers de police judiciaire sont des actes qui servent à constater les crimes, les délits et les contraventions.

Ces procès-verbaux ou rapports font foi en justice jusqu'à l'inscription en faux, et nul n'est admis à faire preuve par témoins outre et contre leur contenu. (*Code d'instruction criminelle* , art. 154.)

Les procès-verbaux et rapports des gardes champêtres auxquels la loi n'a pas accordé le droit d'être crus jusqu'à l'inscription de faux, peuvent être débattus par des preuves contraires, soit écrites, soit testimoniales, si toutefois le tribunal juge à propos de les admettre. (*Idem.*)

Les procès-verbaux et rapports doivent être rédigés sur papier timbré. (*Loi du* 13 *brumaire an* 7.)

Les procès-verbaux de la gendarmerie royale se font sur papier libre. (*Loi du* 28 *germinal an* 6.)

Les procès-verbaux et rapports doivent être clairs et précis ; ils doivent contenir :

1º L'an, le mois, le jour, l'heure, soit avant soit après midi, où ils ont été faits ;

2º Les noms, qualité et demeure de l'officier public qui les rédige ;

3º La nature, les circonstances des crimes, des délits, des contraventions, le lieu, l'heure où ils ont été commis ou découverts ;

4º Les noms, l'âge, la profession, la qualité, le domicile de ceux qui ont été trouvés ou surpris commettant le crime, ou le délit, ou la contravention, ou qui sont présumés l'avoir commis ;

5o Les interpellations, questions faites aux délinquants, leurs réponses ou refus de répondre ;

6o Les noms et domiciles des témoins, s'il y en a d'entendus ; questions et interrogatoires qui leur ont été faits, et les réponses reçues ;

7o Les perquisitions et visites qui ont pu avoir lieu ;

8o La saisie ou séquestre, ou le scellé des objets ayant servi au crime, ou délit, ou contravention ;

9o La mise en fourrière des animaux qui étaient la cause du délit ou de la contravention ;

10o Les recherches inutiles faites pour découvrir et arrêter les auteurs des crimes, ou délits, ou contraventions ;

11o Les noms et domicile des personnes présentes au procès-verbal, qui ont signé, ou qui, interpellées de signer, ont refusé, s'il s'en est trouvé ;

12o La signature du délinquant, s'il l'a donnée, ou la mention de son refus après interpellation, enfin la signature de l'officier public qui a rédigé le procès-verbal ou rapport.

Dans l'exercice de leurs fonctions, comme lors de la rédaction de leurs procès-verbaux, les officiers de police judiciaire doivent porter les marques distinctives ou décorations qui leur sont accordées par la loi, tant pour les faire reconnaître que pour imprimer le respect qui leur est dû.

Cependant un arrêt de la Cour de cassation, du 6 juin 1807, a prononcé qu'un procès-verbal de commissaire de police constatant une contravention à des règlements de police était régulier, quoique cet officier de police ne fût pas décoré.

Les procès-verbaux des gardes champêtres doivent être enregistrés et affirmés dans les trois jours.

Les procès-verbaux des maires, des adjoints, des commissaires de police, des officiers de gendarmerie et gendarmes, doivent pareillement être enregistrés dans les trois jours, mais *en débet*. (*Loi du 22 frimaire an 7.*)

La Cour de cassation, par arrêt du premier septembre 1809, a prononcé que les adjoints de maire n'avaient pas besoin de faire mention dans leurs procès-verbaux qu'ils agissaient en l'absence ou par l'empêchement du maire, vu que l'emploi de cette formule n'est ordonné par aucune loi.

CHAPITRE IV.

DE LA NÉGLIGENCE, DES CRIMES ET DÉLITS DES OFFICIERS DE POLICE JUDICIAIRE DANS L'EXERCICE DE LEURS FONCTIONS.

Tout officier de police judiciaire est responsable de sa négligence dans l'exercice de ses fonctions ; il est, à cet égard, sous la surveillance spéciale des procureurs généraux près les cours royales.

En cas de négligence dans leurs fonctions, ces officiers de police judiciaire sont avertis par le procureur général, et cet avertissement est consigné par lui sur un registre tenu à cet effet.

S'il y a récidive de négligence de la part de ces officiers de police judiciaire, le procureur général les dénonce à la cour, et, sur l'autorisation de la cour, il les fait citer à la chambre du conseil.

La cour alors leur enjoint d'être plus exacts à l'avenir, et les condamne aux frais tant de la citation que de l'expédition et de la signification de l'arrêt.

Il y a récidive lorsque l'officier de police judiciaire est requis, pour quelque affaire que ce soit, avant l'expiration d'une année, à compter du jour de l'avertissement consigné sur le registre. (*Code d'instruction criminelle, art.* 279, 280, 281, 282.)

Lorsqu'un officier de police judiciaire est prévenu d'avoir commis, dans l'exercice de ses fonctions, un délit emportant une peine correctionnelle, le procureur général le fait citer devant la cour royale, qui prononce sans qu'il puisse y avoir appel.

Si cet officier de police judiciaire est prévenu d'avoir commis, dans l'exercice de ses fonctions, un crime emportant la peine de forfaiture ou autre plus grave, les fonctions ordinairement dévolues au juge d'instruction et au procureur du Roi sont remplies par le premier président et le procureur général près la cour royale, chacun en ce qui le concerne, ou par tels autres officiers qu'ils désignent respectivement et spécialement à cet effet. Le corps du délit est constaté par tout officier de police judiciaire, et la procédure se fait suivant les dispositions générales du *Code d'inst. crim.* (*Idem, art.* 483, 484.)

TITRE VIII.

DE LA POLICE MILITAIRE.

———

GARDE NATIONALE.

EXTRAIT de la loi du **22 mars 1831**, concernant les attributions spéciales des maires, des adjoints et des conseils municipaux, relatives à l'organisation et au service de la garde nationale.

Art. 6. Les gardes nationales sont placées sous l'autorité des maires, des sous-préfets, des préfets et du ministre de l'intérieur.

Lorsque la garde nationale sera réunie en tout ou en partie au chef-lieu du canton, ou dans une autre commune que le chef-lieu du canton, elle sera sous l'autorité du maire de la commune où sa réunion aura lieu d'après les ordres du sous-préfet ou du préfet.

7. Les citoyens ne pourront ni prendre les armes, ni se rassembler en état de gardes nationales, sans l'ordre des chefs immédiats, ni ceux-ci donner cet ordre sans une réquisition de l'autorité civile, dont il sera donné communication à la tête de la troupe.

8. Aucun officier ou commandant de poste de la garde nationale ne pourra faire distribuer des cartouches aux citoyens armés, si ce n'est en cas de réquisition précise, autrement il demeurera responsable des événements.

11. Le service de la garde nationale est incompatible avec les fonctions des magistrats qui ont le droit de requérir la force publique.

14. Les Français appelés au service de la garde nationale seront inscrits sur un registre matricule établi dans chaque commune.

A cet effet, des listes de recensement seront dressées par le maire et revisées par un conseil de recensement, comme il est dit ci-après.

Ces listes seront déposées au secrétariat de la mairie ; les citoyens seront avertis qu'ils peuvent en prendre connaissance.

15. Il y aura au moins un conseil de recensement par commune dans les communes rurales. Et dans les villes qui ne forment pas plus d'un canton, le conseil municipal, présidé par le maire, remplira les fonctions du conseil de recensement.

Dans les villes qui renferment plusieurs cantons, le conseil municipal pourra s'adjoindre un certain nombre de personnes choisies à nombre égal, dans les divers quartiers, parmi les citoyens qui sont ou seront appelés à faire le service de la garde nationale.

Le conseil municipal et les membres adjoints pourront se subdiviser, suivant les besoins, en autant de conseils de recensement qu'il y aura d'arrondissements.

Dans ce cas, l'un des conseils sera présidé par le maire ; chacun des autres le sera par l'adjoint ou par le membre du conseil municipal délégué par le maire.

Ces conseils seront composés de huit membres au moins.

A Paris, il y aura par arrondissement un conseil de recensement présidé par le maire de l'arrondissement, et composé de huit membres choisis par lui, comme il est dit au troisième paragraphe de cet article.

18. Dans le courant de chaque année, le maire notera en marge du registre matricule les muta-

tions provenant 1° des décès; 2° des changements de résidence; 3° des actes en vertu desquels les personnes désignées dans les art. 13, 14 et 16, auraient cessé d'être soumises au service de la garde nationale, ou en seraient exclues.

Le conseil de recensement, sur le vu des pièces justificatives, en prononcera, s'il y a lieu, la radiation.

Le registre matricule, déposé au secrétariat de la mairie, sera communiqué à tout habitant de la commune qui en fera la demande au maire.

73. Le règlement relatif au service ordinaire, aux revues et aux exercices, sera arrêté par le maire sur la proposition du commandant de la garde nationale, et approuvé par le sous-préfet.

Les chefs pourront, en se conformant à ce règlement, et sans réquisition particulière, mais après en avoir prévenu l'autorité municipale, faire toutes les dispositions et donner tous les ordres relatifs au service ordinaire, aux revues et aux exercices.

Dans les villes de guerre, la garde nationale ne pourra prendre les armes ni sortir des barrières qu'après que le maire en aura informé par écrit le commandant de place.

74. Lorsque la garde nationale des communes sera organisée en bataillons cantonaux, le règlement sur les exercices et revues sera arrêté par le sous-préfet, sur la proposition de l'officier le plus élevé en grade du canton, et l'avis des maires.

79. La garde nationale est placée, pour son administration et sa comptabilité, sous l'autorité administrative et municipale.

Les dépenses de la garde nationale sont votées, réglées et surveillées comme toutes les autres dépenses municipales.

80. Il y aura dans chaque légion ou dans chaque

bataillon, formé par les gardes nationaux d'une même commune, un conseil d'administration chargé de présenter annuellement au maire l'état des dépenses nécessaires, et de viser les pièces justificatives de l'emploi fait des fonds.

Le conseil sera composé du commandant de la garde nationale, qui présidera, et de six membres choisis parmi les officiers, sous-officiers et gardes nationaux.

Il y aura également, par bataillon cantonal, un conseil d'administration chargé des mêmes fonctions, et qui devra présenter au sous-préfet l'état des dépenses résultant de la formation du bataillon.

Dans les communes où la garde nationale comprendra une ou plusieurs compagnies non réunies en bataillon, l'état des dépenses sera soumis au maire par le commandant de la garde nationale.

81. Les dépenses ordinaires de la garde nationale sont :

1o Les frais d'achat des drapeaux, des tambours et des trompettes ;

2o La partie d'entretien des armes qui ne sera pas à la charge individuelle des gardes nationaux ;

3o Les frais de registres, papiers, contrôles, billets de garde, et tous les menus frais de bureau qu'exigera le service de la garde nationale.

Les dépenses extraordinaires sont :

1o Dans les villes qui, d'après l'article 64, recevront un commandant supérieur, les frais d'indemnité pour dépenses indispensables de ce commandant et de son état-major ;

2o Dans les communes et les cantons où seront formés des bataillons ou légions, les appointements des majors, adjudants-majors et adjudants-

10

sous-officiers, si ces fonctions ne peuvent pas être exercées gratuitement ;

3° L'habillement et la solde des tambours et trompettes.

Les conseils municipaux jugeront de la nécessité de ces dépenses.

Lorsqu'il sera créé des bataillons cantonaux, la répartition de la portion afférente à chaque commune du canton, dans les dépenses du bataillon, autres que celles des compagnies, sera faite par le préfet en conseil de préfecture, après avoir pris l'avis des conseils municipaux.

103. Le sous-préfet choisira l'officier ou les sous-officiers rapporteurs et secrétaires du conseil de discipline, sur les listes de trois candidats désignés par le chef de la légion, ou, s'il n'y a point de légion, par le chef de bataillon.

Dans les communes où il n'y a pas de bataillon, des listes de candidats seront dressées par le plus ancien capitaine. Les rapporteurs, rapporteurs-adjoints, secrétaires et secrétaires-adjoints, seront nommés pour trois ans : ils pourront être réélus.

Le préfet, sur le rapport des maires et des chefs de corps, pourra les révoquer ; il sera, dans ce cas, procédé immédiatement à leur remplacement.

112. Les rapports, procès-verbaux ou plaintes constatant des faits qui donneraient lieu à la mise en jugement, devant le conseil de discipline, du commandant de la garde nationale d'une commune, seront adressés au maire, qui en référera au sous-préfet. Celui-ci procédera à la composition du conseil de discipline, conformément à l'article 100.

127. La garde nationale doit fournir des détachements dans les cas suivants :

1° Fournir par détachement, en cas d'insuffisance de la gendarmerie et de la troupe de ligne, le nombre d'hommes nécessaire pour escorter d'une ville à l'autre les convois de fonds ou d'effets appartenant à l'Etat, et pour la conduite des accusés, des condamnés et autres prisonniers ;

2° Fournir des détachements pour porter secours aux communes, arrondissements et départements voisins qui seraient troublés ou menacés par des émeutes ou des séditions ou par l'incursion de voleurs, brigands et autres malfaiteurs.

128. Lorsqu'il faudra porter secours d'un lieu dans un autre, pour le maintien ou le rétablissement de l'ordre et de la paix publique, des détachements de la garde nationale, en service ordinaire, seront fournis, afin d'agir dans toute l'étendue de l'arrondissement, sur la réquisition du sous-préfet ; dans toute l'étendue du département, sur la réquisition du préfet ; enfin, s'il faut agir hors du département, sur l'ordonnance du Roi.

En cas d'urgence, et sur la demande écrite du maire d'une commune en danger, les maires des communes limitrophes, sans distinction de département, pourront néanmoins requérir un détachement de la garde nationale de marcher immédiatement sur le point menacé, sauf à rendre compte, dans le plus bref délai, du mouvement et des motifs à l'autorité supérieure.

Dans tous ces cas, les détachements de la garde nationale ne cesseront pas d'être sous l'autorité civile. L'autorité militaire ne prendra le commandement des détachements de la garde nationale, pour le maintien de la paix publique, que sur la réquisition de l'autorité administrative.

Dispositions anciennes.

Tous les citoyens valides, âgés de seize à

soixante ans, sont appelés à faire partie de la garde nationale, excepté les membres du corps législatif, les préfets, sous-préfets, juges des tribunaux, les suppléants, les procureurs du Roi et leurs substituts, les juges de paix, leurs greffiers en chef, les maires et adjoints, les commissaires des guerres, directeurs des postes aux lettres, courriers de malle et postillons de postes aux chevaux; les étrangers non naturalisés, les concierges et guichetiers des maisons d'arrêt, les exécuteurs des jugements criminels. (*Loi des 14 octobre* 1791, 27 *ventôse an* 8.)

Par suite de cette disposition, aucune des personnes ci-dessus nommées ne doit ni le service ni la taxe de remplacement; mais tout autre individu qui, commandé pour un service, ne se présenterait pas en personne, ou ne se ferait pas remplacer, serait dans le cas d'être soumis à une taxe de remplacement de la valeur d'une ou de deux journées de travail. (*Loi du 14 octobre* 1791.)

C'est aux maires qu'il appartient de faire l'application de cet article de la loi, sauf le recours aux autorités supérieures; c'est aussi à eux à ordonner le recouvrement de la taxe, qui se fait au moyen d'un rôle rendu exécutoire par le préfet.

Le produit des taxes est employé à payer les remplaçants fournis par le commandant de bataillon. (*Arrêté du gouvernement, du* 13 *floréal an* 7.)

Il y a plus; l'art. 42 de la loi du 27 juillet, 3 août 1791, statuant pour les cas où il s'agit de *service extraordinaire*, porte : « Les citoyens en activité de service de garde nationale, ou même simplement inscrits sur les rôles, qui refuseraient, après une réquisition légale, soit de marcher, soit de se faire remplacer, soit d'obéir à un ordre conforme aux lois, pourront, selon la gravité des circonstances, être condamnés à un *emprisonnement qui ne pourra excéder un an.* » Et l'article suivant ajoute : « Les délits mentionnés en l'article précédent seront poursuivis par la voie de *police correctionnelle.* » *Voyez* un arrêté du Directoire exécutif, du 26 nivôse an 6, qui règle l'exécution de cette loi.

Les huissiers ne sont pas exempts du service de la garde nationale. (*Arrêt de cassat., du 23 juin 1809.*)

Les maires veillent à l'organisation, au service et à la tenue de la garde nationale sédentaire. (*Ordonnance du 30 septembre 1818.*)

La garde nationale ne peut jamais se rassembler sans réquisition, et, lorsqu'elle est légalement requise, elle ne doit qu'obéir : ses chefs se mettraient dans le cas d'être poursuivis devant la cour de justice criminelle, s'ils se refusaient d'exécuter les réquisitoires qui leur sont adressés par l'autorité compétente. (*Arrêté du 13 floréal an 7.*)

Elle doit être requise pour la réception de Sa Majesté, des princes, des ministres, etc., lorsque leurs voyages ont été annoncés officiellement. (*Décret du 24 messidor an 12.*)

RECRUTEMENT, ARMÉE.

Dispositions générales.

Art. 1er. L'armée se recrute par des appels et des engagements volontaires, conformément aux règles prescrites ci-après.

Art. 2. Nul ne sera admis à servir dans les troupes françaises s'il n'est Français.

Tout individu né en France de parents étrangers sera soumis aux obligations imposées par la présente loi, immédiatement après qu'il aura été admis à jouir du bénéfice de l'art. 9 du Code civil.

Seront exclus du service militaire, et ne pourront, à aucun titre, servir dans l'armée,

1º Les individus qui ont été condamnés à une peine afflictive ou infamante ;

2º Ceux condamnés à une peine correctionnelle de deux ans d'emprisonnement et au-dessus, et qui en outre ont été placés par le jugement de condamnation sous la surveillance de la haute police, et interdits des droits civiques, civils et de famille.

Art. 3. L'armée se compose, dans les proportions qui résultent des lois annuelles de finance et du contingent,

1º De l'effectif entretenu sous les drapeaux ;

2º Des hommes qui sont laissés ou envoyés en congé dans leurs foyers.

Des appels.

Art. 4. Le tableau de la répartition, entre les départements, du nombre d'hommes à fournir, en vertu de la loi annuelle du contingent, pour les troupes de terre et de mer, sera annexé à ladite loi.

Le mode de cette répartition sera fixé par la même loi.

Art. 5. Le contingent assigné à chaque canton sera fourni par un tirage au sort entre les jeunes Français qui auront leur domicile légal dans le canton, et qui auront atteint l'âge de vingt ans révolus dans le courant de l'année précédente.

Art. 6. Seront considérés comme légalement domiciliés dans le canton,

1º Les jeunes gens, même émancipés, engagés, établis au-dehors, expatriés, absents ou détenus, si d'ailleurs leur père, mère ou tuteur ont leur domicile dans une des communes du canton, ou s'ils sont fils d'un père expatrié qui avait son dernier domicile dans une desdites communes ;

2° Les jeunes gens mariés, dont le père, ou la mère à défaut de père, sont domiciliés dans le canton, à moins qu'ils ne justifient de leur domicile réel dans un autre canton ;

3° Les jeunes gens mariés et domiciliés dans le canton, alors même que leur père ou leur mère n'y seraient pas domiciliés ;

4° Les jeunes gens nés et résidant dans le canton, qui n'auraient ni leur père, ni leur mère, ni tuteur ;

5° Les jeunes gens résidant dans le canton qui ne seraient dans aucun des cas précédents, et qui ne justifieraient pas de leur inscription dans un autre canton.

Art. 7. Seront, d'après la notoriété publique, considérés comme ayant l'âge requis pour le tirage, les jeunes gens qui ne pourront produire, ou n'auront pas produit, avant le tirage, un extrait des registres de l'état civil, constatant un âge différent, ou qui, à défaut de registres, ne pourront prouver ou n'auront pas prouvé leur âge, conformément à l'article 46 du Code civil.

Ils suivront la chance du numéro qu'ils auront obtenu.

Art. 8. Les tableaux de recensement des jeunes gens du canton, soumis au tirage d'après les règles précédentes, seront dressés par les maires,

1° Sur la déclaration à laquelle seront tenus les jeunes gens, leurs parents ou tuteurs ;

2° D'office, d'après les registres de l'état civil et tous autres documents ou renseignements.

Ils seront ensuite publiés et affichés dans chaque commune, et dans les formes prescrites par les articles 63 et 64 du Code civil.

Un avis publié dans les mêmes formes indiquera les lieu, jour et heure où il sera procédé à l'examen desdits tableaux, et à la désignation, par le sort, du contingent cantonal.

Art. 9. Si, dans l'un des tableaux de recensement des années précédentes, des jeunes gens ont été omis, ils seront inscrits sur le tableau de l'année qui suivra celle où l'omission aura été découverte, à moins qu'ils n'aient trente ans accomplis.

Art. 10. Dans les cantons composés de plusieurs communes, l'examen des tableaux de recensement et le tirage au sort auront lieu au chef-lieu de canton, en séance publique, devant le sous-préfet, assisté des maires du canton. Dans les communes qui forment un ou plusieurs cantons, le sous-préfet sera assisté du maire et de ses adjoints.

Le tableau sera lu à haute voix. Les jeunes gens, leurs parents ou ayant-cause seront entendus dans leurs observations. Le sous-préfet statuera, après avoir pris l'avis des maires. Le tableau rectifié, s'il y a lieu, et définitivement arrêté, sera revêtu de leurs signatures.

Dans les cantons composés de plusieurs communes, l'ordre dans lequel elles seront appelées pour le tirage sera, chaque fois, indiqué par le sort.

Art. 11. Le sous-préfet inscrira en tête de la liste du tirage les noms des jeunes gens qui se trouveront dans le cas prévu par le second paragraphe de l'article 38 ci-après.

Les premiers numéros leur seront attribués de droit; ces numéros seront en conséquence extraits de l'urne avant l'opération du tirage.

Art. 12. Avant de commencer l'opération du tirage, le sous-préfet comptera publiquement les numéros déposés dans l'urne; et, après s'être assuré que ce nombre est égal à celui des jeunes gens à y concourir, il en fera la déclaration à haute voix.

Aussitôt après, chacun des jeunes gens appelés dans l'ordre du tableau prendra dans l'urne un numéro qui sera immédiatement proclamé et inscrit. Les parents des absents, ou, à leur défaut, le maire de leur commune, tireront à leur place.

L'opération du tirage achevée sera définitive : elle ne pourra, sous aucun prétexte, être recommencée, et chacun gardera le numéro qu'il aura tiré.

La liste, par ordre de numéros, sera dressée au fur et à mesure du tirage. Il y sera fait mention des cas et des motifs d'exemption ou de déduction que les jeunes gens ou leurs parents, ou les maires des communes, se proposeront de faire valoir devant le conseil de révision dont il sera parlé ci-après. Le sous-préfet y ajoutera ses observations.

La liste du tirage sera ensuite lue, arrêtée et signée de la même manière que le tableau de recensement, et annexée avec ledit tableau au procès-verbal des opérations. Elle sera publiée et affichée dans chaque commune du canton.

Des exemptions.

Art. 13. Seront exemptés et remplacés, dans l'ordre des numéros subséquents, les jeunes gens que leur numéro désignera pour faire partie du contingent, et qui se trouveront dans un des cas suivants, savoir :

1º Ceux qui n'auront pas la taille d'un mètre cinquante-six centimètres ;

2º Ceux que leurs infirmités rendront impropres au service ;

3º L'aîné d'orphelins de père et de mère ;

4º Le fils unique ou l'aîné des fils, ou, à défaut

de fils et de gendre, le petit-fils unique ou l'aîné des petits-fils d'une femme actuellement veuve, ou d'un père aveugle ou entré dans sa soixante-dixième année.

Dans les cas prévus par les paragraphes ci-dessus notés 3º et 4º, le frère puîné jouira de l'exemption, si le frère aîné est aveugle ou atteint de toute autre infirmité incurable qui le rende impotent;

5º Le plus âgé de deux frères appelés à faire partie du même tirage, et désignés tous deux par le sort, si le plus jeune est reconnu propre au service;

6º Celui dont un frère sera sous les drapeaux à tout autre titre que pour remplacement;

7º Celui dont un frère sera mort en activité de service, ou aura été réformé, ou admis à la retraite pour blessures reçues dans un service commandé, ou infirmités contractées dans les armées de terre ou de mer.

L'exemption accordée conformément aux nos 6 et 7 ci-dessus sera appliquée dans la même famille autant de fois que les mêmes droits s'y reproduiront.

Seront comptées néanmoins en déduction lesdites exemptions déjà accordées aux frères vivants, en vertu du présent article, à tout autre titre que pour infirmité.

Le jeune homme omis, qui ne se sera pas présenté, par lui ou ses ayant-cause, pour concourir au tirage de la classe à laquelle il appartenait, ne pourra réclamer le bénéfice des exemptions indiquées par les nos 3, 4, 5, 6 et 7 du présent article, si les causes de ces exemptions ne sont survenues que postérieurement à la clôture des listes du contingent de sa classe.

Art. 14. Seront considérés comme ayant satisfait à l'appel et comptés numériquement en déduction du contingent à former, les jeunes gens désignés par leur numéro pour faire partie dudit contingent qui se trouveront dans l'un des cas suivants :

1o Ceux qui seraient déjà liés au service, dans les armées de terre et de mer, en vertu d'un engagement volontaire, d'un brevet ou d'une commission, sous la condition qu'ils seront, dans tous les cas, tenus d'accomplir le temps de service prescrit par la présente loi ;

2o Les jeunes marins portés sur les registres matricules de l'inscription maritime, conformément aux règles prescrites par les articles 1, 2, 4 et 5 de la loi du 25 octobre 1795 (3 brumaire an 4), et les charpentiers de navire, perceurs, voiliers et calfats immatriculés, conformément à l'art. 44 de ladite loi ;

3o Les élèves de l'école polytechnique, à condition qu'ils passeront, soit dans ladite école, soit dans les services publics, un temps égal à celui fixé par la présente loi pour le service militaire ;

4o Ceux qui, étant membres de l'instruction publique, auraient contracté avant l'époque déterminée pour le tirage au sort, et devant le conseil de l'université, l'engagement de se vouer à la carrière de l'enseignement ;

La même disposition est applicable aux élèves de l'école normale centrale de Paris, à ceux de l'école dite *de jeunes de langue*, et aux professeurs des institutions royales des sourds-muets ;

5o Les élèves des grands séminaires régulièrement autorisés à continuer leurs études ecclésiastiques ; les jeunes gens autorisés à continuer leurs études pour se vouer au ministère dans les autres cultes salariés par l'Etat, sous la condition, pour les premiers, que, s'ils ne sont pas entrés dans les ordres majeurs à vingt-cinq ans accomplis, et pour les seconds, que s'ils n'ont pas reçu la consécration dans l'année qui suivra celle où ils auraient pu la recevoir, ils seront tenus d'accomplir le temps de service prescrit par la présente loi ;

6º Les jeunes gens qui auront remporté les grands prix de l'Institut ou de l'Université.

Les jeunes gens désignés par leur numéro pour faire partie du contingent cantonal, et qui en auront été déduits conditionnellement en exécution des nos 1, 3, 4 et 5 du présent article, lorsqu'ils cesseront de suivre la carrière en vue de laquelle ils auront été comptés en déduction du contingent, seront tenus d'en faire la déclaration au maire de leur commune dans l'année où ils auront cessé leurs services, fonctions ou études, et de retirer expédition de leur déclaration.

Faute par eux de faire cette déclaration, et de la soumettre au visa du préfet du département dans le délai d'un mois, ils seront passibles des peines prononcées par le premier paragraphe de l'article 38 de la présente loi.

Ils seront rétablis dans le contingent de leurs classes, sans déduction du temps écoulé depuis la cessation desdits services, fonctions ou études, jusqu'au moment de la déclaration.

Du conseil de révision.

Art. 15. Les opérations du recrutement seront revues, les réclamations auxquelles ces opérations auraient pu donner lieu seront entendues, et les causes d'exemption et de déduction seront jugées en séance publique, par un conseil de révision composé,

Du préfet, président, ou, à son défaut, du conseiller de préfecture qu'il aura délégué ;

D'un conseiller de préfecture ;

D'un membre du conseil général du département;

D'un membre du conseil de l'arrondissement, tous trois à la désignation du préfet ;

D'un officier général ou supérieur désigné par le Roi.

Un membre de l'intendance militaire assistera aux opérations du conseil de révision : il sera entendu toutes les fois qu'il le demandera, et pourra faire consigner ses observations aux registres des délibérations.

Le conseil de révision se transportera dans les divers cantons ; toutefois, suivant les localités, le préfet pourra réunir dans le même lieu plusieurs cantons pour les opérations du conseil.

Le sous-préfet, ou le fonctionnaire par lequel il aurait été suppléé, pour les opérations du tirage, assistera aux séances que le conseil de révision tiendra dans l'étendue de son arrondissement.

Il y aura voix consultative.

Art. 16. Les jeunes gens qui, d'après leurs numéros, pourront être appelés à faire partie du contingent, seront convoqués, examinés et entendus par le conseil de révision.

S'ils ne se rendent point à la convocation, ou s'ils ne se font pas représenter, ou s'ils n'obtiennent pas un délai, il sera procédé comme s'ils étaient présents.

Dans les cas d'exemption pour infirmités, les gens de l'art seront consultés.

Les autres cas d'exemption ou de déduction seront jugés sur la production de documents authentiques, ou, à défaut de documents, sur des certificats signés de trois pères de famille domiciliés dans le même canton, dont les fils sont soumis à l'appel ou ont été appelés. Ces certificats devront en outre être signés et approuvés par le maire de la commune du réclamant.

Art. 17. Le conseil de révision statuera également sur les substitutions de numéros et les demandes de remplacement.

Art. 18. Les substitutions de numéros sur la liste cantonale pourront avoir lieu, si celui qui se présente à la place de l'appelé est reconnu propre au service par le conseil de révision.

Des remplacements.

Art. 19. Les jeunes gens compris définitivement dans le contingent cantonal pourront se faire remplacer.

Le remplacement ne pourra avoir lieu qu'aux conditions suivantes.

Le remplaçant devra,

1o Être libre de tout service et obligations imposées soit par la présente loi, soit par celle du 25 octobre 1795 sur l'inscription maritime ;

2o Être âgé de vingt à trente ans au plus, ou de vingt à trente-cinq, s'il a été militaire, ou de dix-huit à trente, s'il est frère du remplacé ;

3o N'être ni marié, ni veuf avec enfants ;

4o Avoir au moins la taille d'un mètre cinquante-six centimètres, s'il n'a pas déjà servi dans l'armée, et réunir les autres qualités requises pour faire un bon service ;

5o N'avoir pas été réformé du service militaire ;

6o Suivant sa position, être porteur des certificats spécifiés dans les articles 20 et 21 ci-après.

Art. 20. Le remplaçant produira un certificat délivré par le maire de la commune de son dernier domicile. Si le remplaçant ne compte pas au moins une année de séjour dans cette commune, il sera tenu d'en produire également un autre du maire de la commune ou des maires des communes où il aura été domicilié pendant le cours de cette année.

Les certificats devront contenir le signalement du remplaçant, et attester :

1º La durée du temps pendant lequel il a été domicilié dans la commune ;

2º Qu'il jouit de ses droits civils ;

3º Qu'il n'a jamais été condamné à une peine correctionnelle pour vol, escroquerie, abus de confiance, ou attentat aux mœurs.

Dans le cas où le maire de la commune ne connaîtrait pas l'individu qui fera la demande de ce certificat, il devra en constater légalement l'identité, et recueillir les preuves et témoignages qu'il jugera convenables pour arriver à la connaissance de la vérité.

Art. 21. Si le remplaçant a été militaire, outre le certificat du maire, il devra produire un certificat de bonne conduite du corps dans lequel il aura servi.

Art. 22. Le remplaçant sera admis par le conseil de révision du département dans lequel le remplacé a concouru au tirage.

Art. 23. Le remplacé sera, pour le cas de désertion, responsable de son remplaçant pendant un an, à compter du jour de l'acte passé devant le préfet. Il sera libéré si le remplaçant meurt sous les drapeaux, ou si, en cas de désertion, il est arrêté pendant l'année.

Art. 24. Les actes de substitution et de remplacement seront reçus par le préfet, dans les formes prescrites pour les actes administratifs.

Les stipulations particulières qui pourront avoir lieu entre les contractants, à l'occasion des substitutions et remplacements, seront soumises aux mêmes règles et formalités que tout autre contrat civil.

Art. 25. Hors les cas prévus ci-après, articles 26 et 27, les décisions du conseil de révision seront définitives.

Art. 26. Lorsque les jeunes gens désignés par leur numéro pour faire partie du contingent cantonal auront fait des réclamations dont l'admission ou le rejet dépendra de la décision à intervenir sur des questions judiciaires relatives à leur état ou à leurs droits civils, des jeunes gens en pareil nombre, suivant l'ordre du tirage, seront désignés pour suppléer ces réclamants, s'il y a lieu. Ils ne seront appelés que dans les cas où, par l'effet des décisions judiciaires, les réclamants seraient définitivement libérés.

Ces questions seront jugées contradictoirement avec le préfet, à la requête de la partie la plus diligente.

Les tribunaux statueront sans délai, le ministère public entendu, sauf appel.

Des décisions du jury d'équité et du conseil de révision.

Art. 27. La disposition de l'article précédent, relative aux jeunes gens appelés conditionnellement, sera également appliquée, lorsqu'aux termes de l'article 41 ci-après, des jeunes gens auront été déférés aux tribunaux comme prévenus de s'être rendus impropres au service ; lorsque le conseil de révision aura accordé un délai pour production de pièces justificatives, ou pour cas d'absence, lequel délai ne pourra excéder vingt jours.

Art. 28. Après que le conseil de révision aura statué sur les exemptions, déductions, substitutions, remplacements, ainsi que sur toutes les réclamations auxquelles les opérations du recrutement auront pu donner lieu, la liste du contingent de chaque canton sera définitivement arrêtée et signée par le conseil de révision, et les noms inscrits seront proclamés.

Les jeunes gens qui, aux termes des articles 26 et 27, sont appelés les uns à défaut des autres, ne seront inscrits sur la liste du contingent que conditionnellement et sous la réserve de leurs droits,

Le conseil déclarera ensuite que les jeunes gens qui ne sont pas inscrits sur cette liste sont définitivement libérés. Cette déclaration, avec l'indication du dernier numéro compris dans le contingent cantonal, sera publiée et affichée dans chaque commune du canton.

Dès que les délais accordés en vertu de l'art. 27 seront expirés, ou que les tribunaux auront statué en exécution des articles 26 et 41, le conseil prononcera de la même manière la libération des réclamants ou des jeunes gens conditionnellement désignés pour les suppléer.

Le conseil de révision ne pourra statuer ultérieurement sur les jeunes gens portés sur les listes du contingent, que pour les demandes de substitution et de remplacement.

La réunion de toutes les listes du contingent de chaque canton d'un même département formera la liste du contingent départemental.

De l'incorporation.

Art. 29. Les jeunes gens définitivement appelés, ou ceux qui ont été admis à les remplacer, seront immédiatement répartis entre les corps de l'armée, et inscrits sur les registres matricules des corps pour lesquels ils seront désignés.

Néanmoins ils seront, d'après l'ordre de leurs numéros et les proportions déterminées par les lois annuelles du contingent, divisés en deux classes, composées, la première, de ceux qui devront être mis en activité, et la seconde, de ceux qui seront laissés dans leurs foyers.

Les jeunes soldats compris dans la seconde classe ne pourront être mis en activité qu'en vertu d'une ordonnance royale.

Art. 30. La durée du service des jeunes soldats appelés sera de sept ans, qui compteront du 1er janvier de l'année où ils auront été inscrits sur les registres matricules des corps de l'armée.

Le 31 décembre de chaque année, en temps de paix, les soldats qui auront achevé leur temps de service recevront leur congé définitif.

Ils le recevront en temps de guerre immédiatement après l'arrivée au corps du contingent destiné à les remplacer.

Lorsqu'il y aura lieu d'accorder des congés illimités, ils seront délivrés dans chaque corps aux militaires les plus anciens de service effectif sous les drapeaux, et de préférence à ceux qui les demanderont.

Les hommes laissés ou envoyés en congé pourront être soumis à des revues et à des exercices périodiques qui seront fixés par le ministre de la guerre.

Des engagements.

Art. 31. Il n'y aura dans les troupes françaises ni prime en argent, ni prix quelconque d'engagement.

Art. 32. Tout Français sera reçu à contracter un engagement volontaire aux conditions suivantes :

L'engagé volontaire devra ,

1o S'il entre dans l'armée de mer, avoir seize ans accomplis, sans être tenu d'avoir la taille prescrite par la loi, mais sous la condition qu'à l'âge de dix-huit ans il ne pourra être reçu s'il n'a pas cette taille ;

2o S'il entre dans l'armée de terre, avoir dix-huit ans accomplis et au moins la taille d'un mètre cinquante-six centimètres ;

3° Jouir de ses droits civils ;

4° N'être ni marié, ni veuf avec enfants ;

5° Être porteur d'un certificat de bonnes vie et mœurs délivré dans les formes prescrites par l'article 20, et, s'il a moins de vingt ans, justifier du consentement de ses père, mère ou tuteur.

Ce dernier devra être autorisé par une délibération du conseil de famille.

Les conditions relatives soit à l'aptitude militaire, soit à l'admissibilité dans les différents corps de l'armée, seront déterminées par des ordonnances du Roi insérées au Bulletin des Lois.

Art. 33. La durée de l'engagement volontaire sera de sept ans.

En cas de guerre, tout Français qui n'appartient à aucun contingent, et qui a satisfait à la loi du recrutement, pourra être admis à contracter un engagement volontaire de deux ans. Ces engagements ne donneront pas lieu aux exemptions prononcées par les n°s 6 et 7 de l'art. 13 de la présente loi.

Dans aucun cas, les engagés volontaires ne pourront être envoyés en congé sans leur consentement.

Art. 34. Les engagements volontaires seront contractés dans les formes prescrites par les articles 34, 35, 36, 37, 38, 39, 40, 42 et 44 du Code civil, devant les maires des chefs-lieux de canton.

Les conditions relatives à la durée des engagements seront insérées dans l'acte même.

Les autres conditions seront lues aux contractants avant la signature, et mention en sera faite à la fin de l'acte; le tout sous peine de nullité.

Art. 35. L'état sommaire des engagements volontaires de l'année précédente sera communiqué aux chambres, lors de la présentation de la loi du contingent annuel.

Des rengagements.

Art. 36. Les rengagements pourront être reçus même pour deux ans, et ne pourront excéder la durée de cinq ans.

Les rengagements ne pourront être reçus que pendant le cours de la dernière année de service due par le contractant. A l'expiration de cette année, ils donneront droit à une haute paye.

Les autres conditions seront déterminées par les ordonnances du Roi insérées au Bulletin des Lois.

Art. 37. Les rengagements seront contractés devant les intendants ou sous-intendants militaires, dans les formes prescrites par l'article 34, sur la preuve que le contractant peut rester ou être admis dans le corps pour lequel il se présente.

Dispositions pénales.

Art. 38. Toutes fraudes ou manœuvres par suite desquelles un jeune homme aura été omis sur les tableaux de recensement, seront déférées aux tribunaux ordinaires, et punies d'un emprisonnement d'un mois à un an.

Le jeune homme omis, s'il a été condamné comme auteur ou complice desdites fraudes ou manœuvres, sera, à l'expiration de sa peine, inscrit sur la liste du tirage, ainsi que le prescrit l'article 11.

Art. 39. Tout jeune soldat qui aura reçu un ordre de route et ne sera point arrivé à sa destination au jour fixé par cet ordre, sera, après un mois de délai et hors le cas de force majeure, puni, comme insoumis, d'un emprisonnement qui ne pourra être moindre d'un mois ni excéder une année.

L'insoumis sera jugé par le conseil de guerre de la division militaire dans laquelle il aura été arrêté.

Le temps pendant lequel le jeune soldat aura été insoumis, ne comptera pas en déduction des sept années de service exigées.

Art. 40. Quiconque sera reconnu coupable d'avoir recélé ou d'avoir pris à son service un insoumis, sera puni d'un emprisonnement qui ne pourra excéder six mois. Selon les circonstances, la peine pourra être réduite à une amende de vingt à deux cents francs.

Quiconque sera convaincu d'avoir favorisé l'évasion d'un insoumis, sera puni d'un emprisonnement d'un mois à un an.

La même peine sera prononcée contre ceux qui, par des manœuvres coupables, auraient empêché ou retardé le départ des jeunes soldats.

Si le délinquant est fonctionnaire public, employé du gouvernement, ou ministre d'un culte salarié par l'État, la peine pourra être portée jusqu'à deux années d'emprisonnement, et il sera, en outre, condamné à une amende qui ne pourra excéder deux mille francs.

Art. 41. Les jeunes gens appelés à faire partie du contingent de leur classe qui seront prévenus de s'être rendus impropres au service militaire, soit temporairement, soit d'une manière permanente, dans le but de se soustraire aux obligations imposées par la présente loi, seront déférés aux tribunaux par les conseils de révision, et, s'ils sont reconnus coupables, ils seront punis d'un emprisonnement d'un mois à un an.

Seront également déférés aux tribunaux , et punis de la même peine , les jeunes soldats qui , dans l'intervalle de la clôture du contingent de leur canton à leur mise en activité , se seront rendus coupables du même délit.

A l'expiration de leur peine, les uns et les autres seront à la disposition du ministre de la guerre pour le temps que doit à l'État la classe dont ils font partie.

La peine portée au présent article sera prononcée contre les complices. Si les complices sont des médecins, chirurgiens , officiers de santé , ou pharmaciens, la durée de l'emprisonnement sera de deux mois à deux ans , indépendamment d'une amende de deux cents francs à mille francs qui pourra être prononcée ; et sans préjudice de peines plus graves, dans les cas prévus par le Code pénal.

Art. 42. Ne comptera pas pour les années de service exigées par la présente loi , le temps passé dans l'état de détention en vertu d'un jugement.

Art. 43. Toute substitution , tout remplacement effectué , soit en contravention des dispositions de la présente loi, soit au moyen de pièces fausses ou de manœuvres frauduleuses, sera déféré aux tribunaux , et , sur le jugement qui prononcerait la nullité de l'acte de substitution ou de remplacement, l'appelé sera tenu de rejoindre son corps, ou de fournir un remplaçant dans le délai d'un mois, à dater de la notification de ce jugement.

Quiconque aura sciemment concouru à la substitution ou au remplacement frauduleux , comme auteur ou complice, sera puni d'un emprisonnement de trois mois à deux ans, sans préjudice de peines plus graves en cas de faux.

Art. 44. Tout fonctionnaire ou officier public,

civil ou militaire, qui, sous quelque prétexte que ce soit, aura autorisé ou admis des exemptions, déductions ou exclusions autres que celles déterminées par la présente loi, ou qui aura donné arbitrairement une extension quelconque, soit à la durée, soit aux règles ou conditions des appels, des engagements ou des rengagements, sera coupable d'abus d'autorité, et puni des peines portées dans l'article 185 du Code pénal, sans préjudice des peines plus graves prononcées par ce code dans les autres cas qu'il a prévus.

Art. 45. Les médecins, chirurgiens ou officiers de santé qui, appelés au conseil de révision, à l'effet de donner leur avis conformément à l'article 16, auront reçu des dons ou agréé des promesses pour être favorables aux jeunes gens qu'ils doivent examiner, seront punis d'un emprisonnement de deux mois à deux ans.

Cette peine leur sera appliquée, soit qu'au moment des dons ou promesses ils aient déjà été désignés pour assister au conseil, soit que les dons ou promesses aient été agréés dans la prévoyance des fonctions qu'ils auraient à y remplir.

Il leur est défendu, sous la même peine, de rien recevoir, même pour une réforme justement prononcée.

Art. 46. Dans tous les cas non prévus par les dispositions précédentes, les tribunaux civils et militaires, dans les limites de leur compétence, appliqueront les lois pénales ordinaires aux délits auxquels pourra donner lieu l'exécution du mode de recrutement déterminé par la présente loi.

Pour les délits militaires, les juges pourront user de la faculté énoncée en l'art. 595 du Code d'instruction criminelle.

Dans tous les cas où la peine d'emprisonnement est prononcée par la présente loi, les juges pourront, suivant les circonstances, user de la faculté exprimée dans l'article 463 du Code pénal.

Dispositions particulières.

Art. 47. Les jeunes gens appelés au service en exécution de la présente loi recevront, dans le corps auquel ils seront attachés, et autant que le service militaire le permettra, l'instruction prescrite pour les écoles primaires.

Art. 48. Nul ne sera admis, avant l'âge de trente ans accomplis, à un emploi civil ou militaire, s'il ne justifie qu'il a satisfait aux obligations imposées par la présente loi.

Attributions diverses; logement des troupes, etc.

Les maires certifient, sur les livrets des gendarmes, les tournées qu'ils ont faites, ou leurs voyages dans leur commune.

Ils fournissent aux gendarmes, en cas de besoin et sur leur réquisition, un secours de garde nationale.

Dans les communes où il n'y a pas de commissaires des guerres, ils visent les feuilles de route des militaires.

Ils visent aussi les congés ou les permissions des militaires en congé limité.

Ils délivrent aux troupes en voyage ou en garnison les billets de logement chez les habitants de leur commune, à l'exception des fonctionnaires dépositaires de caisses destinées au service public des femmes veuves et des filles. (*Loi du 23 mai 1792.*)

Ils doivent fournir la force publique sur la réquisition qui leur en est faite pour l'exécution d'un mandat d'arrêt. (*Loi du 3 brumaire an 4.*)

Ils peuvent requérir la garde nationale, la troupe de ligne, la gendarmerie, les commissaires et inspecteurs ou autres agents de police, les gardes champêtres et forestiers, et toute autre force publique, pour l'exécution des lois, la sûreté publique et le maintien du bon ordre.

Ils ne peuvent faire battre la générale par les tambours militaires; mais ils peuvent le faire par les tambours de la commune, en prévenant l'autorité militaire, excepté en cas d'incendie. (*Décision du ministre de la guerre, du cinquième jour complémentaire an 10.*)

TITRE IX ET DERNIER.

DE L'ADMINISTRATION DES BIENS ET REVENUS COMMUNAUX.

MANIÈRE D'ACQUÉRIR; ALIÉNATION.

Les communes ont toujours été considérées comme capables de contracter, d'acquérir, de posséder, d'agir en justice; seulement l'exercice de ces droits est soumis à certaines formalités.

Pour *acquérir* un immeuble quelconque, la première formalité à remplir est de faire autoriser l'acquisition par une délibération du conseil municipal.

Ensuite le maire fait procéder à l'estimation de l'immeuble par deux experts, choisis contradic-

toirement par le maire et par celui qui veut vendre.
Un commissaire, choisi par le sous-préfet, fait
un procès-verbal *de commodo et incommodo*. Le
tout est mis sous les yeux du conseil municipal,
qui prend une délibération motivée, que le maire
adresse au sous-préfet, et que celui-ci transmet au
préfet.

Le préfet transmet les pièces, avec son avis, au
ministre de l'intérieur, qui fait le rapport de
l'affaire au conseil d'état.

Et un projet de loi est présenté aux chambres.
(*Loi du* 18 *février* 1791 ; *loi du* 10 *août suivant ;
arrêté du* 7 *germinal an* 7 , *etc.*)

Pour *aliéner*, c'est-à-dire vendre et échanger,
les communes doivent encore obtenir une loi par-
ticulière. (*Loi du* 2 *prairial an* 5.)

Les formalités à remplir sont les mêmes que
celles dont on vient de parler, lorsque la personne
qui se présente pour acquérir est un individu
déterminé. Mais il peut arriver, s'il s'agit d'une
vente, que personne ne se soit présenté pour ac-
quérir ; en ce cas, la vente a lieu par adjudication
publique aux enchères. Il en est de même si plu-
sieurs personnes se sont présentées. Dans ces
deux cas, l'estimation est faite par un seul expert
nommé par le préfet ; et cette estimation doit for-
mer la mise à prix. L'information *de commodo et
incommodo* a toujours lieu. Le conseil municipal
exprime aussi son vœu sur le tout ; et le préfet,
après avoir pris l'avis du sous-préfet, transmet
les pièces au ministre de l'intérieur, qui soumet
la demande au conseil d'état. Un projet de loi,
pour autoriser la vente, est soumis aux chambres.

Lorsqu'un individu a fait une donation ou un
legs au profit d'une commune, le maire convoque
le conseil municipal, pour savoir s'il est de l'in-
térêt de la commune d'accepter ; il transmet la dé-
libération au sous-préfet avec une expédition ou

extrait en bonne forme de la donation ou du testament. Si le don est en effets mobiliers ou en argent, et qu'il n'excède pas 300 francs, l'autorisation du sous-préfet suffit; mais si le don comprend des immeubles, ou bien si, n'étant qu'en mobilier ou en argent, il excède 300 francs, il faut l'autorisation du Roi pour accepter. (*Code civil*, art. 910 ; *décret du* 12 *août* 1807.)

C'est le maire qui fait l'acceptation au nom de la commune.

Enumération des biens communaux.

Les biens communaux sont ceux à la propriété ou au produit desquels les habitants d'une ou de plusieurs communes ont un droit acquis. (*Code civil*, *art.* 542.)

Nous allons énumérer ces biens :

1° Biens réputés communaux de leur nature.

Terres vaines et vagues, etc.

Tous les biens communaux, en général, connus sous les divers noms de terres vaines et vagues, gastes, garrigues, landes, pacages, pâtis, ajoncs, bruyères, bois communs, hernes, vacants, palus, marais, marécages, montagnes, et sous toute dénomination quelconque, sont et appartiennent de leur nature à la généralité des habitants ou membres des communes dans le territoire desquelles les communaux sont situés. (*Loi du* 10 *juin* 1793, *sect.* 4, *art.* 1er.)

La même loi et celle précédente du 28 août 1792 ont autorisé les communes à réclamer lesdits biens, dans le cas même où elles ne pourraient pas justifier en avoir été anciennement en possession ; ils ont été *censés leur appartenir*, à la charge par les communes de former leur action *dans le délai de cinq ans.* (*Art.* 9 *de la loi du* 28 *août* 1792.)

Néanmoins, les ci-devant seigneurs ont été admis à prouver leur propriété : 1° par *titre légitime*, c'est-à-dire par un acte authentique constatant qu'ils ont légitimement acheté lesdits biens, et qu'ils ne leur viennent pas en vertu de la puissance féodale (*art.* 8, *sect.* 4 *de la loi du* 10 *juin* 1793); 2° à défaut de titre, par une possession de quarante ans jusqu'à l'époque du 4 août 1789, pourvu que cette possession eût les caractères particuliers tracés par l'article 10 de la même loi.

Tout ce que dessus n'a pourtant d'application que dans le cas où les terrains se trouvaient *incultes* à l'époque de la loi. Lors même qu'il s'est agi de terrains qui, anciennement, avaient existé en nature de terres vaines et vagues, mais qui depuis quarante ans avaient été *mis en valeur* par les seigneurs ; dans ce cas, la commune a dû justifier qu'elle avait anciennement possédé lesdits biens, dont elle avait été dépouillée par les ci-devant seigneurs. (*Art.* 8 *de la loi du* 28 *août* 1792, *et arrêt de la Cour de cassation des* 5 *germinal et* 22 *ventôse an* 5, 2 *ventôse an* 7, 14 *vendémiaire an* 9, 10 *fructidor an* 13, 24 *mars et* 10 *décembre* 1802, *etc.*)

Un arrêt de la même Cour, du 27 avril 1808, a même jugé (contre la commune de Montrolier) qu'il suffit qu'*une partie* des terrains réclamés comme vagues et communaux *de leur nature* fût en culture à l'époque des lois de 1792 et 1793, pour qu'il n'y ait plus lieu à l'application du privilège accordé aux communes, par ces lois, sur les terres vaines et vagues ; qu'il faut d'ailleurs, quand il s'agit réellement de ces sortes de terrains, que la revendication en ait été judiciairement intentée *dans le délai de* 5 *ans.*

Ajoutons que, pour qu'il y ait lieu à cette re-vendication accordée aux communes, et pour qu'elles puissent évincer celui qui est en posses-sion des terres vaines et vagues, il faut non-seu-lement que le terrain réclamé eût cette nature de vaine et vague à l'époque des lois précitées; mais, de plus, qu'il soit constant que le pos-sesseur ou ses auteurs étaient les seigneurs *du territoire*, parce qu'alors seulement ils peuvent être présumés avoir usurpé le terrain réclamé, par abus de la puissance féodale. (*Art.* 1er *et* 9, *sect.* 4 *de la loi du* 10 *juin* 1793.)

2° Biens communaux que les lois de la révolution ont autorisé les communes à revendiquer.

· Il faut distinguer plusieurs espèces de biens :

D'abord, les communes ont été autorisées à re-vendiquer les biens dont elles justifieraient avoir eu jadis la *possession*, et dont elles auraient été dépouillées injustement par leurs ci-devant sei-gneurs, par des voies quelconques.

On trouve la preuve de ces usurpations dans plusieurs anciens édits et ordonnances. L'ordon-nance générale de Louis XIII, de janvier 1629, porte : « Leur défendons pareillement (aux sei-
» gneurs et gentilshommes) *d'usurper les com-*
» *munes* (c'est-à-dire les biens communaux) des
» villages, et les appliquer à leur profit;... et si
» aucunes ont été usurpées, elles seront inconti-
» nent restituées..... »

Le décret du 28 août 1792 a disposé comme il suit, par son article 8 : « Les communes qui justi-fieraient avoir anciennement *possédé* des biens ou droits d'usage quelconques dont elles auraient été dépouillées, en tout ou en partie, par des ci-de-vant seigneurs, pourront se faire réintégrer dans la propriété et possession desdits biens et droits d'usage, nonobstant tous les édits, déclarations, arrêts du conseil, lettres patentes, jugements, transactions et possessions contraires (à moins que les ci-devant seigneurs ne représentent un *acte authentique* constatant qu'ils ont *acheté légitimement* lesdits biens). »

Et même, en cas de vente légitime, la commune a encore, en certains cas (1), le droit de demander la rentrée en possession, en offrant de rembourser le prix reçu. (*Art.* 14, *sect. 4 de la loi du* 18 *juin* 1793.)

Il est à noter qu'aucun délai n'a été fixé aux communes pour la revendication dont il s'agit : ce qui donnera lieu à de graves difficultés.

La Cour de cassation a rendu sur cette matière des décisions remarquables. Des tribunaux, confondant de simples *droits d'usage*, plus ou moins étendus, que des communes prouvaient avoir anciennement possédés dans certaines forêts, avec la *propriété* de ces mêmes forêts, leur en avaient adjugé la jouissance pleine et entière, et en avaient totalement exclu les possesseurs. D'autres tribunaux, sur les indices les plus légers d'une ancienne possession quelconque, leur avaient aussi adjugé la pleine propriété de certains terrains que rien ne justifiait leur avoir autrefois appartenu en propre. La Cour de cassation a annulé les jugements qui renfermaient de pareilles erreurs. (*Arrêts des* 6 *pluviôse*, 17 *prairial an* 5, 21 *et* 22 *messidor an* 8, 22 *messidor et* 1er *thermidor an* 9, 23 *ventôse et* 14 *floréal an* 10, 18 *brumaire an* 11, 8 *messidor an* 12, 28 *mai* 1816, *etc.*)

En second lieu, les communes ont été autorisées à revendiquer les portions de biens dont elles

----

(1) Voyez les édits de 1600 et 1667, cités plus bas.

avaient été spoliées à titre de *triage*, de *cantonne-ment* et autres modes de partage faits entre elles et leurs ci-devant seigneurs.

On appelait *triage* l'opération consistant à distraire, au profit du seigneur, le *tiers* d'un bois, marais ou autre terrain jadis gratuitement concédé par ses auteurs à une communauté d'habitants, en *propriété*; et *cantonnement*, l'opération de cantonner ou de resserrer dans une portion déterminée l'exercice d'un simple *droit d'usage* anciennement concédé à une commune sur la totalité d'un bois, marais ou autre terrain, dont le seigneur avait retenu la propriété foncière; opération dont le résultat était ordinairement de convertir *l'usager* en propriétaire, pour la portion cantonnée.

Il existait dans la Lorraine et quelques provinces voisines, un droit au profit du Roi et des seigneurs hauts justiciers, qui ressemblait à celui de triage : c'était celui de prélever le tiers du prix des ventes des bois des communes, et qu'on appelait *tiers-denier*.

Tous ces droits ont été abolis par les lois des 15, 28 mars, 19 et 27 septembre 1790, 28 août 1792 et 10 juin 1793; et de plus, ces lois ont aboli et révoqué les triages opérés et les retranchements faits sur le titre de tiers-denier, *depuis l'ordonnance de* 1669; néanmoins le droit de tiers-denier a été maintenu relativement aux forêts dans lesquelles les communes ne sont qu'*usagères*. Elles n'ont accordé aux communes qu'un délai de *cinq ans* pour réclamer les portions de biens qui leur auraient été indûment soustraites, sous le titre de triage ou de tiers-denier.

Les actions en cantonnements ont été maintenues à l'égard des bois et autres biens sur lesquels les communes n'avaient qu'un simple *droit d'usage*, en autorisant cependant la révision de ces cantonnements dans un délai de cinq ans. Le cantonnement peut être demandé tant *par les usagers* que par les propriétaires. (*Loi d'août* 1792.)

Enfin, il nous reste à parler des biens communaux que les communes avaient autrefois *vendus*, cédés par des actes valables , et à l'égard desquels il leur reste seulement la faculté de rachat ou de retrait.

Les ventes et aliénations dont il s'agit sont celles qui ont été faites pour subvenir aux secours de l'Etat, dans des temps de guerre et de détresse. Un édit du roi Henri IV, du mois de mars 1600 , et un autre édit donné par Louis XIV, au mois d'avril 1667, ont autorisé le rachat des biens ainsi vendus depuis 1620 , en remboursant le prix payé dans l'espace de dix années.

L'art. 14, sect. 4, de la loi du 10 juin 1793 , porte : « Par toutes les dispositions précédentes, ni par aucune autre de la présente loi, il n'est porté aucun préjudice aux communes, pour les droits de *rachat* à elles accordés par les lois précédentes, sur les biens communaux et patrimoniaux par elles aliénés forcément en temps de détresse, lesquelles seront exécutées dans leurs vues bienfaisantes, selon leur forme et teneur. »

Il a été jugé , 1° que l'action en revendication de biens communaux vendus irrégulièrement, est couverte par la possession de 40 *ans*, de la part des tiers acquéreurs et des seigneurs eux-mêmes ; 2° que les ventes faites *depuis l'édit de* 1667 ne sont pas soumises à l'action de rachat. (*Arrêt de cassation des* 14 *janvier* 1811 *et* 21 *juin* 1815.)

Toutes ces spoliations ne sont pas les seules que les communes aient souffertes. Presque dans le même temps où venaient d'être rendues les lois des 28 août 1792 et 10 juin 1793 , qui les autorisaient à revendiquer leurs biens usurpés, une autre loi du 24 août 1793 déclara que *tout l'actif des communes* appartenait dès ce jour à la nation , qui paierait leurs dettes; et cette nouvelle spoliation fut consommée par **un** *décret impérial* du 20 mars 1813 , qualifié de *Loi concernant les finances de l'Etat.* En voici les principales dispositions :

Les biens ruraux, maisons et mines , possédés par les communes, sont cédés à la caisse d'amortissement, qui en percevra les revenus à partir du 1.er janvier 1813. (*Art.* 1.er.)

Sont exceptés : les bois , les biens communaux proprement dits, tels que pâtis, pâturages, tourbières et autres, dont les habitants jouissent en commun, ainsi que les halles, marchés, promenades et emplacements utiles pour la salubrité ou l'agrément; les églises, les casernes, les hôtels-de-ville, les salles de spectacle, et autres édifices que possèdent les communes, et qui sont affectés à un service public. (*Art.* 2 et 3.)

Les communes recevront, en inscription cinq pour cent, une rente proportionnée au revenu net des biens cédés, d'après la fixation qui en sera céterminée par un arrêt du Conseil. (*Art.* 3.)

La régie de l'enregistrement prendra possession, au nom de la caisse d'amortissement, des biens cédés; et ils seront *mis en vente*, etc. (*Art.* 4.)

Un autre décret du 6 novembre 1813 a fixé par des règles générales les sommes à payer aux communes pour l'équivalent des biens pris sur elles et vendus.

Du 6 juin 1814, une ordonnance royale maintient provisoirement le décret ou la loi du 20 mars 1813, ci-dessus rapportée, et prescrit de payer sans retard aux communes le dédommagement qui leur avait été promis.

D'autres ordonnances, des 7 octobre 1814 et 16 juillet 1815, ont réglé le mode de vente des biens

11*

dont il s'agit, et ont ordonné la continuation de ces ventes.

Enfin est intervenue la loi du 28 avril 1816 sur les finances, qui a mis fin à ce système de spoliation. Elle porte : « Les lois du 20 *mars* 1813 et 23 septembre 1815 sont *rapportées*..... En conséquence la vente des bois de l'Etat cessera d'avoir lieu ; *et les biens des communes, non encore vendus, seront remis à leur disposition, comme ils l'étaient avant lesdites lois.* » (*Art.* 15.)

Il existe même une ordonnance du Roi, du 23 juin 1819, qui prescrit de nouvelles mesures pour la recherche des portions de communaux usurpés pendant la révolution, et qui attribue aux conseils de préfecture la connaissance du fait et de l'étendue de l'usurpation, et aux tribunaux la connaissance des questions de propriété. (B. n° 6842.)

3° Vaines pâtures ; parcours.

Les communes comptent au nombre de leurs droits ceux de *vaine pâture et de parcours.* Voici ce que règle là-dessus la loi du 28 septembre, 6 octobre 1791, sur la police rurale (*sect.* 4) :

Tout propriétaire est libre d'avoir chez lui telle quantité et telle espèce de troupeaux qu'il croit utiles à la culture et à l'exploitation de ses terres, et de les y faire pâturer exclusivement, sauf ce qui sera réglé ci-après relativement au parcours et à la vaine pâture. (*Art.* 1er.)

La servitude réciproque de commune à commune, connue sous le nom de parcours, et qui entraîne avec elle le droit de vaine pâture, continuera provisoirement d'avoir lieu avec les restrictions déterminées à la présente section, lorsque cette servitude sera fondée sur un titre ou sur une possession autorisée par les lois et les coutumes ;

à tous autres égards, elle est abolie. (*Art.* 2.)

Le droit de *vaine pâture* dans une commune, accompagné ou non de la servitude du parcours, ne pourra exister que dans les lieux où il est fondé sur un titre particulier ou autorisé par la loi ou par un usage local immémorial, et à la charge que la vaine pâture n'y sera exercée que conformément aux règles et usages locaux qui ne contrarieront point les réserves portées dans les articles suivants. (*Art.* 3.)

Le droit de clore et de déclore ses héritages résulte essentiellement de celui de propriété, et ne peut être contesté à aucun propriétaire. Toutes lois contraires sont abrogées. (*Art.* 4.)

Le droit de parcours et le droit simple de vaine pâture ne pourront, en aucun cas, empêcher les propriétaires de clore leurs héritages ; et tout le temps qu'un héritage sera clos de la manière qui sera déterminée par l'article suivant, il ne pourra être assujéti ni à l'un ni à l'autre droit ci-dessus. (*Art.* 5.)

L'héritage sera réputé clos lorsqu'il sera entouré d'un mur de 4 pieds de hauteur, avec barrière ou porte, ou lorsqu'il sera exactement fermé et entouré de palissades, ou de treillages, ou d'une haie vive, ou d'une haie sèche, faite avec des pieux, ou cordelée avec des branches, ou de toute autre manière de faire des haies en usage dans chaque localité, ou enfin d'un fossé de 4 pieds de large au moins à l'ouverture, et de 2 pieds de profondeur. (*Art.* 6.)

La clôture affranchira du droit de vaine pâture réciproque ou non réciproque entre particuliers, si ce droit n'est pas fondé sur un titre. Toutes lois et usages contraires sont abolis. (*Art.* 7.)

Entre particuliers, tout droit de vaine pâture fondé sur un titre, même dans les bois, sera rachetable à dire d'expert, suivant l'avantage que pourraît en tirer celui qui avait ce droit , s'il n'était pas réciproque, ou eu égard au désavantage qu'un des propriétaires aurait à perdre la réciprocité si elle existait ; le tout sans préjudice du droit de cantonnement, tant pour les particuliers que pour les communautés, confirmé par l'art. 8 de la loi du 8 septembre 1790. (*Art.* 8.)

Dans aucun cas et dans aucun temps , le droit de parcours ni celui de vaine pâture ne pourront s'exercer sur les prairies artificielles, et ne pourront avoir lieu sur aucune terre ensemencée ou couverte de quelque production que ce soit, qu'après la récolte. (*Art.* 9.)

Partout où les prairies naturelles sont sujettes au parcours ou à la vaine pâture, ils n'auront lieu provisoirement que dans les temps autorisés par les lois et coutumes, et jamais tant que la première herbe ne sera pas récoltée. (*Art.* 10.)

Il n'est pas libre à chaque propriétaire d'envoyer à la *vaine pâture* un nombre illimité de bestiaux. La quantité est proportionnée à l'étendue du terrain qu'il possède, et fixée, dans chaque paroisse, à tant de bêtes par arpent, et d'après les règlements locaux. (*Art.* 13.)

Néanmoins, tout chef de famille domicilié, qui n'est ni propriétaire ni fermier, ou qui n'a qu'une modique exploitation , peut envoyer à la vaine pâture, soit par troupeau séparé, soit en troupeau en commun, jusqu'au nombre de six bêtes à laine et d'une vache avec son veau, sans perdre pour cela son droit à la jouissance de la pâture communale. (*Art.* 13.) *Voyez* le numéro ci-après.

4° Pâturage communal.

Outre la vaine pâture et le parcours dont il vient d'être parlé, chacun des habitants d'une commune jouit individuellement d'un droit de *pâturage* sur les prairies qui font partie de la propriété communale, et qui n'ont pas été mises en ferme.

C'est là ce qu'on appelle vulgairement *communaux.*

Les habitants n'ont la jouissance de ces communaux que pour leurs bestiaux ; ils ne peuvent pas changer l'état des lieux ; ils ne doivent rien détruire, ni dénaturer, sans s'exposer à des peines de police correctionnelle. *Voyez* plus bas.

5° Usages.

La vaine pâture dans les bois d'autrui, soit de l'Etat, soit des communes, soit des particuliers, prend le nom *d'usage*, et c'est encore un droit précieux pour les habitants d'une commune.

Ce droit ne peut être exercé par les communes ou même par les particuliers qui en jouissent en vertu de titres, statuts ou usages locaux, que dans les parties de bois qui ont été déclarées *défensables*, conformément aux art. 1 et 3 du tit. 19 de l'ordonnance de 1669, et sous les prohibitions portées en l'art. 13 du même titre. (*Décret du 17 nivôse an 13.*)

Les communes et les particuliers qui ont un droit reconnu au pâturage dans les bois et forêts de l'Etat, ne peuvent en user que dans les endroits qui ont été désignés par les officiers des eaux et forêts, comme *défensables*, et dans les *contrées* indiquées comme plus commodes par les mêmes officiers.

Les habitants qui ont droit de pâturage doivent faire la déclaration du nombre des bestiaux qu'ils possèdent ; et cette déclaration doit être enregistrée au secrétariat de la conservation forestière. (*Ordonnance de 1669, titre 191, art. 2.*)

Tous les bestiaux appartenant aux usagers d'une même paroisse ou hameau ayant droit d'usage, doivent être marqués d'une *marque* dont l'empreinte est mise au secrétariat de la conservation, avant de pouvoir les envoyer au pâturage ; chaque jour ils doivent être rassemblés sur un même point de la commune, en un seul troupeau, et conduits par un même chemin de la forêt, désigné par les officiers de la conservation, sans qu'il soit permis de s'en écarter, ni de prendre une autre route soit en allant, soit en revenant. (*Art.* 6 , *ibid.*)

Les bestiaux doivent porter au cou chacun une clochette ou clairon, dont le son puisse avertir des lieux où ils se seraient échappés. (*Art.* 7.)

Aucun habitant ne peut mener ses bestiaux à garde séparée, ni les envoyer au pâturage par sa femme, ses enfants ou ses domestiques ; il doit être nommé un pâtre par la commune, c'est-à-dire par le conseil municipal, à la diligence du maire. La commune est responsable civilement des faits de ce pâtre. (*Art.* 9.)

Il n'est pas permis d'envoyer au pâturage des bêtes à laine, chèvres, brebis et moutons, même dans les landes et bruyères, places vaines et vagues aux rives des bois, à peine de trois francs d'amende pour chaque bête, et de dix francs contre les bergers et gardes, dont les maîtres sont civilement responsables. (*Art.* 11.)

Le droit de pâturage dans les bois se restreint encore aux bestiaux possédés en propriété ou tenus à cheptel, sans s'étendre aux bestiaux qui feraient l'objet d'un trafic ou d'un commerce. (*Art.* 14.)

Le nombre des bestiaux admis au pâturage est limité ; et l'on suit une fixation proportionnelle, à l'instar du mode observé pour les bêtes à laine (*voyez* plus haut n° 3), c'est-à-dire tant de bêtes en raison de la quantité de terres en exploitation ; quant à ceux qui n'ont pas d'exploitation, la fixation dépend des usages locaux. (*Arrêt du 8 mai 1599.*)

Lorsque le droit d'usage est contesté à une commune ou à des particuliers, c'est aux tribunaux civils qu'il appartient d'en connaître. (*Décret du 23 avril 1809.*)

6° Autres biens communaux.

Enfin, les communes ont des biens et revenus mobiliers, tels que rentes, créances, octrois, locations des places aux halles, foires, marchés, etc., droits de pesage, mesurage et jaugeage, produits d'amende, droit d'expédition, centimes additionnels, etc., etc.

Mode de jouissance de certains biens communaux.

Les biens communaux sont susceptibles de division et partage entre les habitants : de là les lois des 14 août 1792 et 10 juin 1793, qui ont ordonné le partage de tous les *terrains* et usages communaux, excepté les bois.

Une loi du 9 ventôse an 12 a maintenu ces partages, dans les cas où il en avait été dressé acte, et où, à défaut de partage écrit, les détenteurs avaient défriché et planté ; sauf, dans ce dernier cas, certaines conditions qui ont dû être remplies dans le délai de trois mois.

Il est certains biens dont les communes ne peuvent tirer parti qu'en les donnant *à ferme* ou à location.

Ces sortes de baux sont soumis à des règlements particuliers. (*Code civil, art.* 1712.)

Une circulaire du 10 thermidor an 10, adressée aux préfets par M. le conseiller d'état ayant alors le département des recettes des communes, a indiqué les formalités à suivre, ainsi qu'il suit :

Le maire rédige le cahier des charges à imposer, soit au locataire, soit à l'adjudicataire annuel. Le préfet autorise la communication de ce cahier au conseil municipal; et, sur le vu de la délibération du conseil, le sous-préfet approuve, s'il y a lieu, le cahier des charges. En vertu de cette approbation, le maire procède à la passation du bail ou de l'adjudication annuelle. La minute de l'acte est ensuite soumise à l'homologation du préfet, et il doit y en avoir une clause expresse.

L'acte doit être enregistré dans le délai de vingt jours, à compter de celui de l'approbation du préfet.

Les baux des biens ruraux des communes ne peuvent être faits pour plus de neuf ans, à moins d'un arrêté spécial du gouvernement. (*Arrêté du 7 germinal an* 9.)

Lorsqu'il s'élève des difficultés sur le sens des clauses des baux, c'est à l'autorité administrative qu'il appartient d'en connaître : dans tout autre cas, les tribunaux sont compétents. (*Décret du* 3 *juillet* 1806.)

Les maires sont autorisés à affermer le *droit de chasser* dans les bois communaux, à la charge de faire approuver la mise en ferme par le préfet et le ministre de l'intérieur. (*Décret du* 26 *prairial an* 13.)

Dans ce cas on rédige un cahier des charges, qui est discuté au conseil municipal, et, après que ce cahier a reçu l'approbation du préfet, le maire fait, au moins quinze jours d'avance, apposer des affiches dans sa commune et dans celles environnantes.

Tout ce que dessus a également lieu pour le *droit de pêche* dans une rivière ou un ruisseau qui traverse la commune. (*Ordonnance de 1669, tit.* 25, *art.* 17 *et* 18)

Les *bois communaux* sont exploités par les communes elles-mêmes ; mais ils sont soumis au même régime que les bois de l'État ; l'administration, la garde et la surveillance sont confiées aux mêmes agents. (*Arrêté du* 19 *ventôse an* 10.)

Le garde des bois communaux est à la nomination du conseil municipal ; mais cette nomination doit être soumise à l'approbation du conservateur de l'arrondissement. *Voyez* le titre 2, ch. 4.

Il n'est pas permis à chaque habitant, malgré sa co-propriété, de s'introduire dans le bois pour en disposer à son profit : il serait passible des peines établies contre ceux qui volent et coupent du bois. (*Arrêt de cassat., du* 27 *février* 1807.)

DÉPENSES DES COMMUNES.

Dispositions nouvelles.

Loi du 23 *avril* 1823.

Art. 1er. Les recettes et les dépenses des communes ne doivent être faites que conformément au budget de chaque exercice, ou aux autorisations extraordinaires données par qui de droit et dans les mêmes formes.

Les dépenses ne peuvent être acquittées que sur les crédits ouverts à chacune d'elles, ni ces crédits être employés par les maires à d'autres dépenses.

2. L'exercice commence au 1er janvier et finit au 31 décembre de l'année qui lui donne son nom. Néanmoins les crédits restent à la disposition du maire ordonnateur jusqu'au 31 décembre de l'année suivante, mais seulement pour compléter les dépenses auxquelles ils ont été affectés.

Passé ce dernier délai, l'exercice est clos ; les crédits ou portions de crédit qui n'ont pas reçu leur application sont annulés, et les sommes en provenant portées, sous un titre spécial, au chapitre des recettes extraordinaires du plus prochain budget.

3. Aucune dépense ne peut être acquittée par un receveur municipal, si elle n'a pas été préalablement ordonnancée par le maire, sur un crédit régulièrement ouvert. Tout mandat ou ordonnance doit énoncer l'exercice et le crédit auxquels la dépense s'applique, et être accompagné, pour la légitimité de la dette et la garantie du paiement, des pièces indiquées au tableau ci-annexé.

4. Les receveurs municipaux ne peuvent se refuser à acquitter les mandats ou ordonnances, ni en retarder le paiement, que dans les seuls cas,

Où la somme ordonnancée ne porterait pas sur un crédit ouvert, ou l'excéderait ;

Où les pièces produites seraient insuffisantes ou irrégulières ;

Où il y aurait eu opposition, dûment signifiée, contre le paiement réclamé, entre les mains du comptable.

Tout refus, tout retard, doit être motivé dans une déclaration immédiatement délivrée par le receveur au porteur du mandat, lequel se retire devant le maire pour, par ce dernier, être avisé aux mesures à prendre ou à provoquer.

Tout receveur qui aurait indûment refusé ou retardé un paiement régulier, ou qui n'aurait pas délivré au porteur du mandat la déclaration motivée de son refus, sera responsable des dommages qui pourraient en résulter, et encourra en outre, selon la gravité des cas, la perte de son emploi.

5. A dater de 1824, les comptes des maires ordonnateurs et les comptes des receveurs, les uns et les autres rendus par exercice, et clos, ainsi que le prescrit l'article 2, au 31 décembre de l'année qui suit immédiatement chaque exercice, seront nécessairement soumis aux délibérations des conseils municipaux dans leur session ordinaire du mois de mai suivant.

Ceux de ces comptes qui doivent être définitivement réglés, soit par notre ministre secrétaire d'état de l'intérieur, soit par la Cour des comptes, leur seront transmis par les préfets avec les observations dont ils les jugeront susceptibles, deux mois au plus tard après l'examen des conseils municipaux. Les autres devront être réglés, dans l'année, conformément à nos ordonnances des 28 janvier 1815, 8 août 1821, et aux dispositions ci-après.

6. Les comptes des receveurs municipaux, pour les communes dont les revenus ne s'élèvent pas à dix mille francs, seront arrêtés par les conseils de préfecture ; et pour celles dont les revenus ne s'élèvent pas à cent francs, par les sous-préfets, qui auront aussi le règlement définitif des budgets des mêmes communes, et seront tenus d'adresser aux préfets des bordereaux sommaires des budgets et des comptes ainsi arrêtés par eux.

7. Les communes et les comptables pourront se pourvoir, ainsi qu'il avait été réglé par l'article 11 de notre ordonnance du 28 janvier 1815, par-devant notre Cour des comptes, contre les arrêtés de comptes rendus par les conseils de préfecture,

et par-devant ces conseils contre les arrêtés de comptes rendus par les sous-préfets.

8. Les recours réservés par l'article précédent ne resteront ouverts que pendant trois mois, à dater de la notification aux parties intéressées des arrêtés de comptes, lesquels devront être notifiés un mois au plus tard après qu'ils auront été rendus.

Dans le même délai de trois mois, les préfets pourront, lorsqu'ils le jugeront nécessaire, saisir d'office les conseils de préfecture de la révision des comptes arrêtés par les sous-préfets. Ils devront, à l'expiration dudit délai, leur renvoyer, approuvés, les bordereaux sommaires des comptes qu'ils n'auront pas soumis à cette révision, et contre lesquels il n'y aura pas de pourvoi.

9. Les sous-préfets ne pourront délivrer aux comptables le *quitus* des comptes qu'ils auront arrêtés, qu'après avoir reçu l'approbation exigée par l'article précédent, ou la décision du conseil de préfecture, en cas de recours exercé ou de révision requise d'office : mention devra être faite au *quitus* desdites approbations ou décisions.

10. Les comptables des communes dont les revenus, précédemment inférieurs à dix mille francs, se seront élevés à cette somme pendant trois années consécutives, seront mis par les préfets sous la juridiction de notre Cour des comptes. Les arrêtés pris à cet effet devront être immédiatement transmis à nos ministres secrétaires d'état de l'intérieur et des finances.

11. Les comptes définitifs des receveurs, rendus comme il est dit à l'article 5, devront présenter :

1º Le solde restant en caisse et en portefeuille au commencement de chaque exercice ;

2º Les recettes et les dépenses de toute nature effectuées pour chaque exercice, soit pendant l'année qui lui donne son nom, soit pendant l'année suivante destinée à en compléter les faits;

3° La récapitulation de leurs opérations et le montant des valeurs en caisse et en portefeuille composant leur reliquat au 31 décembre de cette seconde année, époque de la clôture de l'exercice.

12. Indépendamment du compte définitif rendu par les receveurs pour chaque exercice, et embrassant l'année qui lui est propre et l'année qui le suit, ils seront tenus de rendre, à la fin de la première année, un compte de situation présentant tous les actes de leur gestion pendant ladite année, lequel compte subira les vérifications prescrites par les articles 5 et 6, mais seulement comme moyen de contrôle, et sans pouvoir donner lieu à aucun règlement de nature à libérer le comptable.

13. Chaque receveur ne sera comptable que des actes de sa gestion personnelle. En cas de mutation de receveur, le compte de l'exercice sera divisé suivant la durée de la gestion de chaque titulaire, et chacun d'eux rendra compte séparément des faits qui le concerneront en se conformant aux dispositions de la présente ordonnance.

14. Toutes recettes et tous paiements faits pour le compte des communes, sans l'intervention de leurs receveurs municipaux, donneront lieu aux poursuites autorisées par les lois contre les personnes qui ont indûment disposé des deniers publics.

Dispositions anciennes.

Il y a trois objets à distinguer :

1° Emploi des revenus et autres ressources des communes.

Rien n'en peut être employé qu'en vertu de l'autorisation préalable du préfet.

A cet effet, les maires doivent former et présenter au conseil municipal, dans sa session annuelle du 1er mai, le budget de la commune pour l'année suivante ; le conseil municipal émet son vœu sur chacun des articles de ce budget, et le préfet l'arrête après avoir pris l'avis du sous-préfet.

Néanmoins, les budgets des villes qui ont plus de 20,000 fr. de revenus sont réglés par le Roi. (*Arrêté du gouvernement, du 4 thermidor an 10.*) C'est aussi S. M. qui accorde les crédits spéciaux dont les communes peuvent avoir besoin dans le cours de l'année, toujours par l'intermédiaire et sur l'avis des sous-préfets et préfets.

Les mêmes villes n'ont pour frais d'administration que 50 centimes par tête d'habitant. (*Arrêté du gouvernement, du 17 germinal an 11.*)

2° Paiement des dépenses des communes. — Le percepteur est chargé de recevoir tous les deniers appartenant à la commune, et de faire tous les paiements. (*Loi du 13 frimaire an 7, et décret du 30 frimaire an 13.*)

C'est le maire qui ordonne toutes les dépenses et délivre les mandats, qui doivent toujours être expédiés au profit de celui à qui il est dû.

Néanmoins, ces dépenses doivent être autorisées, soit par le budget, soit par des crédits spéciaux.

Si le percepteur refusait d'acquitter un mandat qui n'excéderait pas ce qui est porté au budget, le maire devrait en informer le sous-préfet, qui, après vérification faite, décernerait une contrainte contre le percepteur.

Les communes qui ont plus de 20,000 fr. de revenus ont un receveur spécial qui jouit d'un traitement fixe, dont le montant est réglé chaque année par le budget que S. M. arrête.

Toutes ces dispositions sont puisées dans la loi

du 11 frimaire an 7, et l'arrêté du gouvernement du 4 thermidor an 10.

3º Comptes des recettes et dépenses communales, à l'époque où s'ouvre la session annuelle du conseil municipal. — Le percepteur remet son compte au maire, et le maire provoque l'examen du conseil; ensuite de quoi il transmet le compte au sous-préfet.

Le maire doit dénoncer au préfet le percepteur qui ne présente pas son compte, et qui, dans ce cas, s'expose à la peine prononcée par l'art. 65 de la loi du 11 frimaire an 7.

Lorsqu'il s'agit de villes qui ont plus de 20,000 fr. de revenus, leurs comptes sont arrêtés par la Cour des comptes. (*Loi du* 16 *septembre* 1807, *art.* 11.)

En outre, les maires de ces mêmes villes doivent un compte d'administration au ministre de l'intérieur. (*Circulaire du* 24 *mars* 1808.)

ACTIONS JUDICIAIRES, TANT EN DEMANDANT QU'EN DÉFENDANT ; COMPÉTENCE ; TRANSACTION.

Les maires ne peuvent entreprendre aucun procès sans y avoir été autorisés par le conseil de préfecture. (*Lois du* 29 *vendémiaire an* 5 *et du* 28 *pluviôse an* 8.)

Cette autorisation exige des formalités préliminaires. Le maire convoque le conseil municipal, auquel il remet les pièces. La délibération du conseil est envoyée au sous-préfet, qui donne son avis et transmet le tout au préfet, lequel met le conseil de préfecture en état de juger.

Il faut au maire une nouvelle autorisation pour se pourvoir par appel ou en cassation contre des jugements ou arrêts; mais il n'en a pas besoin lorsque c'est la partie adverse qui a succombé et qui se pourvoit.

Ceux qui veulent intenter un procès à une commune doivent en obtenir l'autorisation du conseil de préfecture. (*Arrêté du 17 vendémiaire an 10.*)

Néanmoins, cette autorisation n'est pas nécessaire lorsque ce sont des restitutions ou des droits *réels*, c'est-à-dire de propriété, que l'on réclame de la commune. (*Ibid.*)

D'ailleurs, les demandes contre les communes ne sont pas assujéties à l'essai en conciliation. (*Code de procédure, art* 9.)

En parlant des procès des communes, il convient de dire un mot sur les nombreuses questions de *compétence* qui s'élèvent à l'occasion de ces procès.

La règle générale à cet égard est que les tribunaux ordinaires sont de droit compétents pour connaître généralement de toutes les actions qui concernent les communes, ainsi que de celles qui concernent les particuliers.

Il n'y a d'exception à cette règle que pour les cas qui ont été en effet exceptés par *une loi expresse*, et qui, il est vrai, sont assez nombreux.

Toute question de propriété ou d'hypothèque ne peut être jugée par le conseil de préfecture; la connaissance en appartient nécessairement aux tribunaux.

Le paiement des sommes dues par les communes doit-il être poursuivi administrativement? Il faut distinguer :

Si la dette est certaine et incontestée, il suffit de se pourvoir devant le préfet, afin qu'il porte ou fasse porter au prochain budget la somme à payer, parce que le receveur de la commune ne peut payer que les dépenses allouées au budget.

S'il s'agit au contraire d'une créance litigieuse,

dont la validité ou la quotité soit contestée, c'est aux tribunaux qu'il appartient d'en connaître, à moins qu'il ne s'agisse d'une créance dont la liquidation est exclusivement réservée à l'autorité administrative par des lois spéciales.

Cette distinction est confirmée par toutes les décisions du Conseil d'état intervenues sur la matière.

Enfin, lorsqu'il s'agit de procès sur des droits de propriété, les communes ne peuvent *transiger* sans autorisation. Le préfet, informé par le maire du projet de transaction, désigne trois jurisconsultes pour l'examiner. Leur consultation est mise sous les yeux du conseil municipal. Le préfet autorise, s'il y a lieu, la transaction d'après l'avis du conseil de préfecture; mais cette transaction, pour être définitivement valable, doit être homologuée par le gouvernement. (*Arrêté du* 21 *frimaire an* 12.)

FORMULES

DE TOUTES ESPÈCES D'ACTES RELATIFS AUX FONCTIONS DE LA POLICE ADMINISTRATIVE, MUNICIPALE, RURALE, JUDICIAIRE ET MILITAIRE.

ACTES D'ADMINISTRATION GÉNÉRALE.

CONSEIL MUNICIPAL.

Procès-verbal de prestation de serment des membres du conseil municipal.

Cejourd'hui....., moi, maire de la commune de...., me suis rendu au conseil de la commune, convoqué d'après les ordres de M. le préfet, à l'effet d'y recevoir le serment voulu par la loi des sieurs...., nommés membres dudit conseil en remplacement des sieurs (*décédés*) (*destitués*) (*renouvelés en exécution de la loi*). L'assemblée s'étant formée, lesdits sieurs.... avant d'y prendre séance, ont prêté entre mes mains le serment exigé, et ont ensuite pris rang parmi les membres dudit conseil; et j'ai, de ladite prestation de serment, rédigé le présent procès-verbal, que j'ai signé, et que les membres tant anciens que nouveaux dudit conseil ont pareillement signé.

Assemblée du conseil municipal, à l'effet de recevoir les comptes du maire.

Nous..... membres du conseil municipal de la commune de...., assemblés cejourd'hui en la mai son commune, d'après la convocation de M. le préfet du département de...., avons d'abord procédé à la nomination du président dudit conseil au scrutin et à la majorité absolue des suffrages : les suffrages s'étant réunis en faveur de M....., il a de suite pris la présidence : puis nous avons procédé de la même manière à la nomination d'un secrétaire ; les suffrages s'étant réunis en faveur de M...., il en a de suite rempli les fonctions.

Après quoi M. le maire nous a présenté ses comptes de recettes et dépenses, ainsi que toutes les pièces justificatives à l'appui.

Examen fait desdits comptes de recettes et dépenses, et des pièces y jointes, nous avons reconnu que..., et avons signé.

Renvoi de la séance de l'assemblée au jour suivant.

Vu l'impossibilité de terminer cejourd'hui...... l'examen commencé des comptes et des pièces ; attendu qu'il est l'heure de...., le président a renvoyé à demain... heures du matin, la continuation de la séance.

Reprise de la séance.

Cejourd'hui..., nous membres du conseil municipal de..., nous sommes réunis en la maison commune pour continuer l'examen et la vérification des comptes que présente M. le maire de ladite commune : ce à quoi nous avons procédé.

Examen fait, etc.

Comptes de recettes et dépenses à présenter par le maire.

Comptes de recettes et dépenses municipales faites pendant le cours de l'année 18..., que rend le maire de la commune de... au conseil municipal de ladite commune.

RECETTES.

Du .. fait recette de	oo f.	o c.
Du... fait recette de	oo	o
Du... fait recette de	oo	o
TOTAL. . .	oo f.	o c.

DÉPENSES.

Du... fait dépense de	oo f.	o c.
Du... fait dépense de	oo	o
Du... fait dépense de	oo	o
TOTAL. . .	oo f.	o c.

RÉCAPITULATION.

Recettes	oo f.	o c.
Dépenses	oo	o

RÉSULTAT.

Le comptable doit,	oo f.	o c.
Ou il est dû au comptable ,	oo	o

Ou la recette se trouve balancée par la dépense.
Présenté le... 18... (*Signature.*)

Procès-verbal d'audition et de débat de comptes par le conseil municipal.

Nous membres du conseil municipal de la commune de..., examen fait du compte de recettes et dépenses communales présenté par le maire de ladite commune, et après vérification de toutes les pièces justificatives produites à l'appui dudit compte, avons reconnu que,

La recette est de la somme de	oo f.	o c.
La dépense est de la somme de	oo	o

En conséquence, que la recette égalant la dépense, le comptable demeure bien valablement libéré de sa gestion ;

Ou que la recette excédant la dépense de..., le comptable est en débet de la somme de...

Ou que la dépense excédant la recette de..., le comptable est en avance de la somme de...

Fait et arrêté au conseil municipal, sauf erreurs, omissions ou doubles emplois.

Nota. Ce procès-verbal se met au bas du compte que le maire a présenté au conseil, afin de faire connaître au sous-préfet la décision du conseil.

Délibération du conseil municipal sur une demande d'une contribution de centimes additionnels pour fournir aux besoins de la commune.

Cejourd'hui..., nous membres du conseil municipal de la commune de..., étant assemblés par suite de la convocation qui a été faite par M. le préfet du département de..., il nous a été exposé par M. le maire de ladite commune que... (*énoncer l'objet.*)

Mais que les revenus de ladite commune ne pouvant suffire à cette dépense, *ou* ne pouvant couvrir la dépense dont ladite commune se trouvait grevée par..., il proposait au conseil de faire à M. le préfet du département de... la demande d'une autorisation d'imposition de centimes additionnels sur..., pour subvenir à cette dépense ;

Sur quoi, nous membres dudit conseil municipal, après avoir pris connaissance de..., et délibéré sur la demande, avons arrêté que... (*énoncer la décision*); et avons signé.

Délibération sur une acquisition de propriété.

Cejourd'hui..., etc., il nous a été exposé par M. le maire de ladite commune que... (*énoncer l'objet de la demande*).

Pourquoi il proposait au conseil de faire la

demande d'autorisation d'acquérir le terrain *ou* le bâtiment dont il est question, et de joindre à ladite demande les moyens qu'il aura trouvés convenables pour solder le prix de cette acquisition, sans néanmoins priver l'administration de ladite commune des fonds nécessaires à son service annuel ;

Sur quoi, nous membres dudit conseil, après avoir délibéré sur les motifs de cette acquisition, sur les moyens d'en payer le prix,

Avons reconnu que cette acquisition n'était pas d'une nécessité indispensable pour la commune, qu'elle pouvait y suppléer par..., ainsi qu'elle l'a fait jusqu'à ce jour ; que d'ailleurs la commune étant déjà arriérée d'une somme de..., ce serait encore accroître ses dettes et apporter de nouvelles entraves au service de l'administration, qui est déjà en souffrance par le manque de fonds suffisants.

Ou avons reconnu que cette acquisition était indispensable pour la commune, que le prix pourrait en être payé par... (*indiquer le mode de paiement*) ; et avons consenti que la demande en autorisation d'acquisition en fût faite par M. le maire à M. le préfet ; et avons signé.

Délibération sur les réparations à faire.

Cejourd'hui..., etc., il nous a été exposé par M. le maire de ladite commune que... (*désigner l'objet*) était dans un état de souffrance ; qu'il était urgent de faire des réparations à... (*indiquer les réparations à faire*) ;

Pourquoi il proposait au conseil de faire la demande à M. le préfet du département de... d'être autorisé à faire lesdites réparations ;

Sur quoi, nous membres dudit conseil, après avoir pris connaissance desdites réparations, sur le devis que nous en a présenté M. le maire ;

Ou sur quoi, nous membres dudit conseil avons décidé, à l'unanimité, que préalablement M.... et M... se transporteraient sur les lieux, accompagnés de..., architecte *ou* maçon, à l'effet de constater lesdites réparations à faire, d'en dresser un devis, et de nous en faire un rapport à la séance de (*indiquer le jour*);

Ou sur quoi, nous membres du conseil, après avoir entendu le rapport qui nous a été fait par M... et M..., que nous avions commis à l'effet de constater l'état dans lequel se trouvait le... (*l'objet*), et après avoir pris connaissance du devis qu'ils en ont fait dresser en leur présence par..., architecte *ou* maçon ;

Avons reconnu, à l'unanimité, que lesdites réparations étaient urgentes, et avons consenti que M. le maire fît la demande à M. le préfet d'être autorisé à faire procéder à ces réparations de la manière voulue par la loi ;

Ou avons reconnu à l'unanimité que ces réparations pouvaient encore être différées, et avons renvoyé à la session suivante notre délibération à cet égard ;

Ou avons reconnu que ces réparations pouvaient être réduites à celles de... (*désigner ces réparations*), et avons consenti que M. le maire fît la demande à M. le préfet d'être autorisé à faire procéder à la réparation seulement de... (*indiquer ces réparations*), sauf, à notre suivante session, à prendre, pour le surplus desdites réparations, telle décision qu'il appartiendra.

Et avons signé.

Délibération pour bâtiment à prendre à bail par la commune.

Cejourd'hui..., etc., il nous a été exposé par

M. le maire de ladite commune, que le bâtiment servant à l'usage de la maison commune, *ou* de salle d'audience du juge de paix, *ou* de presbytère, *ou* de maison d'école, *ou* de magasin de la commune, *ou*... (*servant à tout autre usage de la commune*), étant à la veille d'être démoli, *ou* d'être repris et occupé par le propriétaire qui l'avait loué à la commune, il était urgent que la commune se pourvût d'un autre local ; que le bâtiment appartenant à... (*désigner ce bâtiment*), actuellement vacant, est à louer, et pouvant remplacer celui que la commune allait être obligée de quitter, il proposait ce bâtiment, dont le loyer est de la somme de...

Sur quoi, nous membres dudit conseil, après avoir délibéré, avons consenti que M. le maire prît à bail le local par lui indiqué, moyennant la somme de...

Ou sur quoi, nous membres dudit conseil, après avoir délibéré, reconnaissant la nécessité de prendre un nouveau local en remplacement de celui de..., avons consenti que M. le maire fît le choix d'un autre ; mais considérant que celui qu'il propose est d'un loyer beaucoup plus cher que celui servant actuellement à l'usage de..., et qu'il est facile d'en trouver un dans la commune d'un prix inférieur, avons arrêté que M. le maire ne pourrait, pour le loyer de ce nouveau local, outrepasser le prix de...

Et avons signé.

Délibération pour propriétés de la commune à donner à bail.

Cejourd'hui..., etc., il nous a été exposé par M. le maire de ladite commune, que le bail de... (*désigner la propriété*), loué ou affermé au sieur.... pour le prix de... expire le... de cette année ; qu'il était de l'intérêt de la commune que la location de cette propriété fût maintenue : pourquoi, il demandait l'avis du conseil pour être autorisé par M. le préfet à faire procéder, dans les formes prescrites par la loi , à la location de ladite propriété.

Sur quoi le conseil , après avoir entendu M. le maire , a , à l'unanimité , consenti à ce qu'il se fît autoriser par M. le préfet à procéder à cette location.

Et avons signé.

Délibération pour ventes mobilières.

Cejourd'hui..., etc. , il nous a été exposé par M. le maire qu'il convenait de faire procéder cette année à la vente d'une coupe de bois de la quantité environ de... (*désigner la quantité*), provenant d'un bois situé à... (*désigner le lieu*), appartenant à la commune ;

Ou qu'il convenait de faire procéder à la vente d'ébranchages d'arbres appartenant à la commune, situés à... (*désigner le lieu.*)

Ou qu'il convenait de faire procéder à la vente de... (*désigner les objets quelconques dont on propose la vente.*)

Sur quoi le conseil , après avoir entendu M. le maire , a unanimement consenti à ladite vente.

Ou sur quoi le conseil, ayant délibéré et pris en considération que..., a unanimement arrêté que ladite vente serait suspendue, et qu'à la prochaine session il serait statué s'il était convenable ou non d'y procéder.

Et avons signé.

Délibération pour règlement d'affouage, de pâturages, de récoltes de fruits appartenant à la commune.

Cejourd'hui..., etc., nous, membres du conseil municipal de la commune de...;

Après avoir entendu la demande que nous a faite M. le maire, de procéder à l'affouage ou partage des bois appartenant à la commune, *ou* de pâturages, *ou* récoltes des fruits communs (*désigner les lieux*);

Avons ainsi réglé l'affouage... (*Désigner de quelle manière se fera le partage.*)

-Avons ainsi réglé le partage du pâturage...

Avons ainsi réglé le partage des fruits...

Lesquels règlements nous avons remis à M. le maire pour être soumis à l'approbation de M. le préfet, et ensuite être fait exécuter.

Et avons signé.

Délibération pour achat d'effets à l'usage de la commune.

Cejourd'hui..., etc., il nous a été exposé par M. le maire qu'il serait utile pour la commune de faire achat de... (*désigner l'objet*)., dont le prix pouvait s'élever environ à la somme de...

Sur quoi le conseil, après avoir délibéré, a observé que cet achat n'était point d'une nécessité indispensable pour la commune ; que d'ailleurs il aggraverait encore ses dettes, tant par le prix de cet achat, que par celui de son entretien, et a écarté cette demande ;

Ou sur quoi le conseil, après avoir reconnu l'utilité de cet achat, a consenti qu'il fût fait, et qu'il y fût employé jusqu'à la somme de...

Délibération pour frais du culte ou réparation d'église.

Cejourd'hui..., il nous a été exposé par M. le maire que l'église de cette commune était dépourvue de... *ou* manquait de... *ou* avait besoin de réparation à...; que les quêtes et revenus de la fabrique ne pouvant suffire à cette dépense, il était convenable d'aviser aux moyens d'y pourvoir.

Sur quoi, après avoir délibéré sur ledit exposé, nous avons unanimement arrêté que M. le maire solliciterait de M. le préfet une autorisation d'emploi de la somme de... à..., *ou* une taxe de la somme de..., sur chaque habitant, pour subvenir aux frais que nécessiteraient..., et que le surplus de ladite taxe, si toutefois il en restait, serait employé à... ;

Ou avons unanimement arrêté que la demande de... pouvant se différer jusqu'à..., il n'y avait pas lieu dans ce moment à l'accorder ;

Ou avons unanimement arrêté que la somme demandée par M. le maire, pour..., serait réduite à celle de..., pouvant suffire à cette dépense ;

Ou avons unanimement arrêté qu'avant de statuer sur cette dépense, il serait fait et dressé un état des frais de..., d'après lequel il serait, par nous, statué ce qu'il appartiendrait.

Et avons signé.

Délibération sur divers établissements publics.

Cejourd'hui..., etc., M. le maire nous a exposé le besoin qu'avait la commune, *ou* d'une halle, *ou* d'une fontaine, *ou* d'un port, *ou* d'un abreuvoir, *ou* d'une mare, *ou* d'un puits, *ou* d'une horloge, et nous a soumis le devis qui en a été fait, et a requis notre avis sur cette construction.

Sur quoi le conseil, après avoir reconnu l'utilité de cette construction, a unanimement consenti que M. le maire sollicitât de M. le préfet l'autorisation de faire procéder à cet établissement dans les formes voulues par la loi.

Et avons signé.

Délibération pour location de places dans divers endroits de la commune.

Cejourd'hui..., etc., M. le maire nous ayant exposé que la commune pouvait tirer un produit assez considérable de la location de différentes places qui jusqu'alors avaient été occupées gratuitement par plusieurs habitants, nous a proposé de mettre en location les places dans les lieux suivants :

Ou à la halle ;

Ou dans le marché ;

Ou sur le port, *ou* sur le quai de... ;

Ou dans la promenade *ou* boulevard de...;

Sur quoi le conseil, après avoir délibéré, a fait observer à M. le maire que ces places n'étaient point susceptibles de la location proposée, à cause de... (*énoncer la cause*) ;

Ou sur quoi le conseil, après avoir délibéré, à la pluralité des voix, a consenti ladite location.

Et avons signé.

Délibération pour l'établissement ou le remplacement d'un garde champêtre ou forestier.

Cejourd'hui..., il nous a été exposé par M. le maire, que la commune, depuis longtemps, manquait d'un garde champêtre *ou* forestier, et qu'il était de son intérêt qu'il en fût nommé un, et qu'avant d'en faire choix il fût statué sur les appointements qui pourraient lui être accordés ;

Sur quoi, après avoir délibéré, nous avons arrêté l'établissement dudit garde, et fixé ses appointements à la somme de..., et avons, en même temps, arrêté que M. le maire ferait procéder à la nomination du sieur... à cette place ;

Ou il nous a été exposé par M. le maire, que le

sieur..., garde..., ne remplissant pas exactement ses fonctions, il était de l'intérêt de la commune de pourvoir à son remplacement ;

Sur quoi nous avons arrêté, à l'unanimité, que M. le maire demanderait sa destitution, et en même temps son remplacement par la personne de......, ancien militaire, résidant à...

Et avons signé.

Délibération pour un procès.

Cejourd'hui..., etc., M. le maire a déposé une consultation relative au procès qui existe entre la commune et le sieur, signée de A... B... C..., tous trois jurisconsultes nommés par M. le préfet à l'effet de donner leur avis sur ledit procès existant, de laquelle consultation il résulte que... (*énoncer l'avis des jurisconsultes*), et a demandé que le conseil délibérât si, d'après ladite consultation, il serait plus avantageux à la commune de transiger sur ce procès que d'y donner suite ;

Sur quoi, le conseil, après avoir délibéré, a unanimement été d'avis qu'il serait moins préjudiciable à l'intérêt de la commune de transiger sur ce procès aux conditions suivantes... (*relater les clauses de la transaction*), et a remis à M. le maire ce projet de transaction, pour être soumis à M. le préfet, et obtenir son autorisation et ensuite l'homologation du gouvernement.

Ou sur quoi, le conseil, après avoir délibéré, a unanimement été d'avis que les droits de la commune étant certains, ce serait nuire à ses intérêts que de transiger sur ce procès, et a consenti qu'il fût donné suite par M. le maire à l'action judiciaire par lui commencée sous l'autorisation de M. le préfet.

Et avons signé.

Déclaration portant renvoi devant le préfet d'une difficulté élevée dans le conseil.

Cejourd'hui...., etc., nous membres soussignés du conseil municipal de... assemblés en la maison commune, sur la convocation de M. le préfet, à l'effet de délibérer sur... (*énoncer l'objet*);

La matière mise en délibération, une difficulté s'étant élevée sur... (*désigner la cause*);

Le conseil, à la majorité de... voix, a arrêté que préalablement la question serait soumise à M. le préfet, et que la délibération commencée ne serait reprise qu'après la décision de M. le préfet.

Et avons signé.

Délibération sur des secours à donner aux indigents, et sur un établissement d'atelier de charité.

Cejourd'hui... M. le maire nous a exposé que, dans ce moment de disette, un grand nombre d'indigents de cette commune étant privés des aliments de première nécessité, il était du devoir et de l'humanité de l'administration de venir au secours de ces malheureux, en établissant un bureau de bienfaisance, *ou* une cotisation, à l'effet de fournir soit en argent, soit en nature, un soulagement à ceux qui en avaient réellement besoin ;

Ou nous a exposé qu'un grand nombre d'ouvriers de cette commune, pères de famille, manquant d'ouvrage, se trouvaient réduits à la position la plus affreuse; qu'il serait à propos, pour remédier au mal que cause ce manque d'ouvrage, d'établir dans cette commune un atelier de charité où tous les ouvriers et gens sans travail seraient admis, en justifiant de leur domicile habituel dans cette commune, lequel atelier serait ainsi formé et dirigé....

Sur quoi, nous membres dudit conseil, prenant en considération l'exposé de M. le maire, avons arrêté que...... et que M. le maire solliciterait de M. le préfet, le plus tôt possible, l'autorisation de......

Ou sur quoi, après avoir délibéré, avons arrêté que la commune se trouvant déjà grevée de charges considérables, elle était dans l'impossibilité de faire exécuter la proposition faite par M. le maire; que seulement, sous l'autorisation de M. le préfet, il serait ouvert une souscription volontaire à la mairie, à l'effet de subvenir aux plus pressants besoins des malheureux, et que la répartition en serait faite par M. le maire conjointement avec M. le curé de cette commune.

Et avons signé.

Délibération à l'effet de recevoir les comptes d'un maire démissionnaire ou destitué.

Cejourd'hui....., etc., nous membres soussignés du conseil municipal de la commune de..., convoqués extraordinairement par M. le préfet du département de...... à l'effet de recevoir les comptes de gestion de N..., maire démissionnaire, *ou* destitué, réunis en la maison commune sous la présidence de M. le maire actuel de ladite commune, s'est présenté N....., ancien maire, lequel nous a soumis ses comptes d'administration et gestion, avec les pièces justificatives à l'appui.

Examen fait desdits comptes et pièces, nous avons unanimement econnu que.....

Et avons signé.

ADMINISTRATION MUNICIPALE.

Serment et installation d'un adjoint de maire.

Cejourd'hui.... devant nous, maire de la commune de..... en la maison commune, s'est présenté N...., adjoint de maire de ladite commune, nommé par M. le préfet du département de......, à l'effet de prêter le serment voulu par la loi avant son entrée en fonctions ; lequel serment ledit N.... a prêté entre nos mains en ces termes....., et a signé sur le registre. Ensuite de quoi l'avons installé adjoint de maire, et avons de ce que dessus dressé le présent, que nous avons signé avec ledit adjoint.

Procès-verbal de détention arbitraire.

Cejourd'hui...., sur la plainte, par écrit, qui nous a été faite par le sieur...., nous nous sommes transporté à la maison de.... (*désigner le lieu*), où nous nous sommes fait représenter le livre des écrous, *ou* d'entrée et sortie, et le sieur... n'ayant trouvé sur ledit registre aucun motif légal de détention, *ou* n'ayant vu aucun acte d'écrou en forme, nous avons représenté au concierge ou gardien de ladite maison qu'il était en contravention à la loi, et avons dressé procès-verbal du résultat de nos informations, pour être transmis à M. le procureur du Roi, et être par lui statué ce qu'il appartiendrait.

Procès-verbal de vérification des rôles du percepteur.

Cejourd'hui...., nous, maire de la commune de..., nous nous sommes transporté au domicile du sieur R..., percepteur de ladite commune, à l'effet de vérifier et constater l'état de ses registres et de sa caisse. Représentation faite par lui des registres et des rôles des contributions foncières, personnelles, mobilières, et des portes et fenêtres et de recette des fonds de la commune, nous avons reconnu que ledit percepteur a reçu, le mois précédent, la somme de..., et qu'il a versé le... au receveur particulier celle de..., et qu'il lui restait en caisse celle de..., dont il nous a justifié (*énoncer les différentes opérations faites*); ce dont nous avons dressé le présent procès-verbal, que nous avons signé.

Procès-verbal d'enfant trouvé.

Cejourd'hui .., s'est présenté devant nous, maire de la commune de..., le sieur..., lequel nous a dit que cejourd'hui... à.... heures... il avait trouvé un enfant (*désigner son sexe, le lieu, ses habillements*), lequel il remettait entre nos mains pour sa décharge;

Sur quoi nous avons accordé acte audit sieur.... du dépôt et remise dudit enfant, et avons mandé la femme du sieur..., habitant de cette commune, laquelle nous avons chargée de prendre soin dudit enfant, jusqu'à ce qu'il nous fût parvenu des ordres du préfet sur la conduite à tenir à cet égard; et avons signé la présente, dont copie a été délivrée audit sieur... pour lui servir et valoir de décharge.

Procès-verbal d'enfant orphelin délaissé.

Cejourd'hui..., devant nous, maire de la commune de...., s'est présenté le sieur..., habitant de cette commune, lequel nous a représenté un enfant (*désigner le sexe et l'âge*), appartenant à..., décédé *ou* absent, et sans parents ni fortune, et hors d'état de pourvoir à sa nourriture et à son entretien, nous déclarant qu'il le remettait entre nos mains pour sa décharge, dont il requérait acte.

Sur quoi nous avons fait venir le sieur.... *ou* la dame..., auquel nous avons confié ledit enfant pour en prendre soin provisoirement, jusqu'à ce qu'il eût été statué par M. le préfet sur le parti à prendre à son égard; et avons signé le présent, dont copie a été délivrée audit sieur... pour lui servir et valoir de décharge... Ce..., l'an et jour susdits.

Déclaration de changement de domicile.

Cejourd'hui..., devant nous, maire de la commune de... *ou* adjoint, est comparu M...., lequel nous a déclaré être dans l'intention de quitter le domicile qu'il a dans cette commune pour aller habiter dans la commune de...., et nous a requis de lui donner acte de la présente déclaration qu'il a signée; ce que nous lui avons accordé par le présent. Délivré à..., ce...

Déclaration d'établissement de domicile.

Cejourd'hui...., devant nous, maire *ou* adjoint de la commune de..., est comparu A...., lequel nous a déclaré qu'il était dans l'intention de quitter le domicile qu'il avait dans la commune de...., pour fixer sa demeure dans cette commune, où il avait acquis *ou* loué une..., et nous a requis de l'inscrire sur le tableau des habitants de cette commune; ce qu'après examen fait de son passeport et autres papiers, et après signature de sa déclaration, nous lui avons accordé.

Fait à..., ce...

Certificats pour différentes causes.

Nous, maire *ou* adjoint de la commune de...., sur la demande de B...., habitant de cette même commune, certifions que...

En foi de quoi nous lui avons délivré le présent certificat, pour servir et valoir ce que de raison.

Fait à..., ce....

Réquisition en cas d'incendie ou d'inondation.

Nous, maire *ou* adjoint de la commune de...., requérons..., vu le cas d'incendie *ou* d'inondation arrivé cejourd'hui à...., de fournir, sans aucun délai....

A..., le..., heure de...

Procès-verbal de refus de secours ou service en cas d'incendie ou d'inondation.

Nous, maire *ou* adjoint de la commune de..., ayant requis le sieur... de..., au moment de l'incendie qui a éclaté dans cette commune à..., *ou* de l'inondation causée à..... par le débordement de..., et ledit sieur... s'étant refusé à notre réquisition, nous avons dressé le présent acte de refus pour servir et valoir ce que de raison.

A...., ce...

Légalisation.

Nous, maire de la commune de..., arrondissement de...., département de..., certifions que la signature apposée au bas de l'acte ci-dessus est celle de G..., et que foi doit y être ajoutée.

A..., ce...

Procès-verbal pour accaparement de grains.

Cejourd'hui..., nous, maire de la commune de..., instruit par la notoriété publique que le sieur... se portait dans les halles et marchés et chez les propriétaires, à l'effet d'y accaparer les grains, et qu'il en faisait des amas considérables; vu que cette action en elle-même est un délit, nous nous sommes, sur la clameur des habitants, transporté au domicile dudit sieur..., à l'effet de nous assurer de la vérité. Perquisition faite dans la maison dudit..., nous avons trouvé dans.... la quantité d'environ.... de grains que ledit.... avait achetés...Sur l'observation que nous lui avons faite que cet accaparement était préjudiciable à la société et un délit, il nous a répondu.. Sur quoi nous lui avons déclaré que nous allions dresser notre présent procès-verbal pour être transmis à M. le procureur du Roi, ce que nous avons fait à l'instant et signé.

Procès-verbal de visite de prison, maison d'arrêt, dépôt de mendicité.

Cejourd'hui..., nous, maire de la commune de..., accompagné de..., nous nous sommes rendu à...., où, après avoir visité ladite maison en son entier, avoir entendu les gardiens et employés, et questionné plusieurs détenus, nous nous sommes assuré que l'ordre et la tranquillité y régnaient.

Ou que le sieur.... ne remplissait pas exactement son devoir, qu'il usait de brutalités et de mauvais traitements envers les détenus, qu'il ne leur fournissait pas la nourriture telle qu'elle doit être.

Ou que les sieurs..., détenus dans cette maison,

y causaient journellement du désordre, et excitaient les autres détenus à l'insubordination et à la révolte.

Et avons de tout ce que dessus dressé notre présent procès-verbal, pour être transmis à M. le préfet ; et avons signé.

MERCURIALES.

DÉPARTEMENT
d

Arrond. de.....

Commune de...

MARCHÉ DE

Etat des grains et légumes vendus sur le marché de cette commune pendant la.... quinzaine du mois de...., an...

NATURE des Grains et Légumes.	QUANTITÉ d'hectolitres vendus.	PRIX MOYEN de l'hectolitre.	Observations
Froment.			
Méteil.			
Seigle.			
Orge.			
Sarrasin.			
Maïs.			
Avoine.			
Pommes de terre.			
Châtaignes.			
Légumes secs.			

Certifié par moi, maire de la commune d....., le... du mois d...

ACTES DE L'ÉTAT CIVIL.

NAISSANCE.

Acte de naissance.

Cejourd'hui..., devant nous, J..., officier de l'état civil de la commune de...., s'est présenté D..., lequel nous a requis de dresser l'acte de naissance de D..., son fils (*ou* sa fille) auquel a donné le jour N..., son épouse, hier *ou* aujourd'hui ; il nous a en conséquence représenté cet enfant, en nous déclarant qu'il produit pour témoins de cet acte E... et G...

(*Ou* s'est présenté F..., médecin *ou* chirurgien, *ou* sage-femme, lequel, en présence de I.... et L..., qu'il produit comme témoins, nous a déclaré que P..., épouse de R..., demeurant à..., et empêché de comparaître par..., *ou* à lui inconnue, a donné naissance, hier *ou* aujourd'hui, à l'enfant qu'il nous représente.)

(*Ou* s'est présenté S..., lequel, en présence de T... et V..., qu'il produit comme témoins, nous a déclaré que A..., demeurant à..., *ou* à lui inconnue, est accouchée aujourd'hui, *ou* hier, en cette commune, au domicile de lui S..., de l'enfant qu'il représente.)

(*Ou* s'est présenté T..., lequel, en présence de N... et P..., nous a déclaré que R... est accouchée le..., domicile de..., d'un enfant dont il se reconnaît pour être le père.)

Sur quoi, nous, officier de l'état civil ci-dessus dénommé, après avoir, en présence desdits témoins, examiné cet enfant, avons reconnu qu'il est du sexe... et avons dressé le présent acte, qui a été transcrit et signé sur les deux registres par le déclarant, les témoins et nous, après qu'il nous en a été donné lecture, lesdits jour et an.

Acte de naissance d'un enfant trouvé.

Cejourd'hui..., devant nous, A..., officier de l'état civil de..., s'est présenté B..., lequel nous a déclaré qu'il venait de trouver à... un enfant nouveau né, qui paraissait avoir été abandonné par les auteurs de ses jours, et qu'en conséquence il nous représentait cet enfant en présence de C... et D..., témoins par lui amenés ; sur quoi, après nous être assuré, en présence du déclarant et des témoins, que l'enfant était du sexe..., et estimé qu'il pouvait être âgé de..., nous lui avons donné les nom et prénom de E.., et avons ordonné qu'il serait remis, avec copie du présent, audit B..., *ou* à la femme F..., pour momentanément en prendre soin et le porter à l'hospice de...; et avons dressé le présent procès-verbal, qui a été transcrit sur les deux registres de l'état civil, signé du déclarant, des deux témoins, et de nous, après lecture faite. A..., lesdits jour et an.

Extraits d'actes de naissance.

Du registre des actes de naissance, *ou* de l'état civil de la commune de... pour l'an..., a été extrait ce qui suit :

Du... mil huit cent...

Acte de naissance de A.., né le... de ce mois, à... heures..., fils *ou* fille de A... et B..., mariés à..., en l'an..., en présence de C... et D...

Sur la réquisition faite par le père, *ou* par E..., accoucheur, *ou* F..., sage-femme, qui a signé avec les témoins, après lecture faite, *ou* qui a déclaré ne savoir signer. Signé au registre A... C... D... Signé M..., officier de l'état civil.

Délivré par nous, G.., officier de l'état civil, *ou* maire, *ou* adjoint, remplissant les fonctions d'officier de l'état civil de la commune de... A..., ce...

MARIAGE.

Publication de mariage.

Cejourd'hui..., par nous, A..., officier de l'état civil, *ou* maire, *ou* adjoint remplissant les fonctions de l'état civil de la commune de..., a été publié, pour la première fois, *ou* pour la seconde fois, devant la porte extérieure de la maison commune, le mariage qui doit être célébré entre B..., âgé de... demeurant à..., fils majeur *ou* mineur de... et de.., demeurant à..

Ou laquelle publication ne sera pas réitérée, à raison des dispenses qui ont été accordées pour la seconde, ainsi que cela nous a été justifié.

Ou laquelle publication est faite en vertu de dispenses d'âge *ou* de degré de parenté, qui ont été obtenues par les parties, et dont il nous a été donné justification.

Ou laquelle publication est faite sur la représentation de l'acte de décès de l'épouse du futur, *ou* de l'époux de la future, *ou* de l'acte de divorce du futur *ou* de la future, duquel il résulte que son précédent mariage est dissous depuis...

Cette publication, lue à haute et intelligible voix, a été de suite affichée à la porte de la maison commune. De quoi nous avons dressé acte, lesdits jour et an que dessus.

Affiche de publication de mariage.

Promesse de mariage entre J..., fils de... et de..., et M..., fille de... et de..., publiée cejourd'hui dimanche... de ce mois, et affichée à la porte extérieure de cette commune, afin que personne n'en ignore, par nous, officier de l'état civil, *ou* maire *ou* adjoint remplissant les fonctions d'officier de l'état civil de la commune de...

Acte de célébration de mariage.

Cejourd'hui..., devant nous, A..., officier de l'état civil, *ou* maire, *ou* adjoint remplissant les fonctions d'officier de l'état civil de la commune de..., sont comparus en la maison commune,

B..., fils majeur, *ou* fils mineur de B..., demeurant en cette commune, *ou* en la commune de..., *ou* décédé le..., et de M..., demeurant à...; *ou* décédée le..., *ou* veuve de L..., décédé le..., *ou* épouse divorcée pour cause déterminée, *ou* par consentement mutuel, d'avec P..., par acte de l'état civil de..., en date du..., *ou* enfant naturel, âgé de... ans, d'une part;

Et C..., fille majeure, *ou* fille mineure de C...., demeurant en cette commune, *ou* en la commune de..., *ou* décédé le..., et de E..., demeurant à..., *ou* décédée le..., *ou* veuve de F..., décédé le..., *ou* épouse divorcée pour cause déterminée, *ou* par consentement mutuel, d'avec G..., par acte de l'état civil de..., en date du..., *ou* enfant naturel, âgée de... ans, d'autre part;

Lesquels, en présence de J... Q... D... V..., leurs témoins, et sous l'assistance et du consentement de... aïeuls, *ou* aïeules, *ou* de P... père *ou* mère présents, nous ont requis de procéder à la célébration de leur mariage , dont les publications ont été faites ; savoir : la première, le... , la seconde , le...

Faisant droit à leur réquisition , après avoir donné lecture :

1° Des actes de naissance des futurs ;

2° Des actes de publications faites en cette commune le.... et le..., et en la commune de..., sur lesquels il n'est intervenu aucune opposition, *ou* dont la première publication a été faite le..., à..., et dont la seconde n'a pas eu lieu en vertu de la dispense délivrée, au nom du gouvernement, par le procureur du Roi près le tribunal de première instance de..., laquelle dispense est restée annexée au registre, *ou* sur laquelle est intervenue opposition, laquelle a été levée par jugement, en date du..., laquelle pièce demeure annexée au registre après avoir été paraphée par lesdits futurs époux ;

3° Des lettres de dispense d'âge, obtenues le.. par le futur époux *ou* la future épouse, lesquelles demeurent annexées au registre après avoir été paraphées par lesdits futurs époux ;

4° De l'acte de divorce produit par le futur époux *ou* par la future épouse, duquel il résulte que le mariage qui avait été contracté avec N..., sa première femme, *ou* avec M..., son premier mari, a été dissous par le divorce fait par consentement mutuel, *ou* pour cause déterminée, par l'officier de l'état civil de la commune de..., le..., lequel acte demeure annexé au registre après avoir été paraphé par lesdits futurs époux ;

5° De l'acte de décès de R..., duquel il résulte que le premier mariage du futur *ou* de la future avec R..., a été dissous par la mort dudit R..., lequel acte demeure annexé après avoir été paraphé ;

6° Des actes de décès de D... G..., père et

mère du futur époux *ou* de la future épouse, lesquels actes demeurent annexés au registre après avoir été paraphés par lesdits futurs époux ;

7° De l'acte de notoriété en date du..., de...., constatant que ledit futur époux *ou* ladite future épouse ne peut produire son acte de naissance, homologué au tribunal de..., le..., lesquels dits actes et homologation demeurent annexés au registre après avoir été paraphés par les futurs époux ;

8° Des trois actes respectueux de B..., futur époux, *ou* de C..., future épouse, faits à M..., son père *ou* sa mère, dans les délais prescrits par la loi, sans avoir obtenu de consentement, lesquels demeurent annexés au registre après avoir été paraphés par lesdits futurs époux ;

9° De l'acte respectueux fait par B..., futur époux, *ou* C..., future épouse, à S..., son père *ou* sa mère, qui a depuis donné son consentement au mariage, par acte passé devant G..., notaire à..., lesquels actes demeurent annexés au registre après avoir été paraphés par lesdits futurs époux ;

10° Du chapitre 6, titre 5, du livre 1er du *Code civil*, concernant *les droits et devoirs respectifs des époux.*

Nous avons demandé au futur époux et à la future épouse s'ils veulent se prendre pour mari et pour femme : chacun d'eux ayant répondu séparément et affirmativement, nous avons prononcé, au nom de la loi, que B... et C... étaient unis par le mariage.

Lesdits époux nous ayant déclaré qu'il existe un enfant naturel, fruit de leurs œuvres ; que cet enfant n'a point été reconnu lors de sa naissance, et qu'il a été présenté à l'officier de l'état civil de la commune de..., sous les prénoms et nom de N...; qu'ils désirent le reconnaître pour leur enfant, attendu qu'il n'est ni adultérin ni incestueux, et qu'à cet effet, ils nous le représentent : sur quoi, nous, officier de l'état civil, après avoir examiné cet enfant, que nous attestons être du sexe..., avons déclaré que..., enfant naturel desdits futurs époux, est légitimé, et que mention de la présente légitimation sera faite en marge de son acte de naissance.

De tout ce que dessus nous avons dressé le présent acte, qui a été de suite transcrit sur les deux registres, et signé par nous, les parties et les témoins, après que lecture en a été donnée, lesdits jour et an.

Extrait d'acte de mariage.

Du registre des actes de mariage, *ou* de l'état civil de la commune de..., pour l'an..., a été extrait ce qui suit :

Du... mil huit cent ..

Acte de mariage de B..., âgé de..., né à..., demeurant à..., fils majeur *ou* mineur de B..., et de R..., demeurant à..., *ou* veuf de P..., décédé le... à... *ou* époux divorcé d'avec N...

Et de C..., âgée de..., née à..., demeurant à..., *ou* épouse divorcée d'avec R...

Les actes préliminaires sont ceux de naissance des futurs époux, celui de..., etc.

Les futurs époux présents ont déclaré prendre en mariage, l'un C..., l'autre B..., en présence de J..., N..., D..., V...

Après quoi, moi, A..., officier de l'état civil, *ou* maire, *ou* adjoint remplissant les fonctions d'officier de l'état civil, ai prononcé, au nom de la loi, que B... et C... étaient unis par le mariage, et ont, les époux et les témoins, signé avec moi. Signé au registre B..., C..., J..., N..., D..., V..., et A...

Délivré par nous A..., officier de l'état civil, *ou* maire, *ou* adjoint remplissant les fonctions d'officier de l'état civil de la commune de..., ce...

DÉCÈS.

Acte de décès.

Cejourd'hui...., devant nous, A...., officier de l'état civil, *ou* maire, *ou* adjoint remplissant les fonctions d'officier de l'état civil de la commune de..., sont comparus D... et P...,

Lesquels nous ont déclaré que M... est décédé ce jour, à...; sur quoi, nous officier de l'état civil sus-nommé, nous sommes transporté avec lesdits témoins en la maison où se trouve le corps du défunt, et nous nous sommes assuré que ledit M.... est réellement décédé.

En foi de quoi nous avons dressé le présent acte, que nous avons transcrit sur les deux registres et signé avec les deux témoins après lecture faite, lesdits jour et an.

Acte de décès dans un hôpital ou une prison.

Cejourd'hui..., nous, A..., officier de l'état civil, *ou* maire, *ou* adjoint remplissant les fonctions d'officier de l'état civil de la commune de..., sur l'avis qui nous a été donné par T.... que P...., malade dans l'hôpital de... *ou* détenu dans la prison de..., était décédé cejourd'hui à... heures, nous sommes transporté dans ledit hôpital, *ou* dans ladite prison, à l'effet de nous assurer du décès; et après avoir reconnu que P... était réellement décédé, nous l'avons fait inscrire sur le registre de décès de la maison, et avons, en présence de S... et F... dressé et transcrit le présent acte sur les deux registres de l'état civil de la commune de..., que nous avons signé avec les deux témoins susdits après lecture faite, lesdits jour et an.

Acte de décès par mort violente ou exécution à mort.

Cejourd'hui..., devant nous, G..., officier de l'état civil, *ou* maire, *ou* adjoint remplissant les fonctions d'officier de l'état civil de la commune de..., s'est présenté V..., lequel, en présence de N... et R..., nous a déclaré que D... est décédé en ce jour en cette commune, à... heures... Sur quoi, après avoir pris les renseignements nécessaires sur l'individu décédé, et nous être assuré de son décès, avons dressé le présent acte, que nous avons transcrit et signé sur les deux registres, avec les témoins, après lecture faite, lesdits jour et an.

Extrait d'acte de décès.

Des registres des actes de décès de la commune de... pour l'an... a été extrait ce qui suit :

Du... mil huit cent...

Acte de décès de R..., décédé le..., à heures, âgé de..., né à..., demeurant à...

Sur la déclaration faite à nous G... par L... et B... qui ont signé avec nous après lecture faite : signé au registre L..., B... et G..., maire.

Délivré par nous, G..., maire, *ou* officier de l'état civil de la commune de..., ce...

ADOPTION.

Acte d'adoption.

Cejourd'hui..., devant nous, M..., officier de

l'état civil, *ou* maire, *ou* adjoint remplissant les fonctions d'officier de l'état civil de la commune de..., se sont présentés C... et H..., lesquels, en présence de T..., D..., N... et R..., nous ont représenté l'arrêt de la cour royale de... en date du... confirmatif d'un jugement du tribunal de première instance de... en date du, portant homologation de l'acte passé devant le juge de paix du canton de... le... par lequel ledit C... déclare adopter H..., et nous ont requis d'inscrire sur les registres de l'état civil l'adoption faite par ledit C... de la personne de H...

Sur quoi, après avoir pris lecture dudit arrêt de la cour royale de... et nous être assuré qu'il ne s'est pas écoulé trois mois depuis le jour où il a été rendu, et nulle opposition ne nous étant survenue, nous avons déclaré, au nom de la loi, que C.... présent, a adopté et adopte H... aussi présent et acceptant.

De tout ce que dessus nous avons dressé le présent acte, qui a été transcrit sur les deux registres, et signé par nous, les requérants et témoins, après lecture faite, lesdits jour et an.

ACTES

DE POLICE ADMINISTRATIVE.

OBSERVATIONS.

Toutes les plaintes et dénonciations doivent être rédigées sur papier timbré.

Les procès-verbaux des maires et adjoints de maire, des commissaires de police, des officiers de gendarmerie, des gendarmes, des gardes forestiers, des gardes champêtres, doivent pareillement être rédigés sur papier timbré.

Plainte en contravention.

Cejourd'hui..., devant nous R..., maire, *ou* adjoint, *ou* commissaire de police de la commune de... s'est présenté A..., lequel s'est plaint de ce que, cejourd'hui *ou* hier, sur les... heures... B... (*énoncer les faits.*)

Nous déclarant ledit R... que, pour prévenir... *ou* pour... et aussi pour obtenir l'indemnité à laquelle il a droit de prétendre à cause de... il nous a présenté la présente plainte, qu'il a signée avec nous, désignant pour témoins C... et D... qu'il demande qu'ils soient appelés à l'audience le jour que nous indiquerons. A..., ce... l'an et jour susdits.

Procès-verbal de contravention.

Cejourd'hui..., nous, G..., maire *ou* adjoint, *ou* commissaire de police de la commune de... sur l'avis qui nous a été donné, *ou* sur le bruit public que... (*énoncer les faits*), nous y sommes transporté, et après nous être assuré de la vérité des fait, et avoir... nous avons dressé le présent procès-verbal pour servir et valoir ce que de raison. A... lesdits jour et an.

Procès-verbal chez un aubergiste.

Cejourd'hui..., nous, T..., nous sommes transporté au domicile de E..., aubergiste, où étant parvenu, nous lui avons fait la demande de la représentation de son registre, ce qu'il a refusé, *ou* nous a déclaré ne pas en avoir, *ou*, après nous l'avoir représenté, nous avons reconnu qu'il n'était pas tenu régulièrement ; sur quoi nous lui avons demandé pourquoi..., et il nous a répondu... Lui ayant fait observer qu'il était en contravention à la loi, nous lui avons en conséquence déclaré que nous allions dresser procès-verbal de sa contravention : ce que nous avons fait de suite en sa présence, pour servir et valoir ce que de raison, l'an et jour susdits.

Procès-verbal pour un homme trouvé sans passeport chez un aubergiste.

Cejourd'hui..., nous D..., accompagné de..., nous sommes transporté au domicile de H..., aubergiste, où étant arrivé, nous avons demandé audit H... la représentation de son registre, et après en avoir pris communication, nous lui avons demandé de nous conduire dans ses chambres, pour y faire la visite et l'inspection des voyageurs logés chez lui, et l'examen de leurs passe-ports et papiers, à quoi il a déféré de suite. Étant parvenu dans une chambre... nous avons trouvé un individu couché, qui nous a dit s'appeler...., âgé de..., natif de..., de la profession de..., lequel, interpellé de nous représenter son passe-port, nous a déclaré n'en point avoir, *ou* nous en a représenté un ancien non conforme à la loi ; pourquoi nous lui avons déclaré que nous allions le faire conduire, comme personne vagabonde et suspecte, devant M. le procureur du Roi du tribunal de..., à l'effet de quoi nous avons requis les sieurs P..., S..., qui nous accompagnaient, de le conduire, et avons dressé le présent procès-verbal, que nous avons signé et remis auxdits P..., S..., pour être représenté au procureur du Roi. A..., lesdits jour et an.

13*

Procès-verbal chez un marchand de vin ou cabaretier, ou limonadier en contravention.

Cejourd'hui....., nous F...., sur les.... heures de... nuit, passant devant la porte de la maison de V..., et y ayant entendu du bruit, nous y sommes entré, et avons trouvé dans une salle... plusieurs particuliers qui y buvaient; sur quoi nous avons représenté audit V... qu'il était en contravention aux lois et règlements de police qui défendent de donner à boire après... heures du soir, et lui avons déclaré que nous allions dresser notre procès-verbal de la présente contravention; et, après lui avoir enjoint de congédier de suite les personnes qui étaient à boire chez lui, nous nous sommes retiré. De tout ce que dessus nous avons rédigé le présent, pour servir et valoir ce que de raison. Lesdits jour et an.

Procès-verbal d'insulte chez un marchand de vin, ou cabaretier ou limonadier.

Cejourd'hui..., nous, G..., sur les... heures du soir, ayant été averti qu'il y avait chez le sieur D... une réunion de personnes qui s'y livraient à la débauche et à des excès, nous y sommes de suite transporté, et étant entré dans une salle au rez-de-chaussée donnant sur la rue de... nous y avons remarqué... individus qui étaient assis à une table, et y buvaient; nous avons représenté audit D... que les lois et règlements de police ne permettaient pas de donner à boire après... heures du soir; ledit D... nous ayant répondu..., nous lui avons enjoint de congédier de suite les personnes qu'il avait chez lui, lui déclarant que nous allions dresser procès-verbal de sa contravention : sur quoi ledit D... nous a , ainsi que plusieurs des personnes qui buvaient, injurié et forcé de sortir, en nous poussant hors de la maison et fermant la porte : de tout ce que dessus nous avons dressé le présent pour servir et valoir ce que de raison. A..., lesdits jour et an.

Procès-verbal de comestibles gâtés.

Cejourd'hui..., nous, M..., accompagné de... et assisté de V..., nous sommes transporté en la maison de R..., marchand, à l'effet d'y faire la visite des... qu'il vend et débite au public. Examen fait des..., et assuré, d'après l'avis dudit V..., que les... que R... avait exposés en vente étaient gâtés et corrompus, nous lui avons déclaré que nous allions les saisir et faire transporter à la maison commune ; ce que nous avons fait de suite, et avons dressé le présent procès-verbal, pour servir et valoir ce que de raison. A..., lesdits jour et an.

Procès-verbal de boissons falsifiées.

Cejourd'hui..., nous, S..., instruit que le sieur P..., marchand de..., débitait au public cette boisson falsifiée, nous sommes transporté au domicile dudit P..., accompagné de..., et assisté de A... et L...; nous étant fait conduire dans la cave dudit P..., et dégustation faite des différentes pièces de..., nous nous sommes assuré, d'après l'avis de A... et L..., que ladite boisson n'était pas naturelle, qu'elle était falsifiée et mélangée de... En conséquence, nous avons fait saisir et conduire à..., les... pièces contenant de pareilles boissons, après avoir apposé sur la bonde une plaque en fer; en présence dudit P..., dressé notre présent procès-verbal, qu'il a refusé de signer, et que nous avons signé avec A... et L..., lesdits jour et an que dessus.

Procès-verbal pour poids et mesures.

Cejourd'hui..., nous, C..., accompagné de R...
et de G..., nous sommes transporté chez B....
à l'effet d'y procéder à la vérification de ses poids
et mesures; nous y étant rendu et après nous être
fait représenter tous les poids et mesures dont se
sert journellement ledit B..., nous avons reconnu
et nous nous sommes assuré, par l'examen qui a
été fait desdits poids et mesures par R... et G...,
qu'ils n'étaient point conformes à ceux ordonnés
par la loi, et nous avons en conséquence saisi les-
dits poids et mesures, que nous avons fait trans-
porter à la maison commune; et avons, en pré-
sence dudit B..., rédigé le présent procès-verbal,
qu'il a signé *ou* refusé de signer, et qu'ont signé
avec nous lesdits R... et G... pour servir et valoir
ce que de raison. A..., lesdits jour et an.

Procès-verbal pour mendiants et vagabonds.

Cejourd'hui, nous, F..., instruit qu'il y avait
dans cette commune plusieurs individus réunis au
nombre de..., qui parcouraient les maisons et ha-
bitations, y demandant l'aumône ou des secours,
sous le prétexte de..., nous nous sommes mis en
marche pour reconnaître lesdits individus, et les
ayant rejoints à... nous avons reconnu qu'ils étaient
au nombre de..., et qu'ils sollicitaient des secours
sous le prétexte de... Leur ayant demandé la re-
présentation de leur passe-port, et nous ayant
l'un et l'autre déclaré qu'ils n'en avaient point,
nous leur avons représenté qu'ils étaient en con-
travention à la loi qui défend de voyager sans
passe-port, et que la loi défend pareillement la
mendicité; et de suite nous les avons arrêtés et
livrés à N... pour être conduits devant le juge de
paix de..., aux fins d'être par lui statué ce qu'il

appartiendra ; et avons rédigé le présent procès-verbal que nous avons signé et remis audit N.... pour être déposé entre les mains dudit juge de paix. A..., lesdits jour et an.

Procès-verbal pour individu supposant des infirmités.

Cejourd'hui... nous, H..., ayant vu un individu mendiant et se disant estropié de... *ou* attaqué de la maladie de..., et soupçonnant que ledit individu pourrait être un imposteur, nous lui avons demandé la représentation de son passe-port, et en même temps de nous justifier des infirmités dont il se disait attaqué, et s'étant refusé à notre demande, nous lui avons déclaré que nous le considérions comme un imposteur, un vagabond, et une personne sans aveu ; et en conséquence, nous avons arrêté ledit individu, qui n'a voulu nous déclarer ni son nom, ni le lieu de sa demeure, *ou* qui nous a déclaré se nommer T... et être natif de... et l'avons conduit à... *ou* livré à R... pour être conduit devant le juge de paix de..., et avons dressé le présent procès-verbal, que nous avons signé, et remis audit R... pour être déposé entre les mains dudit juge de paix. L'an et jour susdits.

Procès-verbal pour dispute avec ameutement du peuple.

Cejourd'hui..., nous..., passant sur la place... *ou* dans la rue..., nous avons remarqué une foule considérable de personnes rassemblées autour de deux individus que nous avons reconnus, après nous être approché, être les sieurs... qui se querellaient et s'injuriaient. Nous les avons invités à se retirer, en leur faisant observer que leur rixe était l'objet d'un attroupement qui pouvait compromettre l'ordre et la tranquillité publique ; n'ayant pas voulu déférer à notre invitation, nous ayant même répondu avec insolence et grossièreté nous avons dressé contre eux le présent procès-verbal pour servir et valoir ce qu'il appartiendra.

Procès-verbal pour diseur de bonne aventure.

Cejourd'hui..., passant sur la place de... *ou* dans la rue de... nous avons remarqué un individu entouré de plusieurs personnes auxquelles il disait la bonne aventure moyennant une rétribution ; nous étant approché de lui, nous lui avons demandé la représentation de son passe-port, ce qu'il a fait aussitôt, et avons reconnu qu'il était de... sans domicile, courant les foires et marchés pour y exercer sa profession de devin et tireur de cartes : sur quoi nous lui avons fait observer qu'il était en contravention à la loi qui défendait ces sortes d'opérations, qui ne tendaient qu'à tromper la crédulité du peuple, et lui avons déclaré que nous allions saisir ses instruments de prétendu devin, et le conduire devant le juge de paix, pour y être statué par lui ce qu'il appartiendrait, et l'avons provisoirement conduit à la maison commune, où nous avons dressé le présent procès-verbal.

Procès-verbal d'alignement de maison.

Nous, L..., maire *ou* adjoint de la commune de... sur la demande que nous a faite R... de lui donner l'alignement d'une maison qu'il est dans l'intention de faire construire, rue..., nous nous sommes transporté sur les lieux, accompagné de A... et G... où étant et après avoir pris l'avis desdits A...

et G... nous avons fixé ledit alignement ainsi qu'il suit... et avons enjoint audit R... de s'y conformer, ce qu'il a promis de faire. De ce que dessus nous avons dressé le présent procès-verbal pour servir et valoir au besoin, et avons signé, et ont pareillement signé avec nous lesdits sieurs A... et G... ainsi que R... Lesdits jour et an que dessus.

Procès-verbal de contravention pour alignement.

Nous, B... maire *ou* adjoint de la commune de... instruit que S... avait commencé de construire sur la rue de... *ou* sur le chemin de... nous nous sommes transporté sur les lieux, accompagné de R... et de C... et avons reconnu que S... avait anticipé de... sur la rue *ou* sur le chemin : et en conséquence, nous lui avons fait défense de continuer jusqu'à ce qu'il en ait été décidé par le préfet, et avons dressé le présent procès-verbal, dont nous lui avons délivré copie à ce qu'il n'en ignore. A..., ce.....

Procès-verbal pour démolition de maison.

Nous, E... maire *ou* adjoint de la commune de..., informé que le bâtiment du sieur L... situé sur la rue... menaçait ruine, et pouvait, par sa chute, occasionner des accidents, nous nous sommes transporté sur les lieux, accompagné de P..., et après avoir reconnu de nouveau, sur l'observation dudit P... que le danger était imminent, nous avons enjoint audit L... de... sous le délai de... ; et pour obvier aux accidents qui pourraient arriver en attendant ladite... nous lui avons ordonné de...; et avons dressé le présent procès-verbal, que nous avons signé, et dont nous avons délivré copie audit L... A..., ce...

Procès-verbal de retard de démolition ou de réparation.

Nous, F..., maire *ou* adjoint de la commune de... nous sommes transporté au domicile de M... où nous avons trouvé la maison qu'il occupe dans le même état de délabrement qu'il y a... mois, et sans qu'il y ait fait aucune des réparations urgentes que nous lui avions enjoint de faire pour éviter les accidents que pourrait occasionner ladite maison : sur quoi nous lui avons demandé pourquoi il n'avait pas déféré à nos ordres, et nous a répondu... En conséquence, nous lui avons déclaré que nous allions dresser contre lui notre procès-verbal, pour servir et valoir ce que de raison : ce que nous avons fait et signé. A..., ce...

Procès-verbal de visite de fours et cheminées.

Nous, S... maire de la commune de... accompagné de V... et C... en exécution de notre annonce, en date du... portant qu'il serait fait par nous une visite des fours et cheminées des maisons de cette commune, nous avons procédé à ladite visite..., le... de ce mois.

Dans le cours de laquelle visite nous avons constaté,

Que la cheminée de A.... était en mauvais état, et qu'elle pouvait donner des craintes d'incendie, et lui avons ordonné de la faire réparer sous le délai de... ;

Que la cheminée de B... était encombrée de suie, ce qui pouvait occasionner un incendie, et lui avons enjoint de la faire ramoner sous vingt-quatre heures ;

Que le four de C... était aussi en mauvais état et avait besoin de réparations, que nous lui avons enjoint de faire sous le délai de...

Que le four de D... était en mauvais état, qu'il ne pouvait supporter de réparations qui missent hors d'inquiétude d'incendie, pourquoi nous avons ordonné qu'il fût démoli , ce qui a été de suite exécuté sous nos yeux ;

Que les fourneaux de E... étaient construits de manière à pouvoir occasionner l'incendie des bâtiments voisins; pourquoi nous lui avons enjoint de les faire démolir sous le délai de... et de se conformer dans la construction des nouveaux qu'il ferait, aux lois et règlements sur ces sortes de constructions.

De tout ce que dessus nous avons dressé le présent procès-verbal, pour servir et valoir au besoin ; lequel procès-verbal ont signé avec nous lesdits V... et C... A..., ce...

Procès-verbal pour contravention de voirie.

Nous, D... maire *ou* adjoint *ou* commissaire de police de la commune de... passant dans la rue... nous avons remarqué que le sieur V... avait placé sur sa maison un auvent avançant sur la voie publique de... *ou* avait fait poser le long de sa maison des bornes *ou* un banc en pierre : nous avons demandé audit V... pourquoi il avait ainsi, en contravention aux règlements , fait poser... sans en avoir obtenu la permission : sur quoi il nous a répondu... En conséquence, nous lui avons enjoint de faire enlever... sous le délai de... et avons dressé notre procès-verbal, que nous avons signé. A..., ce...

Procès-verbal pour étalage ou échoppe.

Nous, E... maire *ou* adjoint *ou* commissaire de police de la commune de... passant sur la place du marché de... *ou* dans la rue de... nous avons remarqué que ladite place *ou* rue était tellement remplie d'échoppes, que la voie publique s'en trouvait gênée, malgré les défenses faites d'y en poser ; pourquoi nous avons enjoint auxdits... propriétaires de ces échoppes, de les enlever sur-le-champ, ce qu'ils ont exécuté, à l'exception des sieurs... qui ont persisté à rester : pourquoi nous avons contre lesdits... dressé notre procès-verbal, pour servir et valoir ce que de raison. A..., ce...

Procès-verbal pour embarras causé dans les rues.

Nous, G... maire *ou* adjoint *ou* commissaire de police de la commune de... passant dans la rue... nous avons trouvé le passage gêné par le dépôt de voitures qu'y laissait séjourner, *ou* par les marchandises , *ou* les paniers *ou* les tonneaux qu'y avait déposés le sieur N... : pourquoi nous avons enjoint audit N... de débarrasser la rue , ce à quoi il n'a pas obtempéré ; et en conséquence nous avons dressé contre lui notre procès – verbal , pour servir et valoir ce qu'il appartiendra. A... , ce...

Procès-verbal pour patente.

Cejourd'hui... nous H... , maire *ou* adjoint *ou* commissaire de police de la commune de... nous nous sommes transporté au domicile de S... marchand de... à l'effet de vérifier si ledit S... était pourvu d'une patente , *ou* s'il était pourvu de la patente de la classe du commerce qu'il exerce : lui ayant demandé la représentation de sa patente , et ledit S... n'ayant pu nous en justifier , *ou* ne nous ayant justifié que d'une patente de... inférieure à celle de la classe de son commerce, nous avons saisi les marchandises trouvées dans le magasin

dudit S... et les avons fait transporter à la maison
commune pour y rester, conformément à la loi,
déposées jusqu'à ce que ledit S... eût justifié d'une
patente de... classe à laquelle il est assujéti, et
avons du tout dressé notre procès-verbal, lesdits
jour et an que dessus.

**Procès-verbal pour charretier n'étant point à la tête
de ses chevaux.**

Cejourd'hui..., passant... nous avons remarqué
une charrette attelée de... chevaux qui marchaient
sans conducteur ; nous étant approché de ladite
charrette, nous avons reconnu, à la plaque, qu'elle
appartenait à... et l'avons aussitôt fait conduire en
fourrière chez le sieur... et avons du tout dressé
notre présent procès-verbal.

**Procès-verbal pour des personnes exerçant sans
qualité la profession de médecin, chirurgien,
accoucheur, dentiste, pharmacien, herboriste.**

Cejourd'hui..., nous... instruit par le bruit pu-
blic que le sieur... exerçait sans qualité la pro-
fession de... nous nous sommes transporté à son
domicile à l'effet de nous assurer de son titre de...;
nous ayant répondu que... nous lui avons repré-
senté qu'il était en contravention à la loi, qui ne
permettait l'exercice de cette profession qui in-
téresse la santé des citoyens, qu'aux personnes
reconnues capables, et qui, en vertu de cette ca-
pacité, en avaient reçu l'autorisation ; pourquoi
lui avons déclaré que nous allions dresser contre
lui notre présent procès-verbal, pour être envoyé
à M. le procureur du Roi, afin d'être statué par
lui ce qu'il appartiendrait ; ce que nous avons fait
à l'instant, et avons signé.

Procès-verbal pour coalition d'ouvriers.

Cejourd'hui..., nous, I... maire *ou* adjoint, *ou* commissaire de police de la commune de..., instruit que dans la maison du sieur A... un grand nombre d'ouvriers de la profession de... depuis quelques jours s'y rassemblaient à l'effet de former entre eux une coalition pour... nous nous sommes transporté dans ladite maison sur les... heures du..., où nous avons trouvé un rassemblement de... ouvriers ; nous avons représenté auxdits ouvriers qu'un pareil rassemblement était contraire aux lois, et leur avons enjoint de se séparer de suite, ce à quoi ils se sont refusés, et avons pareillement déclaré au sieur R..., propriétaire de la maison où se faisait le rassemblement, qu'il était en contravention aux lois : et en conséquence, vu ladite contravention et refus de la part desdits ouvriers de se retirer, nous avons dressé notre procès-verbal, pour servir et valoir ce qu'il appartiendra. Lesdits jour et an que dessus.

Procès-verbal d'un bateau en mauvais état.

Nous..., instruit que le bac, *ou* galiote, *ou* le coche d'eau de... était en mauvais état, et présentait des craintes pour la sûreté publique, nous nous sommes transporté à..., accompagné de N..., maître charpentier, à l'endroit de la rivière où était amarré ledit bateau, et inspection faite, nous avons reconnu que ledit bateau ne pouvait être employé sans danger qu'après une réparation faite à... (*désigner la réparation.*) Pourquoi nous avons fait défense au sieur G..., propriétaire dudit bateau, que nous avons envoyé chercher, de n'en faire usage, à partir de ce jour, qu'après avoir fait ladite réparation ; et avons de ce que dessus dressé notre procès-verbal, que nous avons signé, et qu'a pareillement signé avec nous le sieur N... A..., ce...

Procès-verbal pour un batelier passager qui surcharge son bac ou bateau.

Cejourd'hui..., nous..., ayant aperçu le bac ou bateau de... traversant la rivière, tellement surchargé de personnes qu'à chaque instant il présentait le danger d'être englouti, nous nous sommes approché de l'endroit où était abordé ledit bac, et ayant compté les personnes qui en sortaient, nous avons reconnu qu'elles étaient au nombre de..., tandis que par les règlements il est enjoint au passager de ne recevoir que... personnes. Vu laquelle contravention, nous avons déclaré audit batelier passager que nous allions contre lui dresser notre procès-verbal, pour, sur icelui, être statué ce qu'il appartiendra. Ce que nous avons fait et signé, lesdits jour et an que dessus.

Procès-verbal pour enseigne placée sans permission.

Cejourd'hui..., passant par la rue... nous avons remarqué une enseigne ayant pour effigie... nouvellement placée au-dessus de la principale porte de la maison du sieur... sans, par lui, ni avoir obtenu de la police la permission, ni avoir acquitté les droits de voirie, ainsi qu'il nous l'a déclaré sur les questions que nous lui avons faites; pourquoi nous lui avons signifié que nous allions dresser procès-verbal de sa contravention; ce que nous avons fait à l'instant, et avons signé.

Procès-verbal pour chanteurs de chansons indécentes.

Cejourd'hui..., nous... passant sur la place

de... nous avons remarqué une foule de personnes attroupées autour d'un chanteur; nous étant approché et ayant prêté l'oreille à ses chansons, nous avons reconnu qu'elles blessaient la décence; et lui ayant demandé la représentation de sa permission de la police pour s'établir sur la voie publique, ce qu'il n'a pu faire, nous lui avons déclaré qu'attendu non-seulement sa contravention, mais encore son débit, nous entendions le conduire devant le juge de paix, pour par lui être statué ce qu'il appartiendra, et avons dressé le présent procès-verbal, pour être remis audit juge de paix avec tous les exemplaires des chansons que nous avons saisies sur ledit sieur... , et avons signé.

Procès-verbal pour négligence d'éclairage.

Cejourd'hui..., nous... passant sur les... heures du soir dans la rue de... nous avons aperçu devant la porte de la maison de... une voiture chargée qui y séjournait , *ou* un amas de matériaux, *ou* de décombres, *ou* une excavation qui avait été faite dans le jour, sans que ledit... eût eu la précaution d'apposer une lumière à sa porte pour avertir les passants et prévenir les accidents ; pourquoi nous sommes entré en son domicile et lui avons enjoint de placer de suite une lanterne, et lui avons déclaré que, pour la contravention par lui commise aux règlements de police, nous allions dresser notre procès-verbal, pour, sur icelui, être statué ce qu'il appartiendra : ce que nous avons fait et signé , l'an et jour susdits.

Procès-verbal pour fusées et pétards tirés dans les rues.

Cejourd'hui..., nous... sur le bruit des fusées

et pétards que nous avons entendus, nous sommes transporté vers le lieu d'où partait le bruit, et arrivé dans la rue de... nous avons reconnu que c'étaient les enfants de... qui tiraient ces fusées et pétards : nous étant approché d'eux, nous leur avons enjoint de cesser, et avons de cette contravention aux règlements de police, dont les parents desdits enfants sont responsables , dressé notre présent procès-verbal pour servir ce qu'il appartiendra ; et avons signé, les jour et an susdits.

Procès-verbal pour rapidité de voiture ou de cheval sur la voie publique.

Cejourd'hui..., nous... passant par la rue de..., avons remarqué un individu monté sur un cheval qu'il conduisait au galop, et exposait plusieurs personnes à être blessées par la rapidité de son cheval ; *ou* avons remarqué un individu qui conduisait une voiture , *ou* une charrette attelée de... chevaux, et exposait les passants et les animaux à être blessés par la rapidité avec laquelle il la conduisait. Ayant reconnu que l'auteur de cette contravention aux règlements de police était le sieur... nous avons contre lui rédigé le présent procès-verbal que nous avons signé, l'an et jour susdits.

Procès-verbal pour vente de livres et gravures obscènes.

Cejourd'hui..., nous... passant... avons remarqué exposés en vente sur la boutique de... des livres *ou* gravures obscènes. (*Désigner ces livres ou gravures, leur format, la quantité des exemplaires.*) Nous étant approché dudit... nous lui avons fait observer que la vente de pareils objets,

(316)

qui blessent la décence, était un délit contre les
mœurs : en conséquence, nous lui avons déclaré
que nous allions saisir ces mêmes objets ; ce que
nous avons fait à l'instant, et avons dressé, tant
dudit délit que des objets saisis, notre présent pro-
cès-verbal, que nous avons signé, les jour et an
que dessus.

Procès-verbal pour scandale causé dans un temple.

Cejourd'hui..., nous... ayant été instruit par
le bruit public que le sieur... était entré dans
l'église de cette commune, et s'y livrait à des excès
envers plusieurs personnes et même envers le
curé alors dans ses fonctions religieuses, nous
nous y sommes transporté accompagné de... et
avons trouvé ledit, qui, par ses discours, avait
interrompu le cours de l'office, et ameuté autour
de lui un grand nombre de personnes. Nous étant
approché de lui, nous nous sommes saisis de sa
personne à l'aide de... et l'avons confié à la garde
de... pour être conduit et remis au procureur du
Roi de... avec le présent procès-verbal, que nous
avons rédigé d'après la déposition de... et de...
qui ont signé avec nous, lesdits jour et an que
dessus.

**Procès-verbal pour négligence de balayage, ou im-
mondices déposées devant une maison.**

Cejourd'hui..., nous... passant dans la rue...
avons remarqué que le devant de la maison de...
n'était point balayé, *ou* était rempli de décombres
ou de matériaux, *ou* de fumier ; en conséquence,
nous avons déclaré audit sieur... qu'il était en con-
travention aux règlements de police ; pourquoi
nous allions dresser notre présent procès-verbal,
ce que nous avons fait et signé, lesdits jour et an
que dessus.

Ou nous avons fait observer audit sieur... que depuis longtemps nous l'avions invité à retirer ou faire enlever les... placés devant sa porte *ou* le long de son habitation qui nuisaient à la voie publique, *ou* portaient l'infection dans le voisinage, et que n'ayant pas déféré à nos observations, nous allions dresser notre présent procès-verbal, etc.

Procès-verbal pour un militaire porteur d'un faux congé de réforme.

Cejourd'hui..., nous... ayant rencontré dans cette commune un individu à nous inconnu et arrivé depuis plusieurs jours, logeant chez le sieur... lequel individu nous a paru être militaire, nous lui avons demandé son passe-port, sur laquelle représentation nous lui avons fait observer qu'il était soldat du régiment de... sur quoi il nous a dit être porteur d'un congé de réforme qu'il nous a exhibé. Examen fait dudit congé, nous avons remarqué qu'en plusieurs endroits il avait été raturé, et que plusieurs mots étaient surchargés ; ce qui nous a donné lieu de croire que ledit congé était faux ; en conséquence, nous nous sommes saisi de la personne dudit individu, que nous avons su, par le vu de ses papiers, s'appeler... et être natif de... et l'avons mis entre les mains de... pour être conduit et remis à M. le procureur du Roi de... avec ledit congé, que nous avons signé, et que ledit... a refusé de signer, et avec le présent procès-verbal par nous dressé et signé lesdits jour et an que dessus.

Procès-verbal pour bruit nocturne.

Cejourd'hui..., nous... attiré par le bruit que nous entendions dans la rue sur les... heures de nuit, avons aperçu dans la rue de... plusieurs jeunes gens pris de vin qui chantaient, frappaient aux portes et troublaient la tranquillité publique ; nous étant approché d'eux, nous avons reconnu que c'étaient les sieurs... auxquels nous avons fait observer qu'ils étaient en contravention aux règlements de police ; sur quoi, ils nous ont répondu par des grossièretés et des invectives ; en conséquence, nous avons contre eux rédigé le présent procès-verbal, que nous avons signé.

Procès-verbal pour distribution d'annonces sans timbre.

Cejourd'hui..., nous... passant par... avons remarqué un homme qui distribuait des annonces sans être timbrées ; nous étant procuré une de ces annonces, qui avaient pour objet de... et par conséquent étaient assujéties au timbre, nous nous sommes approché de cet homme, qui nous a dit se nommer... et être domicilié... Nous lui avons représenté qu'il était en contravention à la loi ; et lui avons enjoint de nous remettre tous les exemplaires de ces annonces dont il était porteur ; ce qu'il a refusé de faire ; en conséquence nous avons dressé, tant contre ledit... distributeur desdites annonces, que contre le sieur... qui les faisait distribuer, notre présent procès-verbal, que nous avons signé lesdits jour et an que dessus.

Procès-verbal pour affiches arrachées.

Cejourd'hui..., nous.... passant par.... avons aperçu un individu qui déchirait et enlevait des affiches posées sur... Nous étant approché de lui, nous avons reconnu que c'était le sieur... domicilié rue... ; nous lui avons représenté que son action était une contravention aux règlements de police, qui défendent de déchirer et enlever les affiches, et avons contre lui dressé le présent procès-verbal, que nous avons signé lesdits jour et an que dessus.

Procès-verbal pour maison de jeu.

Cejourd'hui..., nous.... instruit qu'il se tenait dans la maison du sieur···, rue... des jeux prohibés où le public était admis, nous nous y sommes transporté accompagné de... Etant entré dans un appartement au... nous y avons aperçu un grand nombre de personnes assises autour d'une table et qui jouaient à... nous nous sommes de suite saisi des... et de l'argent qui était sur la table, lequel se montait à la somme de...; et après avoir fait observer au sieur... propriétaire, *ou* locataire tenant ladite maison de jeu, qu'il était en contravention aux règlements de police, qui défendent de tenir maison de jeux, nous lui avons déclaré que nous saisissions lesdits objets et argent ci-dessus désignés ; et avons dressé le présent procès-verbal, que nous avons signé lesdits jour et an que dessus.

Procès-verbal pour jeux de hasard sur la voie publique.

Cejourd'hui..., nous... passant sur la place de.., avons remarqué un individu, à nous inconnu, qui donnait à jouer au jeu de hasard de... Nous étant approché de lui, nous lui avons représenté que les lois et règlements de police défendaient de donner à jouer à de semblables jeux, et qu'il était en contravention : pourquoi nous lui avons déclaré que nous saisissions lesdits jeux, dont nous nous sommes emparé, lesquels consistent en... et que nous allions dresser contre lui notre procès-verbal ; ce que nous avons fait et signé lesdits jour et an que dessus.

Procès-verbal de feux allumés dans les rues ou dans les champs.

Cejourd'hui..., nous V..., maire *ou* adjoint, *ou* commissaire de police de la commune..., instruit qu'il y avait des individus qui allumaient un feu dans la rue... *ou* sur la place de..., nous y sommes transporté, et où étant arrivé nous avons aperçu un feu qui brûlait, et était entretenu par de la paille et du bois qu'y apportaient plusieurs personnes et entre autres R... et L... Nous leur avons fait observer le danger qu'il y avait d'allumer ainsi du feu près des habitations, et leur avons annoncé que nous allions dresser notre procès-verbal contre une pareille contravention aux lois : ce que nous avons fait après avoir fait éteindre le feu. A..., ce..., lesdits jour et an que dessus.

Procès-verbal pour négligence à écheniller.

Cejourd'hui..., nous... maire *ou* adjoint, *ou* commissaire de police de la commune de... faisant dans ladite commune une tournée à l'effet de nous assurer si tous les habitants s'étaient conformés à l'ordonnance de police, en date du... qui leur enjoignait d'écheniller les arbres de leurs propriétés, nous avons remarqué que les arbres de la propriété de V..., habitant de cette commune, étaient couverts de chenilles, et que ledit V... avait négligé entièrement de faire l'échenillage de ses arbres ; pourquoi nous avons dressé le présent procès-verbal, que nous avons signé, pour servir et valoir ce que de raison. A..., lesdits jour et an.

Procès-verbal pour dégradation de monuments publics, routes, chemins, arbres et bâtiments, appartenant au gouvernement ou à la commune.

Cejourd'hui...., nous.... passant par.... avons

aperçu le sieur..., habitant de cette commune, domicilié... qui... (*énoncer les faits*). Nous étant approché de lui , nous lui avons fait observer qu'il commettait un délit en..., sur quoi il nous a dit que (*ses réponses*) : nous lui avons répliqué que... et lui avons déclaré que nous allions nous saisir de... (*des objets du délit s'il y en a*) : ce que nous avons fait , *ou* ce à quoi il s'est opposé ; et avons du tout dressé notre présent procès-verbal , pour servir et valoir ce que de raison , lequel nous avons signé lesdits jour et an que dessus.

Procès-verbal pour n'avoir pas déclaré des animaux attaqués de maladie contagieuse , et les avoir envoyés aux pâturages et abreuvoirs communs.

Cejourd'hui... nous... , instruit que le sieur... , habitant de cette commune , avait chez lui des bestiaux attaqués de maladie contagieuse qu'il conduisait aux pâturages et abreuvoirs communs , nous nous sommes transporté au domicile dudit.... accompagné de... vétérinaire *ou* maréchal expert , où examen fait desdits bestiaux , nous avons reconnu que... (*désigner les animaux et leur nombre*) étaient attaqués de la maladie de... (*énoncer le genre de la maladie*) : sur quoi lui avons fait observer qu'il était en contravention aux lois et règlements , pour n'avoir pas fait la déclaration de la maladie dont étaient attaqués ces animaux ; il nous a répondu que... (*ses réponses*) : nous lui avons répliqué que... et lui avons fait défenses de les conduire , jusqu'à nouvel ordre , aux pâturages et abreuvoirs communs , et lui avons enjoint de les tenir en garde chez lui aussi jusqu'à nouvel ordre. Et avons de tout ce que dessus dressé le présent procès-verbal, que nous avons signé les jour et an que dessus.

Procès-verbal pour chevaux et autres bestiaux attaqués de maladie contagieuse.

Cejourd'hui..., nous T..., maire *ou* adjoint de la commune de..., instruit par la notoriété publique que L..., cultivateur en cette commune, avait des chevaux *ou* des vaches, *ou* des moutons attaqués de maladie contagieuse, nous nous sommes transporté au domicile dudit L..., accompagné de B..., maréchal-expert, *ou* artiste vétérinaire, où étant arrivé nous nous sommes fait représenter les chevaux *ou* les bestiaux dudit L..., et ayant reconnu que... étaient effectivement attaqués de la maladie de... qui pouvait être communiquée aux autres..., et que la maladie était incurable, nous avons ordonné que... seraient tués de suite et enfouis à..., à huit pieds de profondeur, et que l'écurie *ou* l'étable *ou* la bergerie où avaient séjourné lesdits... seraient purifiés, et que les murs, l'auge et le râtelier seraient lavés à l'eau de chaux dans les vingt-quatre heures, sinon qu'il y serait pourvu par nous aux frais dudit L..., *ou* que ledit L..., serait tenu de séparer lesdits... des autres... et ne pourrait les mener paître ailleurs que... ni les conduire pour être abreuvés ailleurs que... jusqu'à ce que lesdits... fussent entièrement guéris : ce que ledit L... a consenti faire exécuter de suite. De tout ce que dessus nous avons dressé notre procès-verbal pour servir et valoir au besoin. A..., lesdits jour et an.

ACTES DES TRIBUNAUX

DE POLICE MUNICIPALE.

Comparution volontaire des parties.

Cejourd'hui..., par-devant nous A..., maire de

la commune de... sont comparus B... et V... en notre audience de police municipale tenue en la maison commune, lesquels nous ont dit ce qui suit, savoir :

Ledit B... que... et ledit V... que... et nous ont demandé jugement et ont signé avec nous et notre greffier, *ou ont dit ne savoir signer.*

Avertissement pour comparaître.

M..., vous êtes averti de vous trouver le... à... heures, à l'audience de police qui sera tenue dedit jour, pour y répondre sur le contenu au procès-verbal dressé par... *ou* à la plainte de contravention rendue contre vous le... par G... à peine de vous voir condamner par défaut. A..., ce...

Avertissement aux témoins pour venir déposer.

M..., vous êtes averti de vous rendre le... de ce mois, à... heures du matin, à l'audience du tribunal de police de la commune de... séant à... pour y déposer sur les faits dont il vous sera donné connaissance, sous peine d'amende. A..., ce...

Jugement par défaut.

Le tribunal de police, tenu par le maire de la commune de... a rendu le jugement qui suit :

Entre G..., demandeur aux fins de...

Et D... défendeur, cité à comparaître cejour-d'hui par acte du ministère de T... huissier à... *ou* averti de comparaître par lettre du maire, en date du...

La cause ayant été appelée en l'audience, D..., défendeur, n'ayant pas comparu ni par fondé de pouvoir, et G..., demandeur, ayant requis défaut et l'adjudication de ses conclusions ;

Lecture faite par le greffier, *ou* par l'adjoint exerçant les fonctions du ministère public, de la plainte rendue le... par C... *ou* du procès-verbal dressé le... contre le défaillant, de laquelle plainte *ou* duquel procès-verbal il résulte que...

Ouï le réquisitoire de N... adjoint,

Le tribunal donne défaut contre D... non comparant en personne, ni par fondé de pouvoir ; et pour le profit, attendu que D... est coupable de la contravention prévue par l'article... du Code pénal ainsi conçu... le condamne à... (l'amende de la somme de...) (à... jours de prison) (à payer la somme de... audit C... pour dommages et intérêts) (aux dépens), lui fait en outre défense de récidiver, sous telle peine qu'il appartiendra.

Fait à..., ce...

Jugement pour entendre témoins, ou faire visite des lieux, ou faire estimation de dommages.

Le tribunal, etc.

Ordonne qu'avant de faire droit il sera fait une visite des lieux par G... à l'effet de...

Ou que N... et V... se transporteront sur les lieux, à l'effet d'y constater le dommage...

Ou que T... et R... seront cités *ou* avertis de comparaître à l'audience de... pour y être entendus comme témoins,

Et renvoie la cause à l'audience du... où, après avoir entendu... il sera statué définitivement.

Fait à..., ce...

Jugement par défaut sur opposition.

Le tribunal de police de la commune de..., en la cause entre C..., demandeur aux fins de... et D..., défendeur et opposant au jugement par défaut rendu contre lui, le... qui le condamne à...

Attendu la non-comparution dudit D... opposant; après avoir attendu jusqu'à... heures, donne défaut contre ledit D... non comparant ni personne pour lui, et pour le profit ordonne que le jugement rendu le... de ce mois, sera exécuté selon sa forme et teneur, et que ledit D... défaillant, ne pourra former opposition au présent jugement.

Fait à..., ce...

Jugement contradictoire sur opposition.

Le tribunal de police de la commune de..., en la cause entre C..., demandeur, etc., et D..., défendeur opposant au jugement par défaut rendu par ledit tribunal, le... qui le condamne à... reçoit ledit D... opposant au jugement par défaut du...; et statuant sur son opposition, attendu que... déboute ledit D... de son opposition audit jugement du... et en conséquence ordonne que ledit jugement sera exécuté selon sa forme et teneur.

Fait à..., ce...

Jugement contradictoire et définitif.

Le tribunal de police tenu par le maire de la commune de... a rendu le jugement qui suit :

Entre R... demandeur, suivant la citation donnée à sa requête, le... par G... huissier, aux fins de.....

Et P.... défendeur cité *ou* averti de se trouver cejourd'hui... par lettre en date du...

Ou entre N... adjoint du maire de la commune de... remplissant les fonctions du ministère public, demandeur aux fins de faire condamner le sieur P... à... pour cause de contravention à... suivant le procès-verbal de ladite contravention, dressé le..... par... contre ledit P,...

14*

Le tribunal, après avoir entendu la plainte *ou* la demande de R...

Ouï les témoins produits par ledit R...

Ou la lecture du procès-verbal du maire *ou* de l'adjoint, *ou* du commissaire de police, *ou* du garde champêtre de la commune de...

Après avoir pareillement entendu le sieur P..... inculpé *ou* défendeur en personne *ou* par son fondé de pou voir ;

Ouï les témoins produits par ledit sieur P.....

Attendu qu'il résulte de la plainte dudit R... et de la déposition des témoins qu'il a produits, *ou* du procès-verbal dressé par... que P... est coupable de contravention ;

Vu l'article... du Code pénal portant la peine de... contre une pareille contravention, lequel article est ainsi conçu...

Condamne ledit P... à l'amende de... à... jours d'emprisonnement, au paiement de la somme de... envers R... à titre de restitution *ou* de dommages et intérêts, et à tous les dépens, liquidés à la somme de...

Ou condamne ledit P.... à l'amende de.... à.... jours d'emprisonnement et à tous les dépens envers la partie publique, lesquels sont liquidés à la somme de...

Ce qui sera exécuté.

Fait et jugé en l'audience publique du tribunal de police de la commune de... tenu par le maire *ou* l'adjoint de ladite commune, en la maison commune, le... lequel a signé avec le greffier le présent jugement.

De la forme exécutoire des jugements.

Louis-Philippe, roi des Français, à tous présents et à venir, salut :

« Le tribunal de police, etc... (*Relater le juge-
ment en entier.*)

Mandons et ordonnons à tous huissiers sur ce
requis, de mettre le présent jugement à exécution ,
et à tous commandants et officiers de la force pu-
blique de prêter main-forte lorsqu'ils en seront
requis ; en foi de quoi le présent jugement a été
signé par le maire *ou* par l'adjoint présidant le tri-
bunal, et par le greffier.

Pour expédition conforme à la minute. (*Signa-
tures du maire et du greffier.*)

Mandat pour faire conduire en prison un individu condamné à l'emprisonnement.

Nous..., S..., maire de la commune de.., man-
dons et ordonnons au sieur T..., huissier, *ou* au
sieur V..., gendarme, de conduire en la maison
d'arrêt de..., P..., en se conformant à la loi ; et
ordonnons au gardien de la prison de retenir et
de garder pendant... jours ledit P..., condamné à
pareil temps d'emprisonnement par jugement du
tribunal de police de la commune de..., en date
du..., et requérons tous dépositaires de la force
publique de prêter main-forte en cas de nécessité
pour l'exécution du présent mandat.

Donné à..., ce...

Extrait de jugement à envoyer au receveur des droits d'enregistrement pour faire payer l'amende et frais.

Des registres du tribunal de police de la com-
mune de... a été extrait ce qui suit :

Par jugement rendu le... sur les conclusions
du ministère public, par le maire de la commune
de...,

Contre G...

Ledit G... a été condamné pour les causes énon-
cées, en vertu de l'article... du Code pénal ainsi
conçu... à l'amende de... et à la somme de... pour
frais envers la partie publique. Signé N..., maire,
et O..., greffier.

Pour extrait, O..., greffier.

TABLEAU

DES CAUSES DU TRIBUNAL DE POLICE MUNICIPALE A TRANSMETTRE TOUS LES TRIMESTRES AU PROCUREUR DU ROI.

PARTIES.	PROCÈS-VERBAL ; PLAINTES ; CITATIONS.	JUGEMENTS.	OBSERVATIONS.
Ministère public contre A. . .	Procès-verbal *ou* plainte pour. . . . *ou* citation pour. . . .	Amende de .. jours de prison. Dépens.	Contradictoi-re *ou* par dé-faut; opposi-tion ; appel.
T...... contre M. . .	Citation pour.	. . . . de dommages et intérêts Frais.	Contradictoi-re ; appel confirmé.
B. . . . . contre R. . . .	Procès-verbal et citation pour. . . .	. . . d'in-demnité. Frais.	Contradictoi-re; cassation; rejet.

Procès-verbal de trouble dans une audience.

Cejourd'hui..., en l'audience de police municipale tenue en..., par nous, A..., maire de la commune de..., le sieur B..., s'étant permis dans l'exposé des faits relatifs à la contestation qui existait entre lui et le sieur C..., au sujet de..., portée devant ledit tribunal de police municipale de la commune de..., d'injurier ledit C... et de..., nous lui avons représenté qu'il manquait au respect dû au tribunal; et ledit B... sans avoir égard à nos représentations, ayant continué d'injurier ledit C... et même de nous injurier nous-même, nous avons, avant faire droit sur la demande dudit B... contre C..., condamné ledit R... à l'amende de... et à... jours d'emprisonnement pour trouble par lui causé, et pour manque de respect envers nous dans le tribunal; et de tout ce que dessus a été dressé procès-verbal par le greffier, lequel procès-verbal a été signé par nous et le greffier pour servir et valoir ce que de raison. Lesdits jour et an que dessus.

Procès-verbal d'outrages dans une audience.

Cejourd'hui..., en l'audience de police municipale de la commune de... tenue par N..., maire de ladite commune de... après jugement rendu qui condamne le sieur T... à... pour..., suivant procès-verbal de contravention à..., dressé par nous *ou* par l'adjoint, *ou* par le commissaire de police, *ou* par le garde champêtre, le... de ce mois, ledit T..., s'étant permis de nous injurier, *ou* d'injurier le... nous lui avons représenté qu'il manquait au respect dû au tribunal : ledit T... sans avoir égard à nos représentations, a porté le manque de respect jusqu'à nous menacer, et même lever la main sur nous : pourquoi nous avons de suite ordonné à R..., huissier, *ou* gendarme, *ou* garde champêtre, de se saisir de sa personne, et de le conduire devant M. le procureur du Roi de..., et avons, de tout ce que dessus, dressé procès-verbal que nous avons signé avec le greffier, lequel procès-verbal nous avons remis audit... pour être transmis à M. le procureur du Roi à A..., lesdits jour et an que dessus.

ACTES DE POLICE JUDICIAIRE

Dénonciation.

Cejourd'hui..., devant nous G..., maire *ou* adjoint, *ou* commissaire de police de la commune de... à heures... s'est présenté L... lequel nous a requis de rédiger la dénonciation qui suit :

Le... (*énoncer les faits*) dont acte, et a signé enfin et à chaque feuillet avec nous, *ou* ledit L... nous ayant déclaré ne savoir signer, nous avons signé.

Et vu que le délit est flagrant, nous disons que nous nous transporterons de suite à... à l'effet d'y prendre les renseignements et éclaircissements nécessaires propres à constater le crime et à faire punir les coupables.

Plainte.

Cejourd'hui..., devant nous H..., maire *ou* adjoint, *ou* commissaire de police de la commune de... s'est présenté J... lequel nous a remis la plainte qui suit, écrite et signée de sa main, *ou* nous a requis de rédiger la plainte qui suit : (*énoncer les faits*) ; *ou* lequel, au nom et comme fondé de la procuration spéciale de N..., passée

devant C... , notaire , à... le... laquelle est demeu-
rée annexée au présent, nous a remis la plainte
qui suit , écrite et signée de la main de son consti-
tuant.

Pourquoi il nous a requis de nous transporter de
suite à... à l'effet de... et a signé enfin et à chaque
feuillet de ladite plainte, dont il a demandé acte ,
que nous lui avons accordé.

Et vu que le délit est flagrant , nous disons que
nous allons en prévenir M. le procureur du Roi ,
et que de suite nous nous transporterons à... , à
l'effet de faire toutes les recherches et perquisi-
tions nécessaires , et avons signé.

Procès-verbal de transport et de perquisition.

Cejourd'hui..., heures..., nous , E... , maire *ou*
adjoint *ou* commissaire de police de la commune
de..., sur la plainte à nous présentée par... *ou* sur
l'avis à nous donné que..., après avoir préalable-
ment prévenu M. le procureur du Roi du tribunal
de première instance de..., et en conséquence de
notre ordonnance de ce jour, nous nous sommes
transporté , accompagné de G... et B..., officiers
de santé , de V..., serrurier, de R... et T..., gen-
darmes à la résidence de..., au domicile de D...,
où étant arrivé nous avons placé à la porte don-
nant sur la rue, R..., gendarme, et à celle don-
nant sur les champs, T..., autre gendarme , avec
ordre de ne laisser sortir personne de la maison ;
entré dans ladite maison, nous y avons trouvé
dans une salle... le sieur Q..., qui nous a dit être
le domestique de... Perquisition faite dans... de
ladite maison, nous avons trouvé dans une ar-
moire que nous avons fait ouvrir par V..., ser-
rurier, avec nous amené..., lesquels objets à nous
désignés dans la plainte de S..., qui est le motif
de notre transport ; nous avons saisis.

Ou entré dans... nous avons trouvé le cadavre de A..., étendu sur le carreau. Examen fait dudit cadavre par G... et B..., officiers de santé par nous amenés, et lesquels ont prêté serment entre nos mains de procéder en leur honneur et conscience audit examen, lesdits G... et B... ont déclaré...

Ou entré dans... nous avons remarqué une armoire dont la serrure avait été brisée à l'aide d'un..., ne contenant que..., et que le sieur C..., propriétaire de la maison, et plaignant, nous a dit renfermer avant le vol... tous lesquels objets lui ont été volés.

Nous avons ensuite procédé à l'audition des témoins :

Le sieur A... nous a dit...

Le sieur B... nous a dit...

Le sieur P... nous ayant été dénoncé comme l'auteur du crime de... nous avons ordonné qu'il comparût devant nous... Arrivé, nous l'avons interrogé sur..., et lui avons demandé...

Et vu que P... est prévenu d'être l'auteur de..., nous avons ordonné aux gendarmes R... et T... de le conduire sur-le-champ devant M. le procureur du Roi avec les...... saisis sur sa personne *ou* trouvés en son domicile, et le présent procès-verbal, pour, par ce magistrat, être requis ce qu'il appartiendra.

N'ayant plus de perquisition à faire, de témoins à entendre, de prévenus à interroger, nous avons clos le présent, que les sieurs..., officiers de santé, témoins, gendarmes, ont signé avec nous, à l'exception de... qui a déclaré ne savoir signer, *ou* ne vouloir signer... A... lesdits jour et an que dessus.

Procès-verbal d'un prévenu de crime ou délit arrêté sur la clameur publique.

Cejourd'hui... devant nous, C..., maire *ou* ad-

joint *ou* commissaire de police de la commune
de... a été amené par les sieurs..., habitants de
cette commune... M..., saisi sur la clameur pu-
blique à l'instant où il venait de se commettre
un... dans la maison de G... De suite nous avons
fait conduire ledit M... en la maison de G..., où
nous nous sommes en même temps transporté,
accompagné de... Etant arrivé au domicile de
G..., nous avons reçu la déclaration de E... de
laquelle il résulte que... Nous avons ensuite en-
tendu les dépositions de... et qui ont déclaré...;
puis nous avons interrogé M...

Et vu que de la déclaration de G..., de la dé-
position des témoins, et de l'interrogatoire de
M... il résulte que ledit M... n'est pas l'auteur du...
commis en la maison de C..., nous avons ordonné
que ledit M... serait sur-le-champ relâché.

Ou vu que... il résulte que M. est présumé être
l'auteur du... commis en la maison de G..., nous
avons ordonné que M... serait conduit par-devant
N..., le procureur du Roi de..., auquel notre pré-
sent procès-verbal serait remis pour, par ce ma-
gistrat, être requis ce qu'il appartiendra; et avons
clos notre procès-verbal, que nous avons signé,
et qu'ont signé avec nous le sieur G... et les
sieurs... lesdits jour et an que dessus.

Mandat d'amener.

Nous, G..., maire *ou* adjoint *ou* commissaire
de police de la commune de..., mandons et or-
donnons à tous huissiers et agents de la force
publique d'amener devant nous, en se confor-
mant à la loi, I... pour être entendu sur les in-
culpations dont il est prévenu; nous requérons
tous dépositaires de la force publique de prêter
main-forte, en cas de nécessité, pour l'exécution
du présent mandat. Donné à..., ce...

Procès-verbal d'un cadavre trouvé dans un chemin ou dans la rivière.

Cejourd'hui..., nous...; maire *ou* adjoint *ou* commissaire de police de la commune de..., instruit qu'il a été trouvé sur la route de... à..., *ou* dans la rivière de..., à... un cadavre, nous y sommes transporté, accompagné de D..., officier de santé. Arrivé audit lieu, nous avons vu ledit cadavre, qui était celui d.... (*signalement*) et était revêtu d.... (*décrire l'habillement.*)

Le sieur D..., après avoir prêté serment devant nous de nous donner son avis et faire son rapport en son âme et conscience, a procédé à l'examen du cadavre, et nous a dit que...

Attendu qu'il résulte du rapport à nous fait par ledit sieur D..., que la mort n'est l'effet ni la suite d'aucune violence ni d'aucune attaque, ledit cadavre ayant été reconnu par T... pour être celui de T... son... nous le lui avons délaissé pour le faire inhumer.

Ou, attendu que le cadavre n'a été reconnu par personne, mais qu'il y a lieu de croire, par les papiers trouvés sur lui et ci-dessus détaillés, que ce cadavre est celui de V..., nous disons que ledit cadavre sera déposé à... et la famille avertie de venir le reconnaître.

Ou, attendu que ledit cadavre n'a été reconnu par personne, et qu'aucun renseignement ne nous a été fourni sur son nom, sa famille, nous disons qu'il sera inhumé, et l'avons fait remettre à cet effet à S...

Ou, attendu qu'il résulte des déclarations à nous faites et du rapport dudit D... que la mort a été violente et ne provient que du fait d'autrui, nous avons ordonné qu'il soit inhumé dans le cimetière de... en un lieu séparé des autres sépul-

tures , afin de faciliter son exhumation en cas de
nécessité.

De tout ce que dessus nous avons dressé notre
procès-verbal que nous avons signé avec le sieur
D... et M... et Q..., témoins. Lesdits jour et an
que dessus.

ACTES RELATIFS AUX ENGAGE-MENTS VOLONTAIRES ET AU RECRUTEMENT.

Acte d'engagement.

L'an   le
       à   heures, s'est présenté devant
nous (*maire ou adjoint*), officier de l'état civil
d   arrondissement d   dépar-
tement d   le sieur (*nom et
prénoms*), âgé de   exerçant la profession
d   (Si l'engagé a déjà servi, spécifier,
d'après sa déclaration (*à la suite de l'indication
de la profession*), en quelle qualité et dans quel
corps), domicilié à   canton d
           arrondissement d   département
d   et résidant à   canton
d   arrondissement d   dépar-
tement d

Lequel a déclaré vouloir s'engager pour servir
dans le (*désignation du corps*); et à cet effet nous
a présenté :

1o Un certificat délivré, sous la date du (*indi-
cation de la date*), par (*nom, grade et corps de
l'officier signataire du certificat*), et constatant
que ledit sieur (*nom de l'engagé*) n'est atteint

d'aucune infirmité, qu'il a la taille et les autres qualités requises pour le service militaire et pour le corps auquel il se destine, et que l'effectif permet de l'y admettre;

2o Son acte de naissance (si ce n'est pas un acte de naissance que l'engagé produit, il faudra substituer aux mots, *son acte de naissance*, ceux qui suivent : un (*indication du titre qui serait produit conformément à l'article 46 du Code civil*); ou un acte de notoriété dressé et homologué dans les formes voulues par les art. 70, 71 et 72 du Code civil, constatant qu'il est né le (*indication du jour, du mois et de l'année de la naissance*), canton d   arrondissement d   département d

3o Un certificat délivré, sous la date du (*indication de la date*), par le maire de... (*indication de la commune où le certificat a été délivré*), visé par le juge du canton d (*indication du canton auquel le juge de paix appartient*), et constatant,

1o Qu'il jouit de ses droits civils;

2° Qu'il est de bonnes vie et mœurs;

3° Qu'il n'a été appelé ni pour le service de terre, ni pour celui de mer, (*ou bien*) qu'il est libéré de l'un et de l'autre service;

4°... (On indiquera sous ce numéro les pièces que l'engagé produira, conformément à l'art. 11 de l'instruction).

Nous, officier de l'état civil, après avoir reconnu la régularité des pièces produites par le sieur   nous lui avons donné lecture, 1o des articles 2, 3 et 4 de la loi du 10 mars 1818, relatifs aux engagements volontaires; 2° du titre IV de la même loi, relatif au service territorial que doivent faire les militaires qui ont achevé le service d'activité; 3o des articles 18 et 19 de l'instruction sur les engagements volontaires, approuvée par le Roi, lesquels ordonnent de faire conduire de brigade en brigade, par la gendarmerie, les engagés volontaires trouvés hors de la route qui leur est tracée, et de poursuivre comme déserteurs ceux qui ne se rendent pas à leur destination dans les délais prescrits.

Ensuite de quoi nous avons reçu l'engagement volontaire du sieur   lequel a promis de servir le Roi avec fidélité et honneur, et de rester sous les drapeaux pendant l'espace de   ans (*indiquer le nombre d'années , suivant l'arme.*)

Lecture faite audit sieur du présent acte, l'a signé avec nous. (*Signatures.*)

(Si l'engagé ne peut signer, il sera fait mention de la cause qui l'en empêche, conformément à l'article 39 du Code civil.)

Signalement *du sieur*

Taille de   , cheveux, sourcils   , yeux   , bouche   , menton   , visage (*indiquer les marques particulières*), fils de (*noms des père et mère*), domiciliés à canton d   arrondissement d   département d

Le Maire d

Nota. Le signalement sera rempli avec soin par le fonctionnaire qui aura reçu l'acte d'engagement.

DEUXIÈME DIVISION.

DÉPARTEMENT

d

> Registre *des engagements volontaires contractés devant les officiers de l'état civil des communes du département, dans le cours de l'année 18 , tenu par nous Sous-Intendant militaire, en résidence dans ledit département.*

———

Nota. Ce registre sera renouvelé chaque année au premier janvier. Il sera coté et paraphé à chaque page par le sous-intendant militaire.

Bordereau *des pièces qui doivent être produites au conseil de révision, pour les jeunes gens qui demandent à jouir de l'exemption, comme se trouvant dans l'un des cas prévus par l'art. 14 de la loi du 10 mars 1818.*

Aîné d'orphelins.

Certificat du maire, vérifié et visé par le sous-préfet, et conforme au modèle annexé au présent bordereau, sous la lettre A.

Fils unique ou aîné des fils d'une femme actuellement veuve.

Certificat du maire, vérifié et visé par le sous-préfet, conforme au modèle annexé au présent bordereau, sous la lettre B.

Petit-fils unique, ou aîné des petits-fils d'une femme actuellement veuve.

Certificat du maire, vérifié et visé par le sous-préfet, et conforme au modèle annexé au présent bordereau, sous la lettre C.

Fils unique, ou aîné des fils d'un père aveugle.

Certificat du maire, vérifié et visé par le sous-préfet, et conforme au modèle annexé au présent bordereau, sous la lettre D.

Petit-fils unique, ou aîné des petits-fils d'un homme aveugle.

Certificat du maire, vérifié et visé par le sous-préfet, et conforme au modèle annexé au présent bordereau, sous la lettre E.

Fils unique, ou aîné des fils d'un vieillard septua-génaire.

Certificat du maire, vérifié et visé par le sous-préfet, et conforme au modèle annexé au présent bordereau, sous la lettre F.

Petit-fils unique, ou aîné des petits-fils d'un vieillard septuagénaire.

Certificat du maire, vérifié et visé par le sous-préfet, et conforme au modèle annexé au présent bordereau, sous la lettre G.

Frère aîné d'un jeune homme désigné par le sort dans le même tirage.

Certificat du maire, vérifié et visé par le sous-préfet, et conforme au modèle annexé au présent bordereau sous la lettre H.

Frère d'un militaire qui est sous les drapeaux, ou qui est mort en activité de service, ou qui a été réformé pour blessures reçues ou infirmités con-tractées à l'armée.

1° Si le réclamant fonde ses droits sur les ser-vices d'un frère qui a été incorporé, un certificat du conseil d'administration du corps, ou tout autre document authentique, faisant connaître que ce dernier sert dans ledit corps, (*ou bien*) qu'il est mort en activité de service, (*ou bien*) qu'il a été ré-formé pour blessures ou infirmités contractées au service.

2° Si le frère du réclamant a été immatriculé comme jeune soldat, et n'est pas encore incorporé, un certificat du conseil de la légion du départe-ment, constatant son inscription aux registresmatricules, et portant qu'il n'a pas été mis en activité.

Dans l'un et l'autre cas, le réclamant devra produire, en outre, un certificat conforme au modèle coté I, et destiné à prouver qu'il n'a été accordé dans sa famille aucune exemption qui puisse le priver du bénéfice de l'art. 14 de la loi.

(Modèle A.)

CERTIFICAT du maire pour établir les droits d'un jeune homme désigné qui réclame l'exemption, comme AÎNÉ D'ORPHELINS.

Département d
Canton d
Commune d

Nous soussigné (nom du maire), maire de la (nom de la ville ou commune), sur l'attestation des sieurs (noms et prénoms des trois témoins), habitants de ce (canton, ou ville, ou commune), pères de jeunes gens en activité de service, *ou* désignés par le sort pour courir à la formation du contingent de leur classe, certifions, sous notre responsabilité personnelle, et après nous être assuré de l'exactitude de l'attestation qui nous a été faite, que le nommé (nom et prénoms du réclamant), né le (date de sa naissance), fils de feu (prénoms du père du réclamant), et de feue (nom et prénoms de la mère du réclamant), désigné pour concourir à la formation du contingent de sa classe, comme ayant eu au tirage le numéro (énoncer le numéro du tirage), est l'aîné de (dire le nombre des frères et sœurs), enfants du même père que lui, et, comme lui, orphelins de père et de mère ; savoir : (indiquer les noms et prénoms des frères et sœurs) ; qu'il n'a point de frère plus âgé que lui, et que, pour ces motifs, il a droit à l'exemption accordée par les dispositions de

15

l'article 14 (numéro 5) de la loi du 10 mars 1818.

Fait à (nom de la commune ou ville où le certificat a été délivré), le (date du jour où le certificat a été délivré).

(Signatures des trois témoins, ou déclaration qu'ils ne savent signer.)

(Signature du maire.)

(*Modèle B.*)

CERTIFICAT du maire pour établir les droits d'un jeune homme désigné qui réclame l'exemption, comme FILS UNIQUE ou comme l'AÎNÉ DES FILS D'UNE FEMME ACTUELLEMENT VEUVE.

Département d
Canton d
Commune d

Nous soussigné (nom du maire), maire de la (nom de la ville ou commune), sur l'attestation des sieurs (noms et prénoms des trois témoins), habitants de ce (canton, ou ville, ou commune), pères de jeunes gens en activité de service, *ou* désignés par le sort pour concourir à la formation du contingent de leur classe, certifions, sous notre responsabilité personnelle, et après nous être assuré de l'exactitude de l'attestation qui nous a été faite, que le nommé (nom et prénoms du réclamant), né le (date de sa naissance), fils de feu (prénoms du père du réclamant), et désigné pour concourir à la formation du contingent de sa classe, est le (indiquer s'il est le *fils unique* ou *fils aîné*) de dame (nom de famille et prénoms de la mère), veuve dudit (prénoms du père du réclamant), père du réclamant; que ladite dame (nom de famille et prénoms de la mère) est actuellement veuve; et qu'en conséquence ledit (nom et prénoms du réclamant) a droit à l'exemption, d'après

l'article 14 (numéro 4) de la loi du 10 mars 1818.
Fait à (le reste comme au modèle coté A).

(*Modèle C.*)

CERTIFICAT du maire pour établir les droits d'un jeune homme désigné qui réclame l'exemption, comme étant LE PETIT-FILS UNIQUE OU L'AÎNÉ DES PETITS-FILS D'UNE FEMME ACTUELLEMENT VEUVE.

Département d
Canton d
Commune d

Nous soussigné (nom du maire), maire de la (nom de la commune ou ville), sur l'attestation des sieurs (noms, prénoms et qualités des trois témoins), tous les trois habitants de ce (commune, ou ville, ou canton), et pères de jeunes gens en activité, *ou* désignés pour concourir à la formation du contingent de leur classe, certifions, sous notre responsabilité personnelle, et après nous être assuré de l'exactitude de l'attestation qui nous a été faite, que le nommé (nom et prénoms du réclamant), né le (date de sa naissance), désigné pour concourir à la formation du contingent de sa classe, est (dire s'il est le *petit-fils unique* ou *l'aîné des petits-fils*) de dame (prénoms et nom de famille de la veuve), veuve de feu (nom et prénoms du père du réclamant) père du réclamant, laquelle n'a point de fils vivant, et est actuellement veuve ; et que, par ce motif, il a droit à l'exemption, conformément aux dispositions de l'article 14 (numéro 4) de la loi du 10 mars 1818.
Fait à (le reste comme au modèle coté A.)

(*Modèle D.*)

CERTIFICAT du maire pour établir les droits d'un jeune homme désigné qui réclame l'exemption, comme étant le FILS UNIQUE OU L'AÎNÉ DES FILS D'UN PÈRE AVEUGLE.

Département d
Canton d
Commune d

Nous soussigné (nom du maire), maire de la (nom de la commune ou ville), sur l'attestation des sieurs (noms, prénoms et qualités des trois témoins), habitants de ce (commune, ou ville, ou canton), pères de jeunes gens en activité de service, *ou* désignés par le sort pour concourir à la formation du contingent de leur classe, certifions, sous notre responsabilité personnelle, et après nous être assuré de l'exactitude de l'attestation qui nous a été faite, que le nommé (nom et prénoms du réclamant), né le (date de sa naissance), désigné pour concourir à la formation du contingent de sa classe, est (dire s'il est le *fils unique* ou *l'aîné des fils*) du sieur (nom et prénoms du père), notoirement aveugle, et que, pour ce motif, il a droit à l'exemption, d'après les dispositions de l'article 14 (numéro 4) de la loi du 10 mars 1818.

Fait à (se conformer pour le reste au modèle coté A.)

(Modèle E.)

CERTIFICAT du maire pour établir les droits d'un jeune homme désigné qui réclame l'exemption, comme étant le PETIT-FILS UNIQUE OU L'AÎNÉ DES PETITS-FILS D'UN PÈRE AVEUGLE.

Département d
Canton d
Commune d

Nous soussigné (nom du maire), maire de la (nom de la commune ou ville), sur l'attestation des sieurs (noms, prénoms et qualités des trois témoins), habitants de ce (commune, ou ville, ou canton), pères de jeunes gens en activité de service, *ou* désignés par le sort pour concourir à la formation du contingent de leur classe, certifions, sous notre responsabilité personnelle, et après nous être assuré de l'exactitude de l'attestation qui nous a été faite, que le nommé (nom et prénoms du réclamant), né le (date de sa naissance), désigné pour concourir à la formation du contingent de sa classe, est (dire s'il est le petit-fils unique, ou l'aîné des petits-fils) du sieur (nom et prénoms du réclamant), lequel est notoirement aveugle et n'a point de fils vivant ; et que, pour ce motif, ledit (nom et prénoms du réclamant) a droit à l'exemption, conformément aux dispositions de l'article 14 (numéro 4) de la loi du 10 mars 1818.

Fait à (le reste commé au modèle A).

(*Modèle F.*)

CERTIFICAT du maire pour établir les droits d'un jeune homme désigné qui réclame l'exemption, comme étant le FILS UNIQUE OU L'AÎNÉ DES FILS D'UN VIEILLARD SEPTUAGÉNAIRE.

Département d
Canton d
Commune d

Nous soussigné (nom du maire), maire de la (nom de la commune ou ville), sur l'attestation des sieurs (noms, prénoms et qualités des trois témoins), habitants de ce (commune, ou ville, ou canton), pères de jeunes gens en activité de service, *ou* désignés par le sort pour concourir à la formation du contingent de leur classe, certifions, sous notre responsabilité personnelle, et après nous être assuré de l'exactitude de l'attestation qui nous a été faite, que le nommé (nom et prénom du réclamant), né le (date de sa naissance), désigné pour concourir à la formation du contingent de sa classe, est (dire s'il est le fils unique ou l'aîné des fils) de (nom et prénoms du père), lequel est âgé de soixante-dix ans, étant né le (indication précise de l'âge du père); et que, pour ce motif, ledit (nom et prénoms du réclamant) a droit à l'exemption, conformément aux dispositions de l'article 14 (numéro 4) de la loi du 10 mars 1818.

Fait à (le reste comme au modèle A).

(*Modèle G.*)

CERTIFICAT du maire pour établir les droits d'un jeune homme désigné qui réclame l'exemption, comme étant le PETIT-FILS UNIQUE, OU L'AINÉ DES PETITS-FILS D'UN VIEILLARD SEPTUAGÉNAIRE.

Département d
Canton d
Commune d

Nous soussigné (nom du maire), maire de la (nom de la commune ou ville), sur l'attestation des sieurs (noms, prénoms et qualités des trois témoins), habitants de ce (commune, ou ville, ou canton), pères de jeunes gens en activité de service, *ou* désignés par le sort pour concourir à la formation du contingent de leur classe, certifions, sous notre responsabilité personnelle, et après nous être assuré de l'exactitude de l'attestation qui nous a été faite, que le nommé (nom et prénoms du réclamant), né le (date de sa naissance), désigné pour concourir à la formation du contingent de sa classe, est (dire s'il est le petit-fils unique ou l'aîné des petits-fils) du sieur (nom et prénoms du grand-père), lequel est âgé de soixante-dix ans, étant né le (date de la naissance du grand-père), et n'a point de fils ; et que, par ce motif, ledit (nom et prénoms du réclamant) a droit à l'exemption, conformément aux dispositions de l'article 14 (numéro 4) de la loi du 10 mars 1818.

Fait à (le reste comme au modèle A).

(*Modèle H.*)

CERTIFICAT du maire pour établir les droits d'un jeune homme désigné qui réclame l'exemption, comme étant le PLUS AGÉ DES DEUX FRÈRES DÉSIGNÉS TOUS LES DEUX PAR LE SORT DANS UN MÊME TIRAGE.

Département d
Canton d
Commune d

Nous soussigné (nom du maire), maire de la (commune ou ville), sur l'attestation des sieurs (noms, prénoms et qualités des trois témoins), habitants de ce (commune, ou ville, ou canton), pères de jeunes gens en activité de service, *ou* désignés par le sort pour concourir à la formation du contingent de leur classe, certifions, sous notre responsabilité personnelle, et après nous être assuré de l'exactitude de l'attestation qui nous a été faite, que le nommé(nom et prénoms du déclarant), né le (date de sa naissance), désigné par le sort pour concourir à la formation du contingent de sa classe, est le frère aîné de (nom et prénoms du frère réclamant), né le (date de la naissance du frère du réclamant), aussi désigné par le sort dans le même tirage ; et que, pour ce motif, ledit (nom et prénoms du réclamant) a droit à l'exemption, d'après les dispositions de l'article 14 (numéro 5) de la loi du 10 mars 1818.

Fait à (le reste comme au modèle A).

(349)

(Modèle I.)

CERTIFICAT du maire pour établir les droits d'un jeune homme désigné qui réclame l'exemption, comme ayant un FRÈRE SOUS LES DRAPEAUX, OU MORT EN ACTIVITÉ DE SERVICE, OU RÉFORMÉ POUR BLESSURES REÇUES OU INFIRMITÉS CONTRACTÉES A L'ARMÉE.

Département d
Canton d
Commune d

Nous soussigné (nom du maire), maire de la (nom de la ville ou commune), sur l'attestation des sieurs (noms et prénoms des trois témoins), habitants de ce (commune, ou ville, ou canton), pères de jeunes gens en activité de service, *ou* désignés par le sort pour concourir à la formation du contingent de leur classe, certifions, sous notre responsabilité personnelle, que le nommé (nom et prénoms du réclamant), né le (date de la naissance), désigné par le sort pour concourir à la formation du contingent de sa classe, n'a aucun frère qui ait été exempté du service pour défaut de taille, *ou* comme étant aîné d'orphelins, *ou* fils unique, *ou* l'aîné des fils, *ou* petit-fils unique, *ou* l'aîné des petits-fils d'une femme actuellement veuve, d'un père aveugle *ou* d'un vieillard septuagénaire, *ou* dont l'exemption doive faire perdre au réclamant le bénéfice des dispositions de l'art. 14 (numéro 6) de la loi du 10 mars 1818.

Fait à (le reste comme au modèle A).

15*

ACTES DES FONCTIONS

DE LA GENDARMERIE.

Procès-verbal de saisie d'un individu trouvé en flagrant délit ou sans passe-port.

Nous, F... et T..., gendarmes à la résidence de .. faisant notre visite chez les aubergistes de la commune de... *ou* faisant notre tournée sur la route de... avons rencontré un individu auquel nous avons fait la demande de son passe-port : il nous a dit n'en point avoir, mais s'appeler S..., natif de...; et vu que ledit S... est en contravention à la loi qui défend de voyager sans passe-port, nous nous sommes saisis de lui pour être conduit par nous devant M. le juge de paix du canton d...

Ou avons aperçu un individu qui fuyait à travers les champs portant avec lui... lesquels objets nous avons cru provenir du vol qui venait de se commettre dans la maison de R... et dont nous venions d'être avertis ; nous nous sommes mis à sa poursuite, et l'ayant rejoint nous lui avons demandé... et, sur sa réponse que..., nous lui avons enjoint de nous suivre par-devant le juge de paix du canton de... ce qu'il a fait *ou* ce à quoi il s'est refusé, et avons pris envers lui toutes les précautions nécessaires pour qu'il ne nous échappât pas, et l'avons conduit, avec les objets dont il était porteur, devant le juge de paix.

Ou avons aperçu un individu qui cherchait à éviter notre présence : nous étant mis à sa poursuite, et ayant remarqué qu'il avait l'air inquiet, et présumant qu'il pouvait être un des complices du... commis la nuit précédente à... nous lui avons demandé la représentation de son passeport, et il nous a déclaré n'en point avoir, et être étranger, demeurant à..., voyageant pour... pourquoi nous nous sommes saisis de lui ; et, perquisition faite sur lui , nous avons trouvé dans ses poches... et... dont nous nous sommes emparés , et avons conduit ledit individu devant le juge de paix du canton de...

Après avoir de tout ce que dessus dressé notre procès - verbal , que nous avons signé. A....., ce....

Autre procès-verbal pour personne trouvée en flagrant délit.

Cejourd'hui..., nous..., faisant notre tournée dans... avons remarqué un individu qui... (*désigner le crime ou le délit*). Nous étant approchés , ledit individu a pris la fuite, et après nous être mis à sa poursuite, l'avons rejoint à... où nous nous sommes emparés de sa personne. Perquisition faite sur lui, nous avons trouvé... Lui ayant demandé... (*demandes*) nous a répondu... (*réponses*); et lui avons déclaré que nous allions le conduire devant le juge de paix de... et avons dressé de tout ce que dessus notre présent procès-verbal pour servir et valoir ce que de raison. Lesdits jour et an que dessus.

Procès-verbal pour attroupement dissipé par la force.

Cejourd'hui..., nous..., et faisant notre tournée dans... avons aperçu un attroupement de plusieurs personnes ; nous étant approchés, nous avons reconnu que la cause de cet attroupement était... (*la cause*); nous avons invité, au nom de la loi, lesdites personnes ainsi attroupées à se retirer, leur déclarant qu'à faute de ce, nous allions nous saisir d'eux pour les conduire devant le juge de paix *ou* le procureur du Roi; sur quoi plusieurs d'entre elles se seraient retirées, et un plus grand nombre serait resté, et nous aurait invectivés et jeté des pierres, dont le sieur..., un de nous, aurait été grièvement blessé à la tête; ce qui nous aurait déterminés à déployer la force contre lesdites personnes, et à faire usage de nos armes, à la suite de quoi nous nous serions emparés de..., individus blessés, et de..., autres que nous aurions poursuivis et rejoints ; tous lesquels individus nous avons fait monter dans une charrette par nous requise du sieur..., habitant de la commune de..., après avoir pris envers lesdits individus toutes les précautions de sûreté, et les avons conduits devant le juge de paix de..., où de tout ce que dessus nous avons dressé le présent procès-verbal que nous avons signé les jours et an susdits.

Procès-verbal contre des brigands en rébellion.

Cejourd'hui..., nous..., faisant notre tournée dans... avons aperçu..., individus qui... (*énoncer le crime qu'ils commettaient.*) Nous étant approchés d'eux pour nous opposer à... et nous saisir de leur personne, ils nous ont tiré plusieurs coups de pistolet dont ils étaient armés, et auxquels nous avons répondu par une décharge de nos armes dont... a été tué et les... autres blessés; après quoi, nous nous sommes emparés de... que nous avons mis dans une charrette pour être conduits par-devant M. le juge de paix de... et avons laissé sur le lieu le cadavre de... pour, par le maire de la commue de..., auquel nous en avons donné avis, en être fait visite et enlèvement : de tout ce que dessus nous avons dressé le présent procès-verbal, que nous avons signé les jour et an que dessus.

Procès-verbal pour diverses contraventions.

Cejourd'hui..., nous..., faisant notre tournée dans..., avons remarqué... (*désigner la contravention et l'auteur*). Sur quoi nous lui avons fait observer qu'il était en contravention aux règlements de police qui défendent... et avons saisi... (*désigner les objets saisis*), et du tout dressé notre procès-verbal pour servir et valoir ce qu'il appartiendra, lequel nous avons signé lesdits jour et an que dessus.

Procès-verbal de voleurs arrêtés sur une grande route.

Cejourd'hui..., nous..., gendarmes à la résidence de..., faisant notre tournée sur la route de...., avons remarqué..., individus qui nous ont paru suspects par les précautions qu'ils prenaient pour se soustraire de notre présence ; les ayant poursuivis dans le bois de..., où ils s'étaient enfoncés, nous les avons rejoints à..., et après nous être assurés qu'ils n'étaient porteurs ni de passeport, ni d'aucun papier qui pût nous donner des renseignements sur leur compte, nous nous sommes saisis de leurs personnes et les avons conduits devant...., auquel nous avons remis le présent procès-verbal, ainsi que différents effets dont ces individus étaient porteurs. A..., l'an et jour susdits.

Procès-verbal pour pillage de grains.

Cejourd'hui..., nous..., instruits que sur la route de.... il s'était formé un rassemblement de gens qui se proposaient de piller les grains qui se transportaient à..., nous nous y sommes rendus et avons vu effectivement plusieurs individus qui excitaient les autres au pillage et se mettaient en devoir de l'opérer; nous nous sommes saisis de leur personne et les avons conduits devant M..., où nous avons dressé le présent procès-verbal. A..., lesdits jour et an que dessus.

Procès-verbal pour crimes et délits.

Cejourd'hui..., nous.., instruits par la clameur publique, *ou* par la dénonciation à nous faite de la part de..., qu'il venait de se commettre *ou* qu'il se commettait présentement... (*énoncer le crime ou délit et le lieu*), nous nous y sommes de suite transportés : étant arrivés sur les lieux, nous avons vu... (*désigner ce qui a été vu et reconnu, dit et entendu*); pourquoi nous nous sommes saisis de (*désigner les individus*); nous nous sommes pareillement emparés de... (*désigner les objets*), pour être conduits et remis à M. le procureur du Roi de..., *ou* juge de paix de... et de tout ce que dessus avons dressé notre présent procès-verbal que nous avons signé les jour et an que dessus.

Procès-verbal de visite dans une maison publique.

Cejourd'hui..., nous..., faisant notre tournée dans..., sommes entrés dans la maison du sieur..., aubergiste, *ou* cabaretier, *ou* limonadier, où nous avons (*énoncer si l'on y a trouvé des gens suspects, sans passe-port, de fausses mesures, si l'on y faisait du bruit, s'il était heure indue et de fermeture*) : sur quoi nous avons fait observer au sieur..., propriétaire de ladite maison, qu'il était en contravention aux règlements de police qui défendent

de... *ou* sur quoi nous nous sommes emparés de...
(énoncer les objets saisis), *ou* sur quoi nous avons
sommé lesdits individus trouvés dans ladite maison
de nous suivre par-devant le..., ce à quoi ils ont
consenti, *ou* ce à quoi ils se sont refusés ; ce qui
nous a obligés d'employer envers eux la force
pour les y contraindre.

De tout ce que dessus avons dressé notre présent procès-verbal, que nous avons signé lesdits
jour et an que dessus.

Procès-verbal d'emprisonnement.

L'an..., le..., je soussigné L..., gendarme à la
résidence de..., à la requête de..., porteur de
l'ordre exprès à l'effet des présentes dudit... ,
j'ai à B..., en son domicile, et parlant à sa personne,

Signifié et laissé copie par extrait du jugement
rendu contre lui au tribunal de..., qui l'a condamné à... jours d'emprisonnement ; et en conséquence j'ai, audit sieur B..., fait commandement de par la loi et justice de me suivre en la
maison d'arrêt sise à..., et ledit B... y ayant obéi
à l'instant, je l'ai mené en ladite maison , où je
l'ai remis à R..., concierge, pour y être détenu
conformément audit jugement, et, le temps de l'emprisonnement déterminé par ledit jugement étant
expiré, être de suite mis en liberté sans autre
formalité ; et m'a, ledit R..., délivré pour ma
démarche certificat de réception de la personne
de B..., et de tout ce que dessus j'ai rédigé mon
procès-verbal, que j'ai signé. A..., lesdits jour
et an.

Procès-verbal de perquisition.

Je, soussigné, N..., gendarme à la résidence

de..., à l'effet de mettre à exécution le jugement du tribunal de..., qui condamne B... à... jours d'emprisonnement, de l'ordre exprès de..., je me suis transporté au domicile de B..., que... m'a déclaré être absent depuis... jours, sans pouvoir indiquer le lieu de sa résidence : perquisition faite dans tous les appartements et lieux de la maison dudit B... sans l'avoir trouvé, je me suis retiré, après avoir rédigé le présent procès-verbal de perquisition, qui a été visé par le maire *ou* l'adjoint de la commune de... A..., ce...

Procès-verbal de signification de mandat d'amener.

Je, soussigné, T..., gendarme à la résidence de..., de l'ordre exprès de..., et porteur d'un mandat d'amener délivré par... contre H..., demeurant à..., me suis transporté au domicile dudit H..., et lui ai représenté l'original dudit mandat, et l'ai requis de se rendre de suite devant... pour y répondre et être entendu sur ce qui lui sera demandé, ce à quoi il a consenti; et je l'ai conduit, après avoir dressé le présent procès-verbal dont je lui ai laissé copie, ainsi que du mandat d'amener. A..., ce...

Ou n'ayant pas trouvé ledit H..., je me suis transporté chez le maire de la commune de..., auquel j'ai laissé copie du présent procès-verbal et du mandat d'amener; après avoir fait par lui viser l'original.

Procès-verbal de signification de mandat d'arrêt.

Je, soussigné, M..., gendarme à la résidence de..., à la requête de..., et porteur du mandat d'arrêt décerné par..., contre V..., demeurant à..., me suis, à l'effet de mettre à exécution ledit mandat, transporté au domicile de V..., et après lui avoir remis copie dudit mandat d'arrêt, l'ai requis, au nom de la loi et de justice, de me suivre en la maison d'arrêt de..., ce à quoi il a consenti, et l'ai remis entre les mains de G..., concierge de ladite maison, pour y être détenu, conformément audit mandat d'arrêt, jusqu'à ce qu'il en soit autrement ordonné; et m'a, ledit G..., délivré certificat de réception de la personne dudit V..., et j'ai, de tout ce que dessus, dressé le présent procès-verbal. A..., ce...

ACTES DES FONCTIONS

DES GARDES CHAMPÊTRES ET GARDES FORESTIERS.

Rapport de toutes espèces de contraventions ou délits.

Cejourd'hui..., heures du..., devant nous, C..., maire *ou* adjoint de la commune de..., s'est présenté N..., garde champêtre *ou* garde forestier, commissionné par..., et assermenté devant..., lequel nous a déclaré que cejourd'hui... heures du..., passant par...*ou* faisant sa tournée dans..., il aurait... (*énoncer la déclaration du garde*), et vu le délit *ou* la contravention, il aurait déclaré son procès-verbal, et aurait sommé le délinquant *ou* le contrevenant de le suivre chez..., pour y être présent à sa rédaction : ce à quoi il se serait refusé; et a ledit N... affirmé son rapport sincère et véritable, et a signé avec nous...

Procès-verbal pour la chasse.

Cejourd'hui..., heures..., je, D..., garde champêtre de la commune de..., assermenté devant..., revêtu de la marque distinctive voulue par la loi, faisant ma tournée dans..., ai entendu tirer un *ou* plusieurs coups de fusil : je me suis à l'instant transporté vers l'endroit d'où ils partaient. Etant parvenu à... j'ai aperçu dans un champ... situé à... et ensemencé de...... *ou* non ensemencé, appartenant à... un particulier armé d'un fusil à un *ou* deux coups, de la taille d'environ... couvert d'un habit... et suivi d'un chien de chasse, qui chassait ; m'étant approché de lui, je lui ai représenté que ce champ appartenait à... et qu'il n'était pas permis de chasser sur les propriétés d'autrui : sur quoi m'ayant répondu...... je l'ai sommé de me dire son nom, son domicile, ce à quoi il s'est refusé *ou* m'a dit... *ou* je l'ai sommé de me suivre chez le maire de la commune de... ce à quoi il s'est refusé ; et je me suis retiré, lui déclarant que j'allais contre lui dresser mon procès-verbal.

Ou j'ai aperçu un particulier armé d'un fusil, qui chassait dans un champ.... lequel particulier j'ai reconnu être R..., de la commune de... M'étant approché de lui, je lui ai fait la demande de la représentation de sa permission de port d'armes, et m'a répondu que... Je lui ai ensuite fait observer qu'il n'était point permis de chasser ainsi sur les propriétés d'autrui : sur quoi il m'a répondu que... et vu la contravention dudit R.. je lui ai déclaré que j'allais contre lui rédiger mon procès-verbal.

Ou j'ai aperçu un particulier armé d'un fusil, qui chassait dans un champ ensemencé de... appartenant à E.., lequel particulier j'ai reconnu être ledit E...., *ou* le parent dudit E.... propriétaire dudit champ. M'étant approché de lui, je lui ai fait observer qu'il n'était point permis dans cette saison de chasser, même sur ses propriétés ; que la chasse était défendue, et que, vu sa contravention, j'allais contre lui dresser mon procès-verbal.

Et j'ai de suite rédigé le présent procès-verbal, que j'ai signé pour servir et valoir ce que de raison. A..., lesdits jour et an que dessus.

Procès-verbal pour dégâts commis par des bestiaux.

Cejourd'hui..., heures de..., je N..., garde champêtre de la commune de..., assermenté devant..., revêtu de la marque distinctive voulue par la loi, faisant ma tournée dans..., ai aperçu dans un champ ensemencé de... *ou* dans un pré situé à..., appartenant à M..., un..., qui faisait paître... M'étant approché de lui, je lui ai demandé à qui appartenaient lesdits.. Il m'a répondu... Je lui ai fait observer que... et lui ai demandé son nom, et m'a dit...

Ou j'ai aperçu... qui conduisait des chèvres sans être tenues à l'attache et leur laissait brouter la haie.... appartenant à C... M'étant approché de lui, je lui ai demandé pourquoi il laissait ainsi, contre la défense des lois, divaguer ces chèvres et brouter la haie de C... sur quoi il m'a répondu...

Et vu la contravention aux lois et le dégât causé à... par..., j'ai rédigé contre lui le présent procès-verbal pour servir et valoir ce que de raison. A..., lesdits jour et an que dessus.

Procès-verbal de contravention forestière.

Cejourd'hui..., heures de..., je U..., garde forestier de..., assermenté devant..., revêtu de la marque distinctive voulue par la loi, faisant ma tournée dans le bois *ou* la forêt de..., ai remarqué à... qu'il avait été coupé à la hauteur de... un.... qui m'a paru être de l'âge de...

Ou qu'il avait été fait des ébranchements pour fagots sur différents...

Et m'étant informé de... que j'ai rencontré, s'il n'aurait aperçu aucun individu sortir du bois, chargé de..., il m'a répondu que...

Ou ayant entendu dans le bois le bruit d'une personne qui se sauvait, je me suis mis à sa poursuite, et, l'ayant rejointe, j'ai reconnu que c'était H..., habitant de..., qui était chargé de...

Ou ayant vu sortir du bois un particulier qui conduisait une voiture, *ou* un cheval chargé de..., *ou* portait sur son dos... l'ayant rejoint, je l'ai reconnu pour être le nommé D..., demeurant à...

Et lui ayant demandé de quel droit il avait coupé le bois qu'il emportait ainsi, il m'a répondu..., et de suite je lui ai ordonné de me suivre à..., où étant arrivé je lui ai enjoint de déposer le bois dont sa voiture *ou* son cheval était chargé, *ou* qu'il portait, et j'ai, au nom de la loi, constitué gardien dudit bois, ainsi que de la voiture et des chevaux *ou* du cheval, le sieur R... et lui ai fait défense de s'en dessaisir jusqu'à ce que par justice il en soit autrement ordonné.

Ou j'ai conduit ledit... par-devant le maire de la commune de..., *ou* par-devant le juge de paix du canton de... et ai fait déposer le bois et la voiture dans une des cours de..., et mis en séquestre chez le sieur T.., aubergiste à..., les chevaux *ou* le cheval dudit..., avec défenses, au nom de la loi, de s'en dessaisir jusqu'à ce qu'il en ait été autrement ordonné par justice.

De tout ce que dessus j'ai fait et rédigé le présent procès-verbal, lesdits jour et an que dessus.

Procès-verbal de perquisition.

Cejourd'hui..., heures de..., je, P..., garde forestier de..., assermenté devant..., revêtu de la marque distinctive voulue par la loi, faisant ma tournée dans le bois de. ., ai aperçu que plusieurs arbres avaient été ébranchés, *ou* qu'il avait été scié *ou* coupé à la hauteur de... de terre... Après avoir suivi les traces de la voiture qui avait servi à l'enlèvement dudit... *ou* après m'être informé de. ., s'il avait vu sortir du bois quelques particuliers chargés de..., et sur la réponse qu'il m'a faite que... *ou* ayant aperçu une voiture *ou* un cheval chargé de..., qui entrait chez A..., à..., heures de...

Présumant que ledit A... pouvait être l'auteur du délit, je me suis transporté chez le juge de paix du canton de... *ou* chez le maire, *ou* chez l'adjoint, *ou* chez le commissaire de police de la commune de..., et après lui avoir donné connaissance des faits ci-dessus énoncés, je l'ai requis de m'accompagner dans la recherche que je me proposais de faire au domicile dudit A... Ledit juge de paix, *ou* maire, *ou* adjoint, *ou* commissaire de police, ayant accédé à ma réquisition, je me suis avec lui transporté au domicile dudit A..... où n'ayant trouvé que... je lui ai demandé..., sur quoi il m'a répondu... et de suite, en présence dudit... j'ai fait recherche dans... dudit domicile, du bois coupé dont il s'agit, et j'ai, dans... trouvé... et dans.... j'ai pareillement trouvé... que j'ai reconnu provenir de... et à l'instant j'ai requis... d'enlever ledit... et de le porter à la maison commune *ou* chez T..., où je l'ai séquestré et mis en dépôt, avec injonction audit T... de ne pas s'en dessaisir jusqu'à ce que par justice il en ait été autrement ordonné.

De tout ce que dessus j'ai rédigé et signé le présent procès-verbal en présence du juge de paix du canton de... *ou* du maire, *ou* de l'adjoint, *ou* du

commissaire de police de la commune de... A...,
lesdits jour et an que dessus.

**Procès-verbal de bestiaux trouvés dans les champs
ou dans les bois, sans gardiens.**

Cejourd'hui..., moi..., garde champêtre *ou* fo-
restier, etc.

Faisant ma tournée dans...., j'ai rencontré....
(*désigner les bestiaux et leur nombre*), qui pais-
saient dans... (*le lieu*) sans aucun gardien, et y
commettaient du dégât ; et vu la contravention de
la part des propriétaires desdits bestiaux qui les
laissaient ainsi divaguer sur les propriétés d'au-
trui, je me suis emparé desdits bestiaux que j'ai
conduits et mis en fourrière chez le sieur...., au-
bergiste, à..., avec défense, au nom de la loi, de
s'en dessaisir jusqu'à ce qu'il en ait été autrement
ordonné par justice, et de tout ce que dessus ai
rédigé mon présent procès-verbal pour servir
et valoir au besoin. A..., lesdits jour et an que
dessus.

**Procès-verbal de dégradation de chemins, arbres,
gazons, monuments publics.**

Cejourd'hui..., moi..., garde..., etc.
Faisant ma tournée dans... j'ai aperçu un parti-
culier qui... (*énoncer s'il dégradait les chemins,
coupait des branches d'arbres, enlevait des écorces
d'arbres, prenait du gazon, tirait des pierres ou
s'emparait de quelque objet d'un monument ou bâ-
timent public*). M'étant approché de lui, j'ai re-
connu que c'était le sieur..., domicilié à..., lequel,
à mon approche, a aussitôt pris la fuite, laissant...
(*désigner les objets laissés*), dont je me suis em-
paré, *ou* auquel j'ai représenté qu'il se rendait
coupable d'un délit en...; sur quoi il m'a ré-

pondu... (*ses réponses*); je lui ai répliqué que...
et lui ai déclaré que j'allais m'emparer desdits
objets..., ce que j'ai fait à l'instant, et ai du tout
dressé mon présent procès-verbal pour servir et
valoir ce que de raison. A..., lesdits jour et an que
dessus.

Procès-verbal d'arrestation de déserteur, de prisonnier évadé.

Cejourd'hui..., moi..., garde..., etc.

Faisant ma tournée dans..., j'ai aperçu à... un
individu qui cherchait à éviter ma rencontre; son
embarras me l'ayant fait paraître suspect, je me
suis hâté de le rejoindre, et l'ayant atteint, je l'ai
reconnu pour être un des déserteurs, *ou* prisonniers évadés, dont le signalement m'avait été remis
par... et lui ai enjoint de me suivre par-devant le
maire de la commune de..., ce à quoi il s'est refusé en prenant la fuite; et l'ayant poursuivi jusqu'à... où, sur mes cris, il a été arrêté, je me suis
saisi de sa personne à l'aide de... pour le conduire
devant le maire de ladite commune de..., *ou* l'officier de la gendarmerie à la résidence de..., entre
les mains duquel je l'ai remis, et ai du tout dressé
le présent procès-verbal pour servir et valoir
ce qu'il appartiendra. A...., les jour et an que
dessus.

Procès-verbal pour pêche.

Cejourd'hui..., moi..., garde..., etc.

Faisant ma tournée dans... j'ai aperçu un individu qui pêchait avec... (*désigner les instruments
avec lesquels il pêchait*) dans la rivière de....,
dont le droit de pêche est affermé au sieur...., *ou*
dans la rivière de... le long des propriétés du
sieur... M'étant approché de lui, j'ai reconnu cet

individu pour être le sieur..., domicilié à...; je lui ai demandé pourquoi il se permettait ainsi, sans aucun droit, de pêcher dans des rivières dont la pêche lui était défendue; sur quoi il m'a répondu... (*ses réponses*); je lui ai répliqué que..., et que, vu le délit dont il s'était rendu coupable, j'allais me saisir de ses instruments de pêche, ce que j'allais faire à l'instant, et ai de tout ce que dessus dressé le présent procès-verbal pour servir et valoir ce que de raison.

A..., lesdits jour et an que dessus.

Procès-verbal d'un barrage, appareil ou établissement quelconque de pêcherie, ayant pour objet d'empêcher entièrement le passage du poisson.

Cejourd'hui..., nous M..., garde-pêche (garde forestier, *ou* préposé à la surveillance de la pêche, etc.), assermenté devant..., revêtu de la marque distinctive voulue par la loi de..., faisant notre tournée, avons découvert l'existence d'un appareil dressé dans la rivière, *ou* le canal, etc., de..., dans l'objet d'empêcher le passage du poisson; nous nous sommes empressé d'en rechercher l'auteur, après avoir préalablement saisi ledit appareil. Par suite de nos informations, nous nous sommes transporté chez le sieur L..., domicilié à..., désigné par..., comme ayant dressé lui-même l'appareil dont s'agit; nous lui avons représenté les engins saisis; interpellé par nous sur le délit précité, il a répondu...; de tout quoi, après avoir déclaré au sieur L... que nous allions déposer lesdits engins chez M. le juge de paix du canton (*ou* l'officier public compétent), nous avons dressé le présent procès-verbal pour servir et valoir ce que de raison.

A..., les jour et an que dessus.

Procès-verbal contre un particulier qui aurait jeté des drogues ou appâts dans des eaux, à l'effet d'enivrer ou détruire le poisson.

Cejourd'hui..., nous S..., garde, etc., instruit par... (ou ayant découvert) qu'il avait été jeté dans la rivière, etc., de... des drogues ou appâts de nature à enivrer le poisson ou à le détruire, avons fait des recherches à l'effet d'en découvrir l'auteur. Soupçonnant le sieur N..., de la commune de..., nous nous sommes transporté à son domicile, où étant et parlant à lui, l'avons interrogé sur le délit dont s'agit. Le sieur N... a répondu...; nous lui avons objecté..., après quoi nous nous sommes retiré, et avons dressé le présent procès-verbal pour servir et valoir ce que de raison.

A..., lesdits jour et an.

Procès-verbal contre un particulier pêchant en temps prohibé.

Cejourd'hui..., nous V..., garde, etc., faisant notre tournée, avons trouvé le nommé B.... pêchant dans la rivière, *ou*, etc., de..., avec... (désigner les instruments *ou* engins avec lesquels il pêchait); nous lui avons représenté que nous étions en temps où la pêche était prohibée, et qu'il se trouvait par conséquent en contravention avec l'art. 27 de la loi relative à la pêche fluviale. Le délinquant a répondu...; ne pouvant admettre ses raisons comme valables, nous lui avons déclaré que nous allions saisir ses filets (*ou* engins, etc.) et le poisson qu'il avait indûment pêché, et déposer le tout chez M. le juge de paix, etc...; ce que nous avons fait, et en même temps nous avons dressé le présent procès-verbal pour servir et valoir ce que de raison.

A..., lesdits jour et an.

Procès-verbal contre un ou plusieurs individus péchant avec des filets ou engins prohibés.

Cejourd'hui..., nous D..., garde, etc., faisant notre tournée, avons surpris le sieur R... *ou* les sieurs B..., C... et N..., domicilié le premier à..., le second à..., et le troisième à..., pêchant avec des filets *ou* engins prohibés; leur ayant représenté qu'il était *ou* qu'ils étaient en contravention avec la loi relative à la pêche fluviale, et que nous allions, en vertu de cette loi, saisir lesdits filets *ou* engins, de même que le poisson pêché, il nous a *ou* ils nous ont répondu...; sur ce, ayant jugé convenable de requérir la force publique, nous nous sommes transporté chez M. le juge de paix, *ou* etc., qui a mis à notre disposition les sieurs..., avec lesquels nous sommes revenu sur les lieux où l'on commettait le délit; là, nous avons sommé le *ou* les délinquants de nous remettre les filets *ou* engins, et le poisson dont s'agit; obtempérant à notre injonction (*ou* sur leur refus d'obtempérer), nous avons déclaré que nous allions saisir et déposer ces objets chez M. le juge de paix, *ou*, etc.; ce que nous avons fait de suite, et avons dressé le présent procès-verbal pour servir et valoir ce que de raison.

A..., lesdits jour et an.

Procès-verbal contre un particulier pêchant sans permission.

Cejourd'hui... (la date et l'heure), nous N..., garde-pêche (*ou* garde forestier, *ou* préposé à la surveillance de la pêche, etc.) dans le cantonnement de..., faisant notre tournée, avons trouvé le sieur R.... pêchant dans... (désigner le fleuve, la rivière, le canal, le ruisseau ou cours d'eau dans lequel le délit a été commis); lui ayant demandé la représentation du permis dont il devait être pourvu d'après la loi relative à la pêche fluviale, il n'a point satisfait à notre réquisition ; sur ce, nous lui avons déclaré qu'il était en contravention, et, conformément à ladite loi, nous avons procédé à la saisie de ses filets et du poisson qu'il avait pêché; après quoi nous avons dressé le présent procès-verbal pour servir et valoir ce que de raison.

A..., lesdits jour et an que dessus.

Procès-verbal contre un individu pêchant avec des instruments ou engins de pêche prohibés par les ordonnances.

Cejourd'hui..., nous T..., garde, etc., ayant trouvé le nommé L... pêchant dans la rivière, *ou* canal, etc., de... avec des instruments prohibés par les ordonnances, lui avons déclaré qu'il était en contravention, et que nous allions saisir, conformément à la loi, lesdits instruments et le poisson qu'il avait pêché, ce que nous avons fait de suite; et, après avoir déposé les objets saisis chez M. le juge de paix, *ou* etc., nous avons rédigé le présent procès-verbal pour servir et valoir ce que de raison.

A..., lesdits jour et an.

Procès-verbal contre un particulier qui se servirait, pour une autre pêche, de filets permis seulement pour celle du poisson de petite espèce.

Cejourd'hui..., nous P..., garde, etc., ayant trouvé le nommé F..., de la commune de..., pêchant dans la rivière, *ou* etc., de..., lui avons signifié de nous exhiber sa licence, ce à quoi il a obtempéré sur-le-champ; mais, examen fait des filets dont il se servait, nous avons reconnu qu'ils

n'étaient point conformes à ceux prescrits pour
la pêche du poisson de petite espèce, et tels que le
permis accordé au nommé F... exigeait qu'ils fus-
sent ; en conséquence nous lui avons déclaré qu'il
était en contravention avec la loi relative à la
pêche fluviale, et que nous allions saisir ses filets
et le poisson pêché; ce que nous avons fait de
suite , et déposé immédiatement le tout chez M. le
juge de paix , *ou* etc., de..., et en même temps
nous avons dressé le présent procès-verbal pour
servir et valoir ce que de raison.

A..., lesdits jour et an.

**Procès-verbal contre un particulier qu'on a trouvé,
hors de son domicile, muni d'engins ou instruments
de pêche prohibés.**

Cejourd'hui..., nous G..., sur les... heures du...
passant *ou* traversant..., avons rencontré un indi-
vidu porteur d'engins, *ou* d'instruments de pêche
prohibés ; interpellé sur ce , il a déclaré...; nous
lui avons objecté qu'il était en contravention avec
l'article 29 de la loi relative à la pêche fluviale, et
que nous ne pouvions dès lors nous dispenser de
saisir lesdits engins, que nous avons saisis en effet,
et transportés chez M. le juge de paix , *ou* etc.; en
même temps nous avons dressé le présent procès-
verbal pour servir et valoir ce que de raison.

A..., les jour et an que dessus.

**Procès-verbal contre un colporteur vendant des pois-
sons qui n'ont point les dimensions déterminées
par les ordonnances.**

Cejourd'hui..., nous C...., sur les.... heures
du..., passant sur la place *ou* dans la rue de...,
avons rencontré le nommé R.... colportant et dé-
bitant du poisson que nous avons reconnu hors

des dimensions déterminées par les lois et ordonnances relatives à la pêche fluviale ; nous lui avons représenté qu'il était en contravention, et que nous ne pouvions éviter de le constater par un procès-verbal, à moins qu'il ne nous offrît la preuve que ledit poisson provenait d'étangs ou de réservoirs particuliers ; n'ayant pu en justifier, nous lui avons déclaré que nous allions saisir ce poisson et le déposer chez..., ce que nous avons fait de suite ; en même temps nous avons dressé le présent procès-verbal pour servir et valoir ce que de raison.

A..., les jour et an que dessus.

Procès-verbal contre un fermier de la pêche surpris pêchant avec des filets non plombés ou marqués par les agents de l'administration de la pêche.

Cejourd'hui..., nous D..., garde, etc., ayant trouvé le sieur D... pêchant dans la rivière de.... avec des filets, *ou* des engins, etc., non plombés par les agents de l'administration de la pêche, nous lui avons représenté qu'il était en contravention avec l'article 32 de la loi relative à la pêche fluviale ; il nous a répondu... ; à quoi nous avons objecté..., et nous nous sommes retiré en déclarant au délinquant que nous allions dresser notre procès-verbal conformément à ladite loi ; ce que nous avons fait sur-le-champ, les jour et an que dessus.

Procès-verbal contre des associés ou gens à gages des fermiers, surpris pêchant de la même manière qu'il est dit dans le précédent.

Cejourd'hui..., nous S..., garde, etc., avons surpris le sieur *ou* les sieurs... pêchant dans la ri-vière, *ou* etc., de... Après avoir reconnu que les filets, etc., dont ils se servaient n'étaient point plombés ni marqués par les agents de la police de la pêche, nous leur avons représenté qu'ils étaient en contravention et demandé en même temps leur permis de pêche ; à quoi ils ont répondu qu'ils étaient les associés du sieur *ou* aux gages du sieur A...; nous avons préalablement saisi les filets *ou* engins prohibés, de même que le poisson pêché, et déposé le tout chez...; et, sans désemparer, nous avons contre le sieur A..., responsable du délit dont s'agit, en vertu de l'article 32 de la loi relative à la pêche fluviale, dressé le présent procès-verbal pour servir et valoir ce que de raison.

A..., les jour et an susdits.

Procès-verbal contre un particulier, dressé à la requête et dans l'intérêt d'un fermier de la pêche.

Cejourd'hui..., nous T..., garde du sieur B..., fermier de la pêche du cantonnement de..., ayant trouvé le nommé O... pêchant dans... sans en avoir obtenu préalablement la permission dudit sieur B..., lui avons déclaré qu'il commettait un délit prévu par l'article 65 de la loi relative à la pêche fluviale. En conséquence, et au nom du fermier dénommé, avons dressé le présent procès-verbal, à l'effet de servir et valoir ce que de raison.

A..., les jour et an susdits.

Procès-verbal contre le père ou la mère, le tuteur, etc., dont l'enfant ou le pupille aurait commis un délit en matière de pêche.

Cejourd'hui..., nous V..., garde, etc., étant en tournée, avons trouvé un enfant de l'âge de.... pêchant dans la rivière de... avec des filets, *ou* etc., marqués *ou* non marqués du plomb de l'administration de la police de la pêche ; nous lui avons demandé les noms et domicile de son père et de sa mère ; il a satisfait à toutes nos injonctions, et d'après ses dires nous nous sommes transporté chez les époux R..., où étant et parlant à eux, nous leur avons représenté que leur enfant avait été surpris par nous en délit de pêche, et qu'aux termes de l'article 74 de la loi relative à la pêche fluviale, ils étaient civilement responsables du délit de leur fils ; ils nous ont répondu... ; mais ces objections ne pouvant excuser à nos yeux le fait sus-mentionné, nous nous sommes retiré en leur déclarant que nous allions dresser le présent procès-verbal, qui a effectivement été dressé pour servir et valoir ce que de raison.

A..., les jour et an que dessus.

Procès-verbal contre un particulier trouvé dans un bois, coupant des arbres marqués pour le service de la marine.

Cejourd'hui..., nous G..., garde forestier (*ou* maître, contre-maître, aide-contre-maître), assermenté devant..., revêtu de la marque distinctive voulue par la loi, faisant notre tournée dans..., avons rencontré un individu qui abattait *ou* qui venait d'abattre un arbre marqué pour le service de la marine ; nous étant approché de lui, nous avons reconnu que c'était le sieur D..., domicilié à..., lequel a pris aussitôt la fuite laissant (désigner les objets laissés) dont je me suis emparé, *ou* (s'il n'a pas fui) auquel j'ai représenté qu'il se rendait *ou* qu'il s'était rendu coupable d'un délit aux termes du Code forestier ; sur quoi il a répondu... (insérer les réponses) ; je lui ai objecté... ; il a répliqué que... ; ne pouvant admettre ces raisons comme valables, nous lui avons déclaré que nous allions nous emparer desdits objets, ce que nous avons fait à l'instant, et nous

nous sommes retiré pour dresser le présent procès-verbal à l'effet de servir et valoir ce que de raison.

A..., lesdits jour et an que dessus.

Procès-verbal pour le même délit.

Cejourd'hui .., heures du..., nous V..., garde forestier de..., assermenté devant..., revêtu , etc. , faisant notre tournée dans le bois *ou* la forêt de..., avons remarqué qu'il avait été coupé à la hauteur de... un... (désigner l'arbre) âgé d'environ..., *ou* qu'il avait été fait des ébranchements pour fagots sur différents...; nous étant livré à des recherches à l'effet de découvrir l'auteur de ce délit, nous avons rencontré le nommé... et lui avons demandé s'il n'aurait aperçu aucun individu sortir du bois chargé de...; il nous a répondu...; *ou* ayant cru entendre dans le bois le bruit d'une personne qui se sauvait, nous nous sommes mis aussitôt à sa poursuite; étant parvenu à la rejoindre, nous avons reconnu en elle le sieur R..., habitant de...; *ou* ayant vu sortir du bois un particulier qui conduisait un cheval *ou* une voiture chargée de... , *ou* un particulier portant sur son dos..., nous nous sommes empressé de le rejoindre, et l'avons reconnu pour être le nommé C..., demeurant à... Nous lui avons demandé pourquoi il avait coupé le bois qu'il emportait; il a répondu...; nous avons objecté que..., et ordonné de nous suivre à..., où étant arrivé, nous lui avons enjoint de déposer le bois dont il était chargé, *ou* dont sa voiture *ou* son cheval était chargé, et avons au nom de la loi constitué gardien dudit bois ainsi que de la voiture et du cheval, le sieur Q..., domicilié à... , en lui défendant de s'en dessaisir jusqu'à ce qu'il en soit ordonné autrement par justice; *ou* nous avons conduit le délinquant par-devant M. le maire de la commune de..., *ou* le juge de paix du canton de..; *ou* nous lui avons fait déposer le bois dans l'enclos *ou* la cour de..., et mis en séquestre sa voiture et son cheval chez le sieur S..., aubergiste à..., avec défense à ce dernier de s'en dessaisir jusqu'à ce qu'il en ait été ordonné autrement par justice; de tout quoi nous avons dressé le présent procès-verbal pour servir et valoir ce que de raison.

A..., lesdits jour et an que dessus.

Procès-verbal contre un particulier qui aurait extrait ou enlevé, sans autorisation, d'un bois ou d'une forêt, des pierres ou du sable, de la terre, du gazon, des bruyères, genêts, herbages, feuilles vertes ou mortes, etc.

Cejourd'hui..., nous G..., garde forestier, etc., faisant notre tournée dans..., nous avons aperçu un particulier qui... (dire ce qu'il enlevait du sol de la forêt); nous étant approché de lui, nous avons reconnu que c'était le nommé U..., domicilié à...; nous lui avons demandé de quel droit il enlevait...; il nous a répondu..., et de suite nous lui avons enjoint de nous suivre chez M. le juge de paix du canton de..., *ou* chez M. le maire de la commune de..., où nous lui avons fait déposer le... dont il était chargé *ou* qu'il portait, et en avons constitué gardien le sieur R..., aubergiste à..., avec défense de s'en dessaisir jusqu'à ce qu'il en ait été ordonné autrement par justice, et de tout ce que dessus avons rédigé le présent procès-verbal pour servir et valoir ce que de raison.

A..., les jour et an susdits.

Procès-verbal contre un individu trouvé dans un bois ou dans une forêt avec des instruments propres à commettre des délits.

Cejourd'hui..., nous C..., garde forestier, etc.,

faisant notre tournée dans le bois *ou* la forêt de..., avons rencontré hors du chemin ordinaire un individu muni de... (énoncer si c'est une hache, une scie, une serpette, etc.) ; ayant reconnu que c'était le nommé V..., domicilié à..., nous lui avons représenté qu'il était en contravention avec l'art. 146 du Code forestier. Il a répondu...; à quoi nous avons répliqué..., et avons requis la remise des instruments dont il était porteur, et qu'il nous a effectivement remis ; après quoi nous nous sommes retiré pour dresser le présent procès-verbal à l'effet de servir et valoir ce que de raison.

A...; lesdits jour et an.

Autre du même genre, sur les voitures, bestiaux, animaux de charge ou de monture, etc., trouvés dans les forêts.

Cejourd'hui..., L..., garde forestier, etc., étant dans la forêt de..., et ayant entendu le bruit d'un cheval *ou* d'une voiture, nous nous sommes transporté vers le lieu d'où il partait; là nous avons vu... (énoncer si c'est un cheval, une voiture attelée, etc.), lequel se trouvait hors du chemin ordinaire. Nous avons demandé au sieur C..., qui a déclaré en être le propriétaire, pourquoi il avait quitté ledit chemin ; il nous a répondu...; nous avons répliqué que...; il nous a objecté...; mais ne voyant dans le fait qu'une contravention à l'article 147 du Code forestier, nous nous sommes retiré et avons dressé le présent procès-verbal pour servir et valoir ce que de raison.

A..., lesdits jour et an.

Procès-verbal sur des bestiaux trouvés dans un bois sans gardien.

Cejourd'hui..., nous B..., garde forestier, etc.,

faisant notre tournée dans le bois de..., avons trouvé... (désigner les bestiaux et leur nombre), paissant (indiquer l'endroit) sans aucun gardien et commettant des dégâts. Après en avoir vainement recherché le propriétaire ou le gardien que nous supposions non loin de là, nous nous sommes emparé desdits bestiaux et les avons conduits et mis en fourrière chez le sieur..., à..., avec défense de s'en dessaisir jusqu'à ce que la justice en ait ordonné autrement ; de tout quoi nous avons rédigé le présent procès-verbal pour servir et valoir au besoin.

A..., lesdits jour et an.

Procès-verbal contre des individus qui auraient allumé du feu dans une forêt ou à peu de distance de ce lieu.

Cejourd'hui..., nous T..., garde forestier, etc., faisant notre tournée dans la forêt de..., *ou* allant faire notre tournée dans la forêt de..., avons trouvé un (ou plusieurs) individu qui allumait du feu (ou qui en avait allumé) ; nous nous sommes approché de lui (ou d'eux), et lui (ou leur) avons représenté qu'il était (ou qu'ils étaient) en contravention avec l'article 148 du Code forestier, lequel porte défense d'allumer du feu dans l'intérieur et à la distance de deux cents mètres des bois et forêts ; il a (*ou* ils ont) répondu... ; mais, le délit étant constant, nous lui (*ou* leur) avons demandé ses (*ou* leurs) nom, prénoms et domicile ; il a (*ou* ils ont) déclaré se nommer..., et demeurer à... ; de tout quoi nous avons dressé le présent procès-verbal pour servir et valoir ce que de raison.

A..., les jour et an que dessus.

Procès-verbal contre un particulier qui, en cas d'incendie, refuserait de porter des secours dans les bois soumis à son droit d'usage.

Cejourd'hui..., heure de..., nous G..., garde forestier de la commune de..., assermenté devant..., revêtu de la marque distinctive voulue par la loi, faisant notre tournée dans le bois *ou* la forêt de..., avons aperçu une fumée épaisse qui s'élevait (indiquer l'endroit) de ladite forêt; nous nous sommes aussitôt transporté sur ce point et avons reconnu qu'il était incendié. Nous avons sur-le-champ réclamé des secours chez les habitants des environs de cette forêt, qui se sont empressés d'accourir pour arrêter les progrès de l'incendie; le sieur L..., de la commune de..., a été le seul qui se soit refusé à satisfaire à notre invitation. Nous lui avons représenté qu'étant usager du bois incendié, il était de son devoir d'y porter secours; il a répondn...; à quoi nous avons répliqué que nous ne pouvions admettre ses raisons, et que l'article 149 du Code forestier était précis; qu'il s'exposait à être traduit en police correctionnelle, et être privé pendant cinq ans, pour ce seul fait, du droit qu'ont les usagers. N'ayant pu vaincre ses refus, nous lui avons déclaré que nous allions en dresser procès-verbal; sur ce, nous avons quitté le dénommé pour coopérer à l'extinction de l'incendie; après quoi nous avons en effet rédigé le présent pour servir et valoir ce que de raison.

A..., lesdits jour et an.

Procès-verbal contre l'établissement d'un four à chaux ou à plâtre, ou d'une briqueterie et tuilerie, à moins d'un kilomètre de distance d'un bois ou d'une forêt.

Cejourd'hui..., heure de..., nous P..., garde

forestier de..., assermenté devant..., revêtu de
la marque distinctive voulue par la loi, informé
que le sieur D... construisait (dire si c'est un four,
une briqueterie, etc.) à moins d'un kilomètre de
distance du bois *ou* de la forêt de..., nous nous
sommes transporté sur les lieux, où nous avons
effectivement trouvé des ouvriers, *ou* le sieur D...,
occupés *ou* occupé à cette construction; nous leur
ou lui avons représenté qu'il était en contraven-
tion avec l'article 151 du Code forestier, et enjoint
de cesser sur-le-champ ce travail ; ils ont *ou* le
sieur D... a répondu...; nous avons objecté...;
ils ont *ou* il a répliqué que.... Sur ce, nous
nous sommes retiré, et avons dressé le présent
procès-verbal pour servir et valoir ce que de
raison.

A..., les jour et an susdits.

Procès-verbal de réquisition en matière forestière.

Cejourd'hui..., heure de..., Q..., garde fores-
tier de..., assermenté devant..., revêtu de la mar-
que distinctive voulue par la loi, faisant notre
tournée dans le bois *ou* la forêt de. ., avons re-
marqué que plusieurs arbres avaient été ébran-
chés, *ou* qu'on avait coupé ou scié à la hauteur
de...; nous avons suivi les traces de la voiture
qui avait servi à l'enlèvement de...; *ou*, après nous
être informé de..., s'il avait vu sortir du bois
des personnes chargées de..., *ou* ayant aperçu un
cheval chargé de..., qui entrait chez V..., à...
heures, soupçonnant ledit V... d'être l'auteur du
délit précité, nous nous sommes transporté chez
M. le juge de paix du canton de... *ou* chez M. le
maire de la commune de..., et lui ayant donné
connaissance des faits ci-dessus, nous l'avons
invité à nous accompagner dans la recherche
que nous nous proposions de faire au domicile
dudit V... M. le juge de paix, *ou* M. le maire ayant

obtempéré à notre invitation, nous nous sommes rendus ensemble au domicile dudit V...; n'y ayant trouvé que..., nous lui *ou* leur avons demandé...; il a *ou* ils ont répondu... Et de suite, en présence dudit *ou* desdits..., nous avons procédé à la recherche du bois coupé dont il s'agit, et nous avons... dans... trouvé... que nous avons reconnu provenir de..., et à l'instant nous avons requis... d'enlever ledit..., et de le porter à la maison commune *ou* chez le sieur N..., où nous l'avons séquestré et mis en dépôt, avec injonction audit N... de ne pas s'en dessaisir jusqu'à ce que par justice il en ait été autrement ordonné.

De tout quoi, en présence de M. le juge de paix, *ou* M. le maire, etc., nous avons dressé le présent procès-verbal pour servir et valoir ce que de raison.

A..., les jour et an susdits.

Modèle d'affirmation des procès-verbaux.

Voici la formule de l'acte d'affirmation des procès-verbaux des gardes champêtres et des gardes forestiers généralement adoptée par les juges de paix, laquelle doit aussi être suivie par les maires et leurs adjoints pour la régularité et l'uniformité.

« Le présent procès-verbal a été affirmé sincère
» et véritable devant nous (il faut mettre ici la
» demeure et la qualité du fonctionnaire public
» qui reçoit l'affirmation) par L..., garde cham-
» pêtre (ou forestier), y dénommé et soussigné,
» après serment de... pris au cas requis, et lec-
» ture faite dudit procès-verbal.

» Fait à..., ce... »

Le fonctionnaire public et les gardes signent.

FIN.

TABLE

DES MATIÈRES.

———

	Pag.
AVIS.	5
CHARTE CONSTITUTIONNELLE.	9
Droit public des Français.	Ib.
Formes du gouvernement du Roi.	10
De la Chambre des Pairs.	11
De la Chambre des Députés.	14
Des ministres.	16
De l'ordre judiciaire.	Ib.
Droits particuliers garantis par l'État.	17
Dispositions particulières.	18
Notice des lois organiques dont l'article 69 de la Charte constitutionnelle ordonne la rédaction et la publication.	19
LOI SUR L'ORGANISATION MUNICIPALE.	20
TITRE PREMIER. Du corps municipal.	Ib.
Chap. Ier. De la composition du corps municipal.	Ib.
Chap. II. Des conseils municipaux.	22
De la composition des conseils municipaux.	Ib.
Des assemblées des conseils municipaux.	26
Chap. III. Des listes et des assemblées des électeurs communaux.	28
De la formation des listes.	Ib.
Des assemblées des électeurs communaux.	30
Chap. IV. Dispositions transitoires.	33
Chap. V. Disposition générale.	34
TITRE Ier. Administration municipale.	35
Chap. Ier. Du maire.	36
Nature des fonctions et des devoirs des maires.	Ib.
Nomination des maires ; durée de leurs fonctions ; leur incompatibilité avec d'autres.	38
Du serment et de l'installation des maires.	39
Du costume des maires, et des honneurs publics qui leur sont rendus.	Ib.

Pag.

Des honneurs publics à rendre par les maires
aux autorités supérieures.   40
Résidence des maires.   42
Des injures, outrages et violences envers les
maires.   Ib.
Des crimes et délits dont peuvent se rendre
coupables les maires dans l'exercice de leurs
fonctions.   43
Des poursuites à exercer contre les maires.   46
Du décès des maires, de la cessation de
leurs fonctions par démission ou desti-
tution.   47

CHAP. II. DES ADJOINTS DE MAIRE.   Ib.
Nature de leurs fonctions et attributions.   Ib.
Nomination des adjoints; durée de leurs
fonctions; leur incompatibilité avec d'au-
tres places; serment; installation.   48
Du costume des adjoints.   49
Des injures, outrages et violences envers les
adjoints de maire.   Ib.
Des crimes et délits dont peuvent se rendre
coupables les adjoints dans l'exercice de
leurs fonctions.   50

CHAP. III. DES SECRÉTAIRES DES MUNICIPALITÉS.   Ib.
Qualités des secrétaires.   Ib.
De la nomination des secrétaires.   51
Costume des secrétaires.   Ib.
Rétributions accordées aux secrétaires.   52
Des crimes et délits des secrétaires.   Ib.
CHAP. IV. DES CONSEILS MUNICIPAUX.   53
De la composition des conseils municipaux.   Ib.
De leur convocation.   54
Des opérations du conseil municipal.   55

TITRE II. DES OFFICIERS DE POLICE QUI CON-
COURENT AVEC LES MAIRES ET ADJOINTS AU
MAINTIEN DE L'ORDRE.   59

CHAP. Ier. DES COMMISSAIRES DE POLICE.   Ib.
Organisation des commissaires de police.   Ib.

(381)

Pag.

Attributions et fonctions des commissaires de police.   61

CHAP. II. DES OFFICIERS DE GENDARMERIE ET GENDARMES.   63

Des fonctions et devoirs de la gendarmerie relativement à la police administrative et judiciaire.   Ib.

CHAP. III. DES GARDES CHAMPÊTRES.   73

De la formation des gardes champêtres.   Ib.

Fonctions et devoirs des gardes champêtres.   75

CHAP. V. DES GARDES FORESTIERS.   79

De la formation des gardes forestiers.   Ib.

Fonctions et devoirs des gardes forestiers.   81

CHAP. V. DES INJURES, OUTRAGES, VIOLENCES, ENVERS LES OFFICIERS DE POLICE DANS L'EXERCICE DE LEURS FONCTIONS.   84

CHAP. VI. DES ARRESTATIONS DE LA PART DES OFFICIERS DE POLICE.   85

CHAP. VII. DES CRIMES ET DÉLITS DONT PEUVENT SE RENDRE COUPABLES LES OFFICIERS DE POLICE DANS L'EXERCICE DE LEURS FONCTIONS.   88

CHAP. VIII. DES INSPECTEURS ET AGENTS DE POLICE.   91

TITRE III. DES FONCTIONS QUE LES MAIRES ET ADJOINTS ONT A REMPLIR.   93

Principes généraux.   Ib.

Contributions directes et indirectes.   96

Certificats, pétitions, légalisations.   97

Certificats de vie; absence des militaires; successions; faillites.   98

Dénombrement annuel.   99

Timbre; enregistrement; répertoires.   Ib.

Instruction publique.   101

Prisons; secours publics, etc.   102

TITRE IV. DES ACTES DE L'ÉTAT CIVIL.   105

CHAP. Ier. DES REGISTRES DES ACTES DE L'ÉTAT CIVIL.   Ib.

De la tenue des registres des actes de l'état civil.   Ib.

	Pag.
Taxe pour l'expédition de ces actes.	109
Des tables alphabétiques de ces actes.	110
Des poursuites à exercer contre les officiers de l'état civil pour cause de contravention.	111
CHAP. II. DES ACTES DE NAISSANCE.	Ib.
De la déclaration de naissance des enfants, et de la rédaction des actes de naissance.	Ib.
Des retards dans la déclaration de naissance.	112
De l'acte de naissance d'un enfant trouvé.	113
CHAP. III. DES ACTES DE MARIAGE.	Ib.
Des prohibitions de mariage.	Ib.
Des publications de mariage.	116
Des oppositions au mariage.	117
Du consentement des pères et mères et ascendants au mariage des enfants et descendants.	120
De l'acte respectueux.	122
Des lieux où le mariage doit être célébré.	123
De la célébration du mariage.	124
De la reconnaissance d'enfants naturels.	126
CHAP. IV. DES ACTES DE DÉCÈS.	Ib.
De la manière de constater les décès par mort naturelle.	Ib.
De la manière de constater les décès dans les hôpitaux, prisons et maisons de détention.	127
De la manière de constater les décès par mort violente ou exécution.	Ib.
De la manière de constater le décès d'un enfant dont la naissance n'a pas été enregistrée.	128
De la conduite à tenir par les officiers de l'état civil pour les inhumations.	Ib.
CHAP. V. DES ACTES D'ADOPTION.	130
Des personnes qui peuvent adopter, et de celles qui peuvent être adoptées.	Ib.
Des effets de l'adoption relativement aux actes de l'état civil.	131

	Pag.
Des formes de l'adoption.	131
TITRE V. De la police administrative.	133
Chap. Ier. Police pour l'ordre et la tranquillité publique.	Ib.
Des passe-ports ; vagabonds, mendiants.	Ib.
Port d'armes.	134
Surveillance des prisons, maisons d'arrêt et dépôts de mendicité.	136
Précautions en cas d'incendie et d'inondation.	137
Des enfants trouvés ou restés orphelins.	Ib.
Foires, marchés, halles, bourses; fêtes, réjouissances, cérémonies publiques.	138
Attroupements et bruits nocturnes.	139
Assemblées, réunions, associations illicites.	140
Affiches; afficheurs, colporteurs.	Ib.
Maisons de jeu et de débauche.	141
Décence publique.	142
Théâtres, spectacles, bals, divertissements publics.	143
Culte religieux.	144
Chap. II. Police pour la salubrité et la santé.	145
Précautions pour assurer la salubrité.	Ib.
Comestibles gâtés, corrompus; boissons falsifiées et nuisibles à la santé.	146
Vases et ustensiles nuisibles à la santé.	148
Médecins, chirurgiens, sages-femmes et pharmaciens.	Ib.
Débitants de tabac.	149
Nourrices et meneurs.	Ib.
Manufactures, ateliers, établissements qui intéressent la salubrité.	150
Inhumations, cimetières.	159
Chap. III. — Police pour la sureté et la commodité publique.	161
Précautions pour assurer la sûreté publique.	Ib.
Cheminées, fours, forges et fourneaux.	163

(384)

Pag.

Construction, réparation, démolition et ali-
gnement des bâtiments.   164
Halles, marchés, rues et places publiques.   165
Voitures, charrettes, cochers, charretiers.   166
Promenades, jardins, monuments publics.   Ib.
Fleuves, rivières, bateaux, bacs, voitures
d'eau.   167
Sur les accidents en général.   168
CHAP. IV. POLICE POUR LE COMMERCE ET L'IN-
DUSTRIE.   Ib.
Assurance des subsistances.   Ib.
Taxe des comestibles.   Ib.
Coalition des propriétaires, marchands et
ouvriers.   169
Poids et mesures, patentes; titrés des ma-
tières d'or et d'argent.   Ib.
Fabrication et vente d'armes et de poudre à
tirer.   170
Commerce des bestiaux.   172
Enseignes.   Ib.
Brocanteurs, fripiers, revendeurs.   Ib.
Compagnies d'assurances.   173
CHAP. V. POLICE RURALE.   174
Salubrité et sûreté des campagnes.   Ib.
Chasse et pêche.   176
Grains, moissons, glanage.   177
Police des pâturages et autres objets.   178
Maladies contagieuses des animaux.   179
Routes et chemins.   180
Dégâts causés par les animaux.   181

TITRE VI. TRIBUNAUX DE POLICE MUNICIPALE.   182
CHAP. Ier. DE LA COMPOSITION DES TRIBUNAUX
DE POLICE MUNICIPALE.   Ib.
Du tribunal de police tenu par le juge de
paix.   183
Du tribunal de police municipale.   184
CHAP. II. CONTRAVENTIONS DE LA COMPÉTENCE
DU TRIBUNAL DE POLICE MUNICIPALE.   185
Contraventions punies d'une amende de 1 fr.

(385)

Pag.

à 5 fr., et d'un emprisonnement de 3 jours au plus. — 185

Contraventions punies d'une amende de 6 fr. à 10 fr., et d'un emprisonnement de 5 jours au plus. — 187

Contraventions punies d'une amende de 11 fr. à 15 fr.; et d'un emprisonnement de 5 jours au plus. — 190

CHAP. III. DE LA PROCÉDURE DU TRIBUNAL DE POLICE MUNICIPALE. — 192

Citations, défauts, oppositions, témoins, jugements. — Ib.

Exécution, appel, cassation des jugements de police municipale. — 197

Prescription en matière de police municipale. — 201

De l'ordre et de la police du tribunal de police municipale. — 202

TITRE VII. DE LA POLICE JUDICIAIRE. — 204

CHAP. Ier. DES MAIRES, DES ADJOINTS, DES COMMISSAIRES DE POLICE, DES OFFICIERS DE GENDARMERIE, DES GARDES CHAMPÊTRES, DES GARDES FORESTIERS, CONSIDÉRÉS COMME OFFICIERS DE POLICE JUDICIAIRE. — 205

Des maires, des adjoints, des commissaires de police considérés comme il vient d'être dit. — Ib.

Mode de procéder des maires, adjoints, commissaires de police, dans le cas de flagrant délit, ou lorsqu'ils en sont requis par le procureur du Roi. — 207

Des officiers de gendarmerie considérés comme officiers de police judiciaire. — 210

Des gardes champêtres et forestiers considérés comme officiers de police judiciaire. — 211

CHAP. II. DES DÉNONCIATIONS ET DES PLAINTES. — 212

Des dénonciations. — Ib.

Des plaintes. — 213

CHAP. III. DES PROCÈS-VERBAUX ET RAPPORTS. — 214

CHAP. IV. DE LA NÉGLIGENCE, DES CRIMES ET DÉ-

(386)

Pag.

LITS DES OFFICIERS DE POLICE JUDICIAIRE DANS L'EXERCICE DE LEURS FONCTIONS. 216

TITRE VIII. DE LA POLICE MILITAIRE. 218

Garde nationale. Ib.

Dispositions anciennes. 223

RECRUTEMENT, ARMÉE. 225

Dispositions générales. Ib.

Des appels. 226

Des exemptions. 229

Du conseil de révision. 232

Des remplacements. 234

Des décisions du jury d'équité et du conseil de révision. 236

De l'incorporation. 237

Des engagements. 238

Des rengagements. 240

Dispositions pénales. 241

Dispositions particulières. 244

Attributions diverses; logement des troupes. Ib.

TITRE IX ET DERNIER. DE L'ADMINISTRATION DES BIENS ET REVENUS COMMUNAUX. 245

Manière d'acquérir; aliénations. Ib.

Enumération des biens communaux. 247

1° Biens réputés communaux de leur nature; terres vaines et vagues, etc. Ib.

2° Biens communaux que les lois de la révolution ont autorisé les communes à revendiquer. 249

3° Vaines pâtures; parcours. 254

4° Pâturage communal. 256

5° Usages. 257

6° Autres biens communaux. 259

Mode de jouissance de certains biens communaux. Ib.

DÉPENSES DES COMMUNES. 261

Actions judiciaires, tant en demandant qu'en défendant; compétence; transaction. 267

FORMULES DE TOUTES ESPÈCES D'ACTES RELATIFS AUX FONCTIONS DE LA POLICE ADMINIS-

Pag.

TRATIVE, MUNICIPALE, RURALE, JUDICIAIRE ET
MILITAIRE. 270
ACTES D'ADMINISTRATION GÉNÉRALE. Ib.
CONSEIL MUNICIPAL. Ib.
Procès-verbal de prestation de serment des
membres du conseil municipal. Ib.
Assemblée du conseil municipal, à l'effet de
recevoir les comptes du maire. Ib.
Renvoi de la séance de l'assemblée au jour
suivant. 271
Reprise de la séance. Ib.
Compte des recettes et dépenses à présenter
par le maire. Ib.
Procès-verbal d'audition et de débat de
comptes par le conseil municipal. 272
Délibération du conseil municipal sur une
demande d'une contribution de centimes
additionnels pour fournir aux besoins de
la commune. 273
Délibération sur une acquisition de pro-
priétés. Ib.
Délibération sur des réparations à faire. 274
Délibération pour bâtiment à prendre à bail
par la commune. 275
Délibération pour propriété de la commune à
donner à bail. 276
Délibération pour ventes mobilières. 277
Délibération pour règlement d'affouage, de
pâturages, de récoltes de fruits apparte-
nant à la commune. Ib.
Délibération pour achat d'effets à l'usage de
la commune. 278
Délibération pour frais du culte ou répara-
tion de l'église. Ib.
Délibération sur divers établissements pu-
blics. 279
Délibération pour location de places dans di-
vers endroits de la commune. 280
Délibération pour l'établissement ou le rem-

(388)

Pag.

placement d'un garde champêtre ou fo-
restier. 280
Délibération pour un procès. 281
Déclaration portant renvoi devant le préfet
d'une difficulté élevée dans le conseil. 282
Délibération sur des secours à donner aux in-
digents, et sur un établissement d'atelier
de charité. Ib.
Délibération à l'effet de recevoir les comptes
d'un maire démissionnaire ou destitué. 283
ADMINISTRATION MUNICIPALE. — Serment et in-
stallation d'un adjoint de maire. 284
Procès-verbal de détention arbitraire. Ib.
Procès-verbal de vérification des rôles du
percepteur. Ib.
Procès-verbal d'enfant trouvé. 285
Procès-verbal d'enfant orphelin délaissé. Ib.
Déclaration de changement de domicile. 286
Déclaration d'établissement de domicile. Ib.
Certificat pour différentes causes. 287
Réquisition en cas d'incendie ou d'inonda-
tion. Ib.
Procès-verbal de refus de secours ou service
en cas d'incendie ou d'inondation. Ib.
Légalisation. Ib.
Procès-verbal pour accaparement de grains. 288
Procès-verbal de visite de prison, maison
d'arrêt, dépôt de mendicité. Ib.
MERCURIALES. 289
ACTES DE L'ÉTAT CIVIL. 290
NAISSANCE. Ib.
Acte de naissance. Ib.
Acte de naissance d'un enfant trouvé. 291
Extrait d'acte de naissance. Ib.
MARIAGE. 292
Publication de mariage. Ib.
Affiche de publication de mariage. 293
Acte de célébration de mariage. Ib.
Extrait d'acte de mariage. 296

	Pag.
Décès.	297
Acte de décès.	Ib.
Acte de décès dans un hôpital ou une prison.	Ib.
Acte de décès par mort violente, ou exécution à mort.	298
Extrait d'acte de décès.	Ib.
Adoption. — Acte d'adoption.	Ib.
Actes de police administrative. — Observations.	299
Plainte en contravention.	300
Procès-verbal de contravention.	Ib.
Procès-verbal chez un aubergiste.	Ib.
Procès-verbal pour un homme trouvé sans passe-port chez un aubergiste.	301
Procès-verbal chez un marchand de vin, ou cabaretier, ou limonadier en contravention.	302
Procès-verbal d'insulte chez un marchand de vin, ou cabaretier, ou limonadier.	Ib.
Procès-verbal de comestibles gâtés.	303
Procès-verbal de boissons falsifiées.	Ib.
Procès-verbal pour poids et mesures.	304
Procès-verbal pour mendiants et vagabonds.	Ib.
Procès-verbal pour individu supposant des infirmités.	305
Procès-verbal pour dispute avec ameutement du peuple.	Ib.
Procès-verbal pour diseur de bonne aventure.	306
Procès-verbal pour alignement de maison.	Ib.
Procès-verbal de contravention pour alignement.	307
Procès-verbal pour démolition de maison.	Ib.
Procès-verbal de retard de démolition ou de réparation.	308
Procès-verbal de visite de fours et cheminées.	Ib.

(390)

Pag.

Procès-verbal pour contravention de voi-
rie. 309
Procès-verbal pour étalage ou échoppe. . Ib.
Procès-verbal pour embarras causé dans les
rues. 310
Procès-verbal pour patente. . . . . . . Ib.
Procès-verbal pour charretier n'étant point à
la tête de ses chevaux. 311
Procès-verbal pour des personnes exerçant
sans qualité la profession de médecin, chi-
rurgien, accoucheur, dentiste, pharma-
cien, herboriste. . . . . Ib.
Procès-verbal pour coalition d'ouvriers. . 312
Procès-verbal d'un bateau en mauvais état. Ib.
Procès-verbal pour un batelier passager qui
surcharge son bac ou bateau. 313
Procès-verbal pour enseigne placée sans per-
mission. . . . . Ib.
Procès-verbal pour chanteurs de chansons
indécentes. . . . . Ib.
Procès-verbal pour négligence d'éclairage. 314
Procès-verbal pour fusées, pétards tirés dans
les rues. . . . . Ib.
Procès-verbal pour rapidité de voitures ou
de cheval sur la voie publique. . . . 315
Procès-verbal pour vente de livres et de gra-
vures obscènes. . . . . Ib.
Procès-verbal pour scandale causé dans un
temple. 316
Procès-verbal pour négligence de balayage,
ou immondices déposées devant une mai-
son. . . . . Ib.
Procès-verbal pour un militaire porteur d'un
faux congé de réforme. 317
Procès-verbal pour bruit nocturne. . . . Ib.
Procès-verbal pour distribution d'annonces
sans timbre. 318

(391)

Pag.

Procès-verbal pour affiches arrachées.	318
Procès-verbal pour maison de jeu.	319
Procès-verbal pour jeux de hasard sur la voie publique.	Ib.
Procès-verbal de feux allumés dans les rues ou dans les champs.	320
Procès-verbal pour négligence à écheniller.	Ib.
Procès-verbal pour dégradation de monuments publics, routes, chemins, arbres, et bâtiments appartenant au gouvernement ou à la commune.	Ib.
Procès-verbal pour n'avoir pas déclaré des animaux attaqués de maladie contagieuse, et les avoir envoyés aux pâturages et abreuvoirs communs.	321
Procès-verbal pour chevaux et autres bestiaux attaqués de maladie contagieuse.	322
ACTES DES TRIBUNAUX DE POLICE MUNICIPALE.	Ib.
Comparution volontaire des parties.	Ib.
Avertissement pour comparaître.	323
Avertissement aux témoins pour venir déposer.	Ib.
Jugement par défaut.	Ib.
Jugement pour entendre témoins, faire visite des lieux, ou faire estimation de dommages.	324
Jugement par défaut sur opposition.	Ib.
Jugement contradictoire sur opposition.	325
Jugement contradictoire et définitif.	Ib.
De la forme exécutoire des jugements.	326
Mandat pour faire conduire en prison un individu condamné à l'emprisonnement.	327
Extrait de jugement à envoyer au receveur des droits d'enregistrement pour faire payer l'amende et les frais.	Ib.
Tableau des causes du tribunal de police municipale à transmettre tous les trimestres au procureur du Roi.	328

(392)

	Pag.
Procès - verbal de trouble dans une audience.	329
Procès-verbal d'outrages dans une audience.	Ib.
ACTES DE POLICE JUDICIAIRE. — Dénonciation.	330
Plainte.	Ib.
Procès-verbal de transport et de perquisition.	331
Procès-verbal d'un prévenu de crime ou délit, arrêté sur la clameur publique.	332
Mandat d'amener.	333
Procès-verbal d'un cadavre trouvé dans un chemin ou dans la rivière.	334
ACTES RELATIFS AUX ENGAGEMENTS VOLONTAIRES ET AU RECRUTEMENT.	335
Actes d'engagement.	Ib.
Bordereau des pièces qui doivent être produites au conseil de révision pour les jeunes gens qui demandent à jouir de l'exemption, comme se trouvant dans l'un des cas prévus par l'art. 14 de la loi du 10 mars 1818.	339
Aîné d'orphelins.	Ib.
Fils unique, ou aîné des fils d'une femme actuellement veuve.	Ib.
Petit-fils unique, ou aîné des petits-fils d'une femme actuellement veuve.	Ib.
Fils unique, ou aîné des fils d'un père aveugle.	Ib.
Petit-fils unique, ou aîné des petits-fils d'un homme aveugle.	Ib.
Fils unique, ou aîné des fils d'un vieillard septuagénaire.	340
Petit-fils unique, ou aîné des petits-fils d'un vieillard septuagénaire.	Ib.
Frère aîné d'un jeune homme désigné par le sort dans le même tirage.	Ib.
Frère d'un militaire qui est sous les drapeaux, ou qui est mort en activité de service, ou qui a été réformé pour blessures reçues ou infirmités contractées à l'armée.	Ib.

Pag.

Certificat du maire pour établir les droits d'un jeune homme désigné, qui réclame l'exemption, comme aîné d'orphelins. 341

Certificat du maire pour établir les droits d'un jeune homme désigné, qui réclame l'exemption, comme fils unique ou comme l'aîné des fils d'une femme actuellement veuve. 342

Certificat du maire pour établir les droits d'un jeune homme désigné, qui réclame l'exemption, comme étant le petit-fils unique ou l'aîné des petits-fils d'une femme actuellement veuve. 343

Certificat du maire pour établir les droits d'un jeune homme désigné, qui réclame l'exemption, comme étant le fils unique ou l'aîné des fils d'un père aveugle. 344

Certificat du maire pour établir les droits d'un jeune homme désigné, qui réclame l'exemption, comme étant le petit-fils unique ou l'aîné des petits-fils d'un père aveugle. 345

Certificat du maire pour établir les droits d'un jeune homme désigné, qui réclame l'exemption, comme étant le fils unique ou l'aîné des fils d'un vieillard septuagénaire. 346

Certificat du maire pour établir les droits d'un jeune homme désigné, qui réclame l'exemption, comme étant le petit-fils unique ou l'aîné des petits-fils d'un vieillard septuagénaire. 347

Certificat du maire pour établir les droits d'un jeune homme désigné, qui réclame l'exemption, comme étant le plus âgé de deux frères désignés tous les deux par le sort dans un même tirage. 348

Certificat du maire pour établir les droits d'un jeune homme désigné, qui réclame

Pag.

l'exemption , comme ayant un frère sous les drapeaux , ou mort en activité de service , ou réformé pour blessures reçues ou infirmités contractées à l'armée. 349

ACTES DES FONCTIONS DE LA GENDARMERIE. 350

Procès-verbal de saisie d'un individu trouvé en flagrant délit ou sans passe-port. Ib.

Autre procès-verbal pour personne trouvée en flagrant délit. 351

Procès-verbal pour attroupement dissipé par la force. Ib.

Procès-verbal contre des brigands en rébellion. 352

Procès-verbal pour diverses contraventions. 353

Procès-verbal de voleurs arrêtés sur une grande route. Ib.

Procès-verbal pour pillage de grains. Ib.

Procès-verbal pour crimes et délits. 354

Procès-verbal de visite dans une maison publique. Ib.

Procès-verbal d'emprisonnement. 355

Procès-verbal de perquisition. Ib.

Procès-verbal de signification de mandat d'amener. 356

Procès-verbal de signification de mandat d'arrêt. Ib.

ACTES DES FONCTIONS DES GARDES CHAMPÊTRES ET GARDES FORESTIERS. 357

Rapport de toutes espèces de contraventions ou délits. Ib.

Procès-verbal pour la chasse. Ib.

Procès-verbal pour dégâts commis par des bestiaux. 359

Procès-verbal de contravention forestière. Ib.

Procès-verbal de perquisition. 360

Procès-verbal de bestiaux trouvés dans les champs ou dans les bois sans gardien. 362

Procès-verbal pour dégradation de chemins , arbres , gazons , monuments publics. Ib.

Pag.

Procès-verbal d'arrestation de déserteur, de
   prisonnier évadé.   363
Procès-verbal pour pêche.   Ib.
Procès-verbal d'un barrage, appareil ou éta-
   blissement quelconque de pêcherie, ayant
   pour objet d'empêcher entièrement le pas-
   sage du poisson.   364
Procès-verbal contre un particulier qui aurait
   jeté des drogues ou appâts dans des eaux à
   l'effet d'enivrer ou détruire le poisson.   365
Procès-verbal contre un particulier pêchant
   en temps prohibé.   Ib.
Procès-verbal contre un ou plusieurs indivi-
   dus pêchant avec des filets ou engins pro-
   hibés.   366
Procès-verbal contre un particulier pêchant
   sans permission.   Ib.
Procès-verbal contre un individu pêchant
   avec des instruments ou engins de pêche
   prohibés par les ordonnances.   367
Procès-verbal contre un particulier qui se
   servirait, pour une autre pêche, de filets
   permis seulement pour celle du poisson de
   petite espèce.   Ib.
Procès-verbal contre un particulier qu'on a
   trouvé, hors de son domicile, muni d'en-
   gins ou instruments de pêche prohibés.   368
Procès-verbal contre un colporteur vendant
   des poissons qui n'ont point les dimensions
   déterminées par les ordonnances.   Ib.
Procès-verbal contre un fermier de la pêche
   surpris pêchant avec des filets non plombés
   ou marqués par les agents de l'administra-
   tion de la pêche.   369
Procès-verbal contre des associés ou gens à
   gages des fermiers, surpris pêchant de la
   même manière qu'il est dit dans le précé-
   dent.   Ib.
Procès-verbal contre un particulier, dressé à
   la requête et dans l'intérêt d'un fermier de
   la pêche.   370

(396)

Pag.

Procès-verbal contre le père ou la mère, le tuteur, etc., dont l'enfant ou le pupille aurait commis un délit en matière de pêche. — Ib.

Procès-verbal contre un particulier trouvé dans un bois, coupant des arbres marqués pour le service de la marine. — 371

Procès-verbal pour le même délit. — 372

Procès-verbal contre un particulier qui aurait extrait ou enlevé, sans autorisation, d'un bois ou d'une forêt, des pierres ou du sable, de la terre, du gazon, des bruyères, genêts, herbages, feuilles vertes ou mortes, etc. — 373

Procès-verbal contre un individu trouvé dans un bois ou dans une forêt avec des instruments propres à commettre des délits. — Ib.

Autre du même genre, sur les voitures, bestiaux, animaux de charge ou de monture, etc., trouvés dans les forêts. — 374

Procès-verbal sur des bestiaux trouvés dans un bois sans gardien. — Ib.

Procès-verbal contre des individus qui auraient allumé du feu dans une forêt ou à peu de distance de ce lieu. — 375

Procès-verbal contre un particulier qui, en cas d'incendie, refuserait de porter des secours dans les bois soumis à son droit d'usage. — 376

Procès-verbal contre l'établissement d'un four à chaux ou à plâtre, ou d'une briqueterie et tuilerie, à moins d'un kilomètre de distance d'un bois ou d'une forêt. — Ib.

Procès-verbal de réquisition en matière forestière. — 377

Modèle d'actes d'affirmation des procès-verbaux. — 392

FIN DE LA TABLE